诚以守信 成就所托

华融国际信托有限责任公司成立于1987年1月，是国内最早经营信托业务的公司之一，公司拥有注册资本20亿元、净资产50亿元，第一大股东为中国华融资产管理股份有限公司，持股比例为98.09%。

华融信托遵循政策要求，优化资产配置，累计为数百家优秀企业提供了近2000亿元的综合金融服务方案，有力支持了交通、水利、电力、现代物流等多个关系国计民生重大产业的发展。华融信托始终服务于投资者利益最大化，为高净值客户累计创造了超270亿元的投资回报，全部按期实现了信托财产的保值增值。

近年来，华融信托先后获得银监会颁发的“全国银监会系统先进集体称号”和“中国最具成长性信托公司”、“年度优秀财富管理中心”、“优秀金融服务品牌奖”、“优秀理财管理团队”、“金牛集合信托公司奖”等多项行业大奖,发展成果得到广泛认可。

未来，华融信托将充分依托股东优势，充分发挥专业、客户和团队优势，依法合规、稳健经营，专心致力于信托主业，不断提升公司市场营销能力、风险控制能力和业务创新能力，将公司建设成为“治理科学，管控有序，主业有特色，业绩优良，稳健可持续发展”的一流信托公司。

http://www.huarongtrust.com.cn 理财热线：400-610-9969

兴业国际信托有限公司
CHINA INDUSTRIAL INTERNATIONAL TRUST LIMITED

兴业国际信托有限公司成立于2003年3月，注册地为福建省福州市，现有注册资本为人民币50亿元。2011年1月，经国务院同意以及中国银行业监督管理委员会批准，兴业国际信托有限公司由兴业银行股份有限公司控股，成为经国务院特批的我国第三家银行系信托公司；同时也是我国第一批引进境外战略投资者的信托公司。兴业国际信托有限公司现有股东中既有中资主流商业银行，又有国际知名外资银行及大型国有企业等，可持续发展前景良好。

兴业国际信托有限公司紧紧围绕建设“综合性、多元化、有特色的全国一流信托公司”的战略目标，坚持依法经营、稳健经营，不断夯实业务基础和客户基础，着力提升业务发展和创新能力，致力于成为国内优秀的综合信托金融服务提供商。截至2014年末，兴业国际信托有限公司管理的资产规模达7019.27亿元，稳居行业前列。

按照建设全国一流信托公司的战略定位，目前兴业国际信托有限公司已在全国主要省、市、区、计划单列市设立了34个业务和客户服务网络，具备了全国化经营与服务能力。同时，兴业国际信托有限公司全资拥有兴业国信资产管理有限公司，控股兴业期货有限公司，并参股重庆机电控股集团财务有限公司、紫金矿业集团财务有限公司、华福证券有限责任公司。在全国优秀信托公司评选活动中，兴业国际信托有限公司先后荣获“中国优秀信托公司”、“卓越信托公司”、“中国最具实力信托机构”、“最佳市场竞争力信托公司”、“中国最佳证券类信托管理机构”、“信托行业最佳创新奖”、“最佳信托公司品牌奖”等多项荣誉。

陆家嘴国际信托有限公司
Lujiazui International Trust Co., Ltd.

陆家嘴信托董事长 常宏

陆家嘴国际信托有限公司是上海陆家嘴金融发展有限公司控股的信托机构，2012年2月经中国银监会批准重新登记，公司注册地位于青岛，管理总部位于上海，并在北京、深圳、济南、杭州、苏州、昆明等多个重点城市设立业务分部。2014年12月，经中国银监会批准，陆家嘴信托注册资本金增加至30亿元，显著增强了资金实力和风险缓冲能力。

重新展业以来，陆家嘴信托积极顺应监管导向，贴近市场需求，业务类型不断丰富，展业半径持续扩大。目前，公司业务已涵盖基础产业、工商企业、股权收益权、房地产投融资、证券投资、组合投资等多种信托类型，并正在对产业基金、地产基金、私募股权投资类业务进行探索和研究，努力推进由传统融资类信托业务向创新型、主动管理型业务的转型发展，成为一家优秀的综合金融服务提供商。

2014年在泛资管行业竞争日益激烈的背景下，陆家嘴信托依然保持了经营业绩的快速增长。全年公司实现营业收入8.45亿元，同比增长49.3%；其中信托业务收入7亿元，同比增长39.2%。截止2014年末，公司净资产34.31亿元，存续信托项目221个，存续信托规模946.88亿元，较年初净增274.32亿，增幅40.79%。

2014年以来，陆家嘴信托先后获评《上海证券报》“诚信托•成长优势奖”；《证券时报》“优秀理财管理中心奖”等荣誉，综合实力和品牌形象得到了业内和社会各界的进一步认可。

未来，陆家嘴信托将继续紧密围绕建设上海国际金融中心和山东半岛蓝色经济区的国家战略，迅速适应中国经济“新常态”，把握混合所有制改革、上海自贸区发展等重要机遇，依托股东资源优势，深耕优质战略客户，实现跨越式发展。陆家嘴信托，以追求卓越的信托价值为己任，服务社会，为客户创造价值。

精进勤勉，笃行致远，开启资产管理财富管理双轮。

——心所善，可信托

大业信托有限责任公司
DAYE TRUST CO., LTD

公司总经理　王毅

大业信托有限责任公司前身为广州科技信托投资公司，是信托业第五次清理整顿中保留重新登记资格的13家信托公司之一。经重组，公司于2011年3月进行重新登记，领取新的《金融许可证》，并经工商变更正式更名。

大业信托是广州市属的唯一一家信托公司，注册资本3亿元，经过2年多的发展壮大，截止2013年底公司净资本已突破7亿元。公司注册地广州，分别在北京、上海设有业务管理部。公司属于央企、地方国企与民营企业的结合体，大股东为中国东方资产管理公司，出资比例41.67%。

重组以来，大业信托坚持“稳健经营、持续发展”的理念，积极应对内外部环境变化，准确把握市场机遇和业务节奏，不断提高市场竞争能力、风险控制能力、业务创新能力和运营管理能力，经营业绩快速增长。截止2013年底，大业信托管理的资产规模已达510余亿，已初步成长为一家有一定专业优势和经营特色，具备可持续发展能力的信托公司。

面对日益严峻的市场环境和竞争形势，大业信托将牢牢把握信托业快速发展带来的难得机遇，顺应监管政策导向，坚守风险底线，践行科学发展，做强信托主业，做大信托利润，做响信托品牌，不断提升主动管理能力和核心竞争力，逐步缩小与同业先进水平的差距，努力开创内涵式发展的新局面。

网址：http://www.dytrustee.com/

盛　德　大　业　·　至　诚　信　托

中江国际信托股份有限公司

中江国际信托股份有限公司（简称中江信托或中江国际）成立于1981年6月，是经中国银监会批准的非银行金融机构。2003年3月由原江西省国际信托投资公司、江西省发展信托投资股份有限公司、江西赣州地区信托投资公司以新设合并方式组建。2012年10月由江西国际信托股份有限公司更名为中江国际信托股份有限公司，注册资本人民币11.56亿元。

中江国际坚持“发挥信托功能、服务经济发展”的经营宗旨，先后为省内外各级政府、上市公司、大中型企业提供信托融资2000多亿元。

自2004年以来，中江国际先后推出了政信合作、银信合作、企信合作、信证合作、信保合作等业务模式，业务遍及全国。截止2014年末，累计管理信托财产突破6331.36亿元，累计交付信托财产4205.5亿元，全部按期实现了信托财产的保值增值，体现了稳健发展的经营风格。

中江国际治理规范，建立了“五个两、十环节”的内部控制和风险决策体系，拥有一支具有信托、证券、保险、商业银行、投资银行、基金管理等资深从业背景的专业团队，构建了以北京、上海、深圳、浙江、江苏、福建、四川、陕西、辽宁、山东、河北等50个金融研发中心为依托的全国性业务布局、资源网络和营销体系，可根据客户的资产状况、风险偏好，利用信托独特的制度优势和功能，为客户提供跨越多个金融市场、多个行业、多个地域的专业化、综合型金融服务。

中江国际致力于金融控股集团的构建，通过兼并重组和投资设立，发展成为一家集信托、证券、保险、期货、基金等为一体的综合性金融集团。至2014年末，集团总资产突破260亿元，净资产突破120亿元。

中江国际作为“受人之托、代人理财”的专业化理财机构，以“为了共同利益观”为核心价值观，以“忠诚拼搏、艰苦创业”为核心理念，以“简单直接”为管理理念，以“风险第一、效益第一”为经营理念，以“热情、快捷、细致、高效的服务”为核心竞争力，在支持政府融资、企业发展、不断满足投资者理财需求的过程中获得快乐，获得成长。

公司网址：www.zigixt.com

中江国际信托股份有限公司董事长 裘强

公司办公大楼——江信国际金融大厦

中航信托
GRAND SKYLIGHT INTERNATIONAL

中国人民大学中国财政金融政策研究中心系列报告

中国信托业发展报告

（2015）

中国人民大学信托与基金研究所　著

北　京

图书在版编目（CIP）数据

中国信托业发展报告.2015/中国人民大学信托与基金研究所著.
北京：中国经济出版社，2015.3
ISBN 978-7-5136-3745-9

Ⅰ.①中… Ⅱ.①中… Ⅲ.①信托业—研究报告—中国—2015 Ⅳ.①F832.49

中国版本图书馆 CIP 数据核字（2015）第 048019 号

责任编辑　李煜萍　代　欣
责任审读　霍宏涛
责任印制　马小宾

出版发行　中国经济出版社
印 刷 者　北京科信印刷有限公司
经 销 者　各地新华书店
开　　本　889mm×1194mm　1/16
印　　张　17.75　彩页　1
字　　数　300 千字
版　　次　2015 年 3 月第 1 版
印　　次　2015 年 3 月第 1 次
定　　价　150.00 元
广告经营许可证　京西工商广字第 8179 号

中国经济出版社　**网址** www.economyph.com　**社址** 北京市西城区百万庄北街 3 号　**邮编** 100037
本版图书如存在印装质量问题，请与本社发行中心联系调换（联系电话：010-68330607）

王毅 大业信托有限责任公司 总经理

刘景峰 四川信托有限公司 总裁

邹俊 华融国际信托有限责任公司 总经理

杨华辉 兴业国际信托有限公司 董事长

姚江涛 中航信托股份有限公司 总裁

常宏 陆家嘴国际信托有限公司 董事长

董永成 大连华信信托股份有限公司 董事长

景开强 中铁信托有限责任公司 总经理

裘强 中江国际信托股份有限公司 董事长

潘卫东 上海国际信托有限公司 董事长

专家委员会主任：

夏 斌
国务院发展研究中心金融研究所 所长

王丽娟
中国信托业协会 专职副会长

专家委员会成员：（按姓氏笔画）

王 毅 大业信托有限责任公司 总经理

刘景峰 四川信托有限公司 总 裁

邹 俊 华融国际信托有限责任公司 总经理

杨华辉 兴业国际信托有限公司 董事长

姚江涛 中航信托股份有限公司 总 裁

常 宏 陆家嘴国际信托有限公司 董事长

董永成 大连华信信托股份有限公司 董事长

景开强 中铁信托有限责任公司 总经理

裘 强 中江国际信托股份有限公司 董事长

潘卫东 上海国际信托有限公司 董事长

前　言

中国人民大学信托与基金研究所是依托中国人民大学成立、我国迄今唯一一家信托基金专业研究机构，长期专注和致力于国内外信托业的理论与实践研究，深度参与和见证了中国信托业的发展与信托制度建设的历程。

中国人民大学信托与基金研究所在2004—2015年连续十二年出版了《中国信托业发展报告》，以翔实的数据和权威的观点，成为信托业监管、业者经营投资，以及信托研究最重要的决策参考资料，受到普遍与热烈的欢迎。在充分总结前几部《中国信托业发展报告》编著与出版经验的基础上，中国人民大学信托与基金研究所继续推出了这部《中国信托业发展报告（2015）》。本报告沿袭了中国人民大学信托与基金研究所一贯秉承的以事实案例和数据统计为根据的研究理念，高度贴近市场与实践，以专业的高度、公正的观点，全面分析2014年信托业发展的现状，总结存在的问题，提出操作性的方案，并对2015年中国信托业的发展前景和趋势做出了预测。报告的研究范围涵盖了2014年信托业发展的热点和难点问题，牢牢把握住"转型创新与风险防控并举"这一主线，从行业分析、信托公司、信托产品、信托市场、法规与政策、焦点问题等几个方面，对2014年和2015年的中国信托业进行了全景式的回顾、总结、解析与展望，提出了一系列既具理论高度又具操作价值的思路、观点和理念，是一部十分难得、极具学术价值和实用价值的行业性发展报告。

本报告的主要编写人员为：周小明、邢成、赵廉慧、张雅楠、和晋予、程卫东、吴书瑶、李云萍等。其中周小明、邢成负责创意和总纂；邢成独立撰写第一章；邢成、吴书瑶、李云萍、张雅楠分别撰写第二、三、四章；赵廉慧撰写第五章；关书宾、姜承操等共同撰写第六章。本报告在编写过程中，有关数据得到中国银行监督管理委员会非银部和中国信托业协会的大力支持，报告中部分资料参考引用了有关专家、机构和网站的数据及观点，在此我们表示衷心感谢。

中国人民大学信托与基金研究所

2015年2月

前言

目 录

图目录

表目录

第一章

2014 年中国信托业回顾与展望

1. 宏观经济环境及其对信托业的影响

1.1 “新常态”，新挑战

2014 年是中国大改革与大调整拉开序幕的一年，也是中国宏观经济沿着“新常态”轨迹持续发展的一年。从总体水平来看，2014 年我国累积实现生产总值 636463 亿元，全年累计增长平均值达 7.4%。

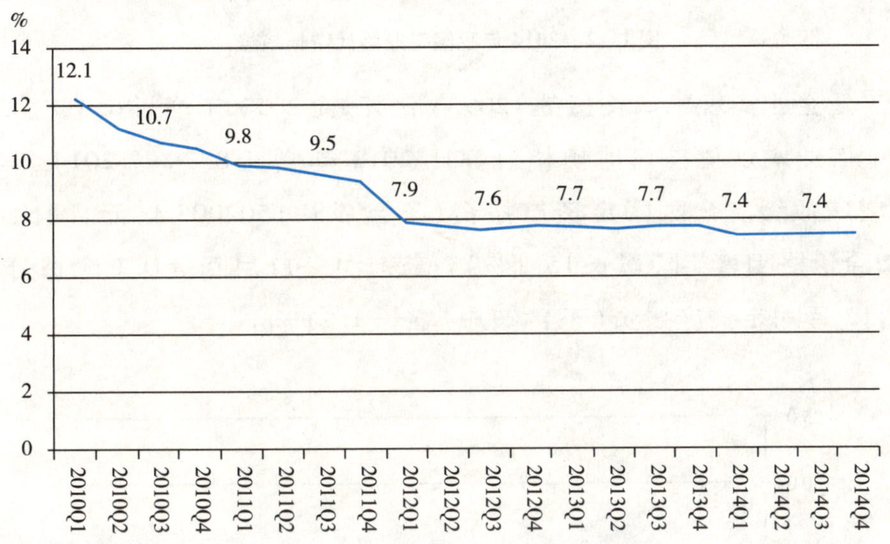

图 1－1 2014 年我国 GDP 季度累积增长比

分季度看，2014 年我国 GDP 季度累计增长均为 7.4%，较 2013 年有小幅下降，较 2011 年和 2012 年则有大幅下降。具体到各个产业，第一产业增加值为 58332 亿元，同比增长 4.1%；第二产业增加值为 271392 亿元，同比增长 7.3%；第三产业增加值为 306739 亿元，同比增长 8.1%。

2014 年我国工业生产基本平稳。2014 年我国工业累计实现产值 227991 亿元，累计增长 7.0%。

分季度看，2014 年工业累计增长较 2013 年下降 0.6 个百分点，但总体趋势比较平缓。此外，国家统计局数据显示东部地区增加值比 2013 年增长 7.6%，中部地区增长 8.4%，西部地区增长 10.6%。全年规模以上工业企业产销率达到 97.8%。

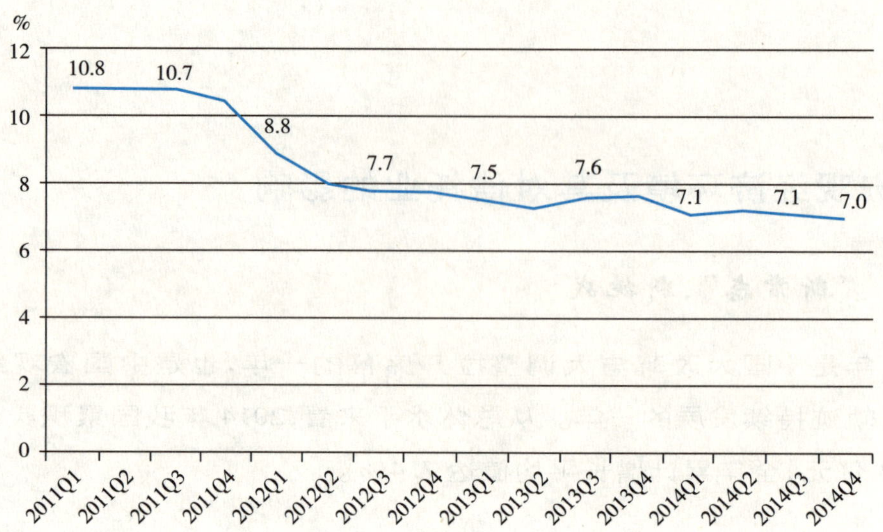

图1-2　2014年我国工业累计增长趋势

规模以上工业企业实现出口交货值120933亿元，比2013年增长6.4%。2014年全国规模以上工业增加值按可比价格计算比2013年增长8.3%。2014年我国固定资产投资增速放缓。全国固定资产投资（不含农户）502005亿元，同比名义增长15.7%（扣除价格因素实际增长15.1%），增速比1—11月回落0.1个百分点。从环比速度看，12月固定资产投资（不含农户）增长1.21%。

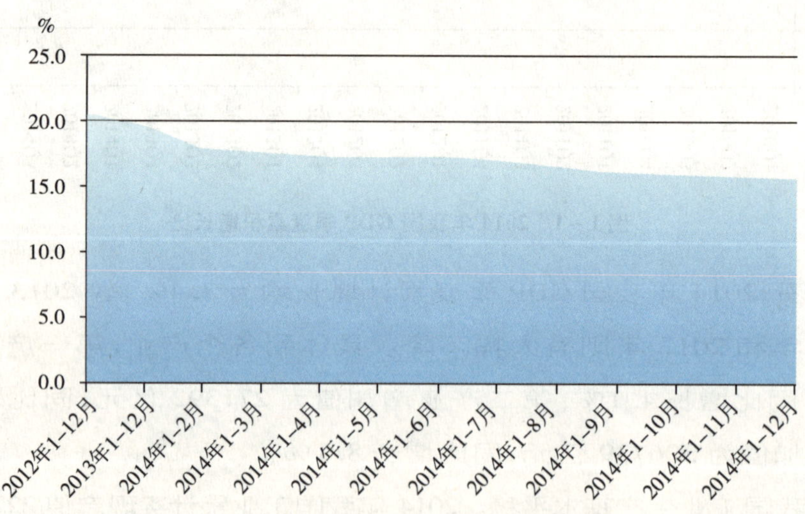

图1-3　2014年我国固定资产投资累计增长趋势

分地区看，东部地区投资227452亿元，同比增长14.6%；中部地区投资141644亿元，同比增长17.2%；西部地区投资125980亿元，同比增长17.5%。分产业看，第一产业投资11983亿元，同比增长33.9%；第二产业投资208107亿元，同比增长 13. 2%；第三产业投资 281915 亿元，同比增长 16. 8%。

市场销售稳定增长。2014 年 12 月，社会消费品零售总额 25801 亿元，同比名义增长 11. 9%（扣除价格因素实际增长 11. 5%）。其中，限额以上单位消费品零售额 14274 亿元，增长 9. 4%。

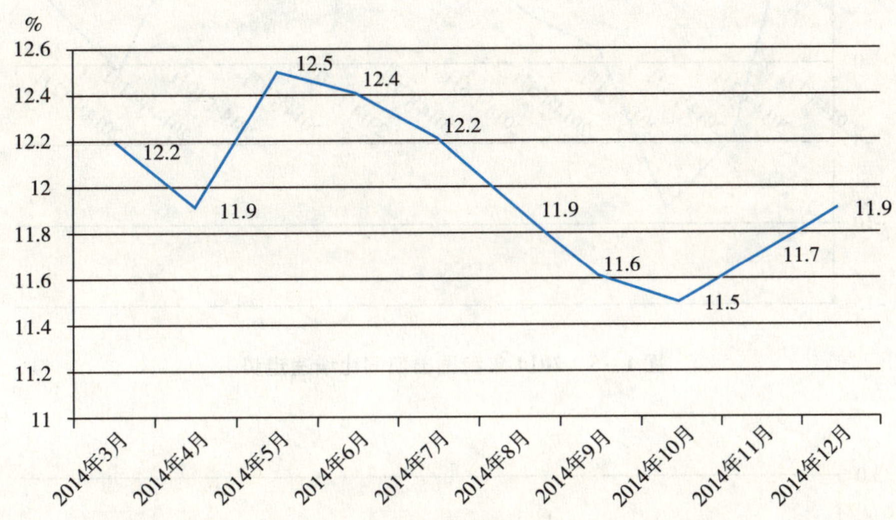

图 1－4　2014 年我国社会消费品零售总额同比增长趋势

2014 年全年，社会消费品零售总额 262394 亿元，同比名义增长 12. 0%，实际增长 10. 9%，其中，限额以上单位消费品零售额 133179 亿元，增长 9. 3%。全国网上零售额 27898 亿元，同比增长 49. 7%，其中限额以上单位网上零售额 4400 亿元，增长 56. 2%。进出口增速回升。2014 年中国进出口总值为 26. 43 万亿元人民币，同比增长 2. 3%。其中，2014 年全年出口 14. 39 万亿元人民币，增长 4. 9%；进口 12. 04 万亿元人民币，下降 0. 6%；贸易顺差 2. 35 万亿元人民币，扩大 45. 9%。

居民消费价格总体稳定。2014 年居民消费价格同比上涨 2. 2%，涨幅比上半年回落 0. 3 个百分点。其中，城市上涨 2. 27%，农村上涨 1. 95%。12 月，居民消费价格同比上涨 2. 0%。

货币信贷增势平稳。12 月末，广义货币（M2）余额 1228374. 81 亿元，同比增长 12. 20%；狭义货币（M1）余额 348056. 41 亿元，同比增长 3. 2%；流通中货币（M0）余额 60259. 53 亿元，同比增长 2. 90%。

2014 年社会融资规模为 16. 46 万亿元，比 2013 年少 8598 亿元，其中，人民币贷款增加 9. 78 万亿元，同比多增 8900 亿元；外币贷款折合人民币增加 3554 亿元，同比少增 2294 亿元；委托贷款增加 2. 51 万亿元，同比少增 396 亿元；信托贷

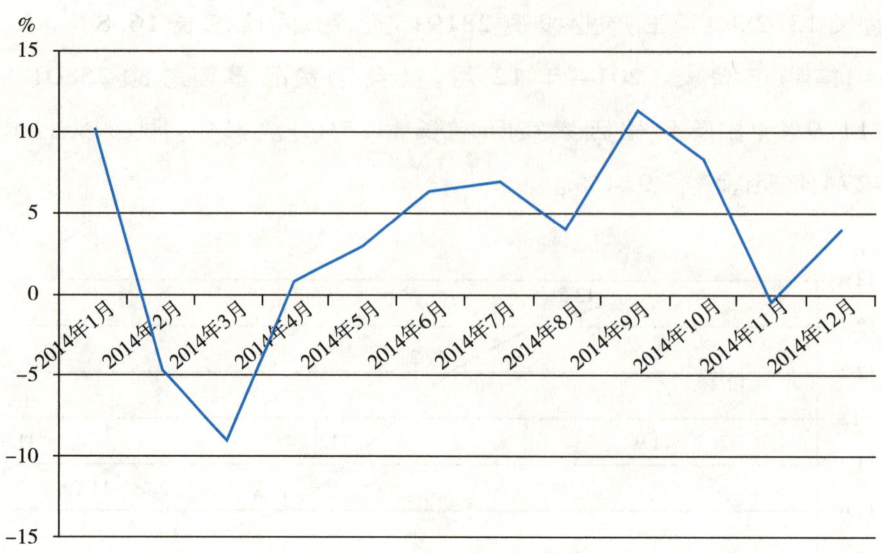

图1-5　2014年我国出口同比增速走势

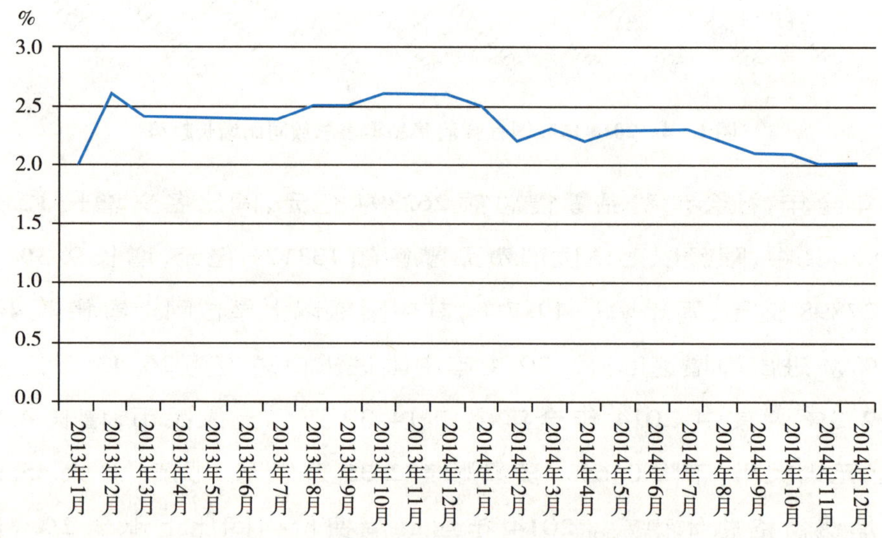

图1-6　2014年我国居民消费价格指数

款增加5174亿元，同比少增1.32万亿元；未贴现的银行承兑汇票减少1285亿元，同比少增9041亿元；企业债券净融资2.43万亿元，同比多增6142亿元；非金融企业境内股票融资4350亿元，同比多增2131亿元。

从2014年经济总体走势来看，我国经济呈现出以下三个重要特征：首先，经济增速与过去相比呈结构性而非周期性下降，但仍有望保持较高水平；其次，推动经济增长的动力依靠转型升级、生产率提升和技术创新，由之前的“投资+出口”拉动和房地产拉动逐步转向“投资+消费+创新”拉动；最后，产业结构在孕

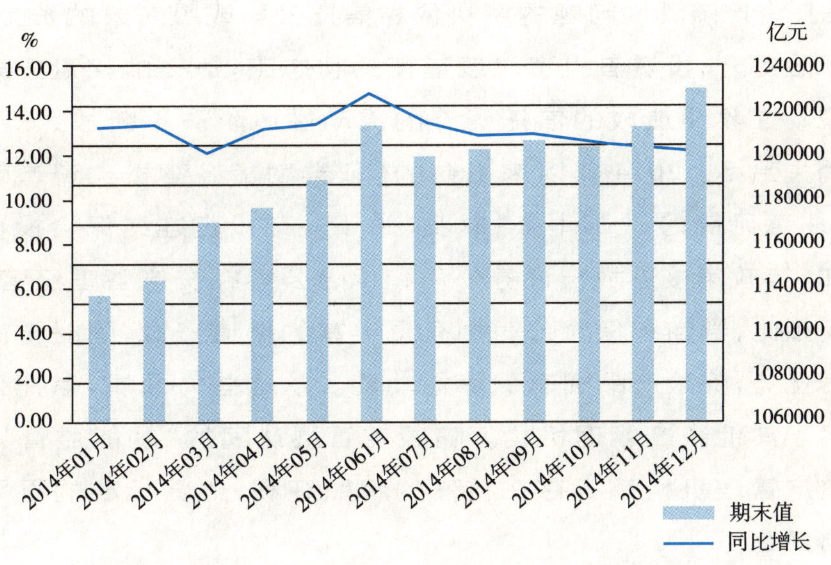

图 1-7 2014 年我国货币供应量 M2 走势

育着新的突破。三产的比重继续提高,服务业增加值速度快于工业,继上年服务业增加值比重第一次超过工业后延续了这样的趋势。工业内部结构调整也在加快,新产业、新业态、新产品继续保持较快的增长速度,而且整个经济向中高端迈进的态势非常明显。

2014 年以来经济运行中这三个突出的亮点,也是经济发展进入新常态以后结构调整转型升级表现出来的一种新的发展趋势。伴随宏观经济"新常态"的到来,"三期叠加"的主要特征也随之显现,即"增长速度换档期""结构调整阵痛期""以往刺激经济政策副作用的消化期"。这三期作用相互叠加,令整个中国经济局面更为复杂。

中国宏观经济的"新常态"保障了国民的长远利益,但却不可避免地要抛弃不少旧的产能、旧的模式和旧的结构。经济"破旧立新"之时必然会损害部分群体的利益,包括在旧的模式下发展和繁荣的信托业。宏观经济"新常态"对信托业的影响主要体现在以下三个方面:第一,信用风险加剧。目前中国经济结构的现状是供给大于需求,供给面正在进行深度调整,去过剩产能、消化库存已成为许多行业共同面临的问题。供给面调整时,许多不能产生正常现金流的企业会被迫市场出清,衍生和传导了行业风险和区域风险,其中,过去几年信托业曾经深度介入的房地产业、煤炭和矿产行业的信用风险尤为严重。不断暴露和扩散的信用风险对于信托业来说是一次生死考验。第二,流动性风险放大。虽然目前 M2 已超过 100 万亿元,但货币流通速度的逐年放缓使得总体资产的流动性下降。过去信托资产流动性问题的解决依靠信托公司或股东方的资金接盘，但在整体经济风险提升、投资者投资态度谨慎的状态下，过去的接盘方式越来越难以操作。流动性收缩造成的信托资产的流动性风险被不断放大。第三，牌照优势几乎消失殆尽。2014 年以来出台的《证券期货经营机构资产管理业务管理办法（征求意见稿）》、“国十条”以及《关于规范投资连结保险投资账户有关账户的通知》等政策接连放行证券公司和保险公司在资产管理经营领域扩展。与信托公司相比，券商和保险公司拥有更丰富的渠道资源，同时券商还拥有公开市场投资优势，保险产品拥有保障性功能。从这些方面看，信托公司的牌照价值甚至劣于其他资产管理机构。随着监管层认同的“功能监管”逐步落实，任何一类资产管理机构都不存在特殊的牌照红利，监管标准的再平衡和再统一将是大势所趋。

虽然宏观经济“新常态”给信托业发展带来了诸多不利影响，但与此同时也给信托业发展注入了发展新动力。第一，经济去杠杆化。我国的社会融资结构仍然呈现失衡状态，直接融资比重偏低，未来仍面临较大的去杠杆压力。而“新常态”的金融体系代表着更低的金融杠杆与更多的政府干预的结合。正如诺贝尔经济学奖获得者斯宾塞所说，“我们将会有一个非常不同的金融系统，它的‘新常态’将是被严格地监管，资本需求会很高，银行系统会更有效”。第二，新的资产配置体系。与经济高速增长和货币政策相对宽松时期资金集中配置于预期高速增值资产不同，在结构调整的背景之下，在相同的时间长度内，产业周期性将更加明显，因此应着力发展资产配置能力、多样化资产组合以对冲风险。这对信托业意味着传统领域业务仍有诸多机遇，且在低碳经济、信息产业与新型工业等新兴领域能得到新发展。第三，要素市场改革。当前我国要素市场改革有三项重要的基本内容：土地、资本及劳动力。改革的成效事关我国经济增长潜力，其中最重要的基本问题是“三农”问题，包括土地制度、农业金融服务与农村劳动力等组成要素。这一改革也将为信托在土地流转信托和农业资产管理方面带来新动力。

1.2 新定位，新发展

“新常态”之下，信托业有必要重新定位，主动抛弃旧的经营模式，抓住新机遇，为自身生命的延续、发展注入新动力。唯有如此，信托业末日来临般的危机感才能被彻底消除。“新常态”下，信托业又当如何重新定位？

第一，定位产业金融服务商。以房地产行业为例，该市场未来仍有不少机会，但毕竟代表旧的经济模式。无论从经济结构调整还是从金融体系健康发展的角度考虑，房地产未来都不适宜作为金融体系资金的主要流向。信托业需要深耕实体经济，作为专业的产业金融服务商，扩大自身可投资的基础资产范围。

第二，定位主动资产管理。主动资产管理的精髓在于"主动"二字，由被动变为主动，意味着信托业从此有了思想和灵魂，而不是只依靠一目了然的融资项目来支撑自身的利润。主动资产管理的思想和灵魂在于主动发现、主动配置和主动服务，从过去"以资产定融资"的操作思路向"募集资金并寻找优质项目"的操作思路转变。这是因为经济结构调整期优质项目的获取难度加大，竞争也更激烈，主动管理可以节省募资的时间成本和提供融资时的机会成本，最大限度地提高投资效率。

第三，定位中高端客户综合资产配置平台。虽然信托公司的财富管理中心建设较前几年已有长足的进步，但仍然有相当比例的资金募集需要依靠第三方理财公司和银行渠道。相比信托公司在项目端的成就，信托公司在资金端的成就乏善可陈。造成这一现状的根本原因是信托公司的财富管理中心只是信托产品的销售平台，没有体现其作为"综合资产配置"服务平台的应有作用。中高端客户除了获得高收益的需求，还有教育、医疗和财富传承等多种需求。信托公司的财富管理中心不但要提供自身的产品，还要提供其他金融机构的产品，通过对客户的资产进行配置和组合，满足客户生命周期的多种需求。唯有如此，信托公司才能紧紧抓牢中高端客户，而不是只靠所谓的"低风险、高收益"的信托产品来吸引客户。

2. 2014：我国信托业现状与特征分析

2.1 资产增速持续放缓，信托业发展尽显"新常态"

自 2013 年以来，在经济下行和竞争加剧的双重挑战下，信托业结束了自 2008 年以来的高速增长阶段，步入转型发展期。中国信托业协会发布的最新数据显示，虽然 2014 年前三季度信托业总体发展平稳，但行业内信托资产增速持续放缓、信托业经营效益开始出现下滑、信托产品的个体风险暴露增加等诸多隐忧都不容忽视。

■信托资产规模平稳增长，但增速明显放缓

2014 年，全行业信托资产规模平稳增长，并再创历史新高。但受弱经济周期和强市场竞争的冲击，信托资产增速呈持续回落态势，而且回落幅度明显增大。

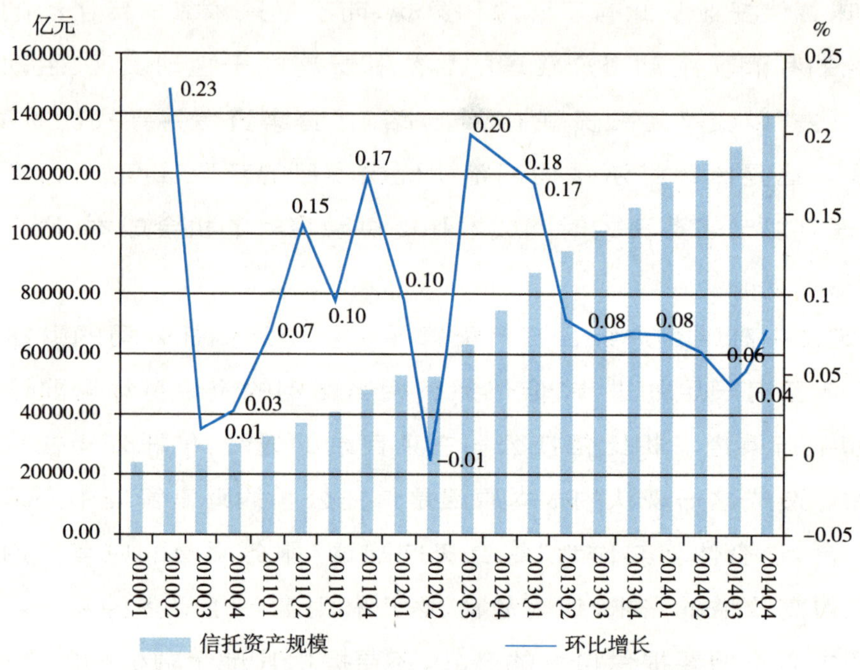

图 1－8　信托资产规模(2010Q1—2014Q4)①

如图 1－8 所示，2014 年第四季度末，信托业管理的信托资产规模为 13.99 万亿元，较 2013 年年末的 10.91 万亿元增长 28.17%。然而，信托资产环比增速则不容乐观。自 2014 年第一季度以来，信托业各季度资产规模环比增速持续下降，仅第四季度有所回升。2014 年第一季度信托业资产环比增速为 7.52%，较上一季度回落 0.14 个百分点；第二季度资产环比增速为 6.40%，较上一季度回落 1.11 个百分点；第三季度资产规模环比增速为 3.77%，较上一季度回落 2.64 个百分点，回落幅度持续增大。这一持续下滑趋势在第四季度得到改善，回升至 7.97%。

① 数据来源：中国信托业协会 http://www.xtxh.net/xtxh/.

信托公司经营效益下滑，受益人收益稳中有升

2014 年信托业收益率总体呈现出经营业绩增长乏力，个人收益稳中有升的态势。一方面，信托业经营效益开始出现下滑趋势，这主要体现为三个特征：第一，从营业收入看，2014 年年末，信托业实现经营收入 954.95 亿元（平均每家信托公司 14.04 亿元），相比 2013 年年末的 832.60 亿元，同比增长 14.69%，但较 2013 年年末 30.42% 的同比增长率回落了 15.73 个百分点；第二，从利润总额看，2014 年年末，信托业实现利润总额 642.30 亿元（平均每家信托公司 9.45 亿元），相比 2013 年年末的 568.61 亿元，同比增长 12.96%，但较 2013 年年末 28.82% 的同比增长率回落了 15.86 个百分点；第三，从人均利润看，2014 年年末，信托业实现人均利润 301 万元，相比 2013 年的 305.65 万元，小幅减少 4.65 万元，首次出现了负增长。

另一方面，与信托公司经营效益增速下滑的情况相反，2014 年度，信托业给受益人实现的信托收益却稳中有升。

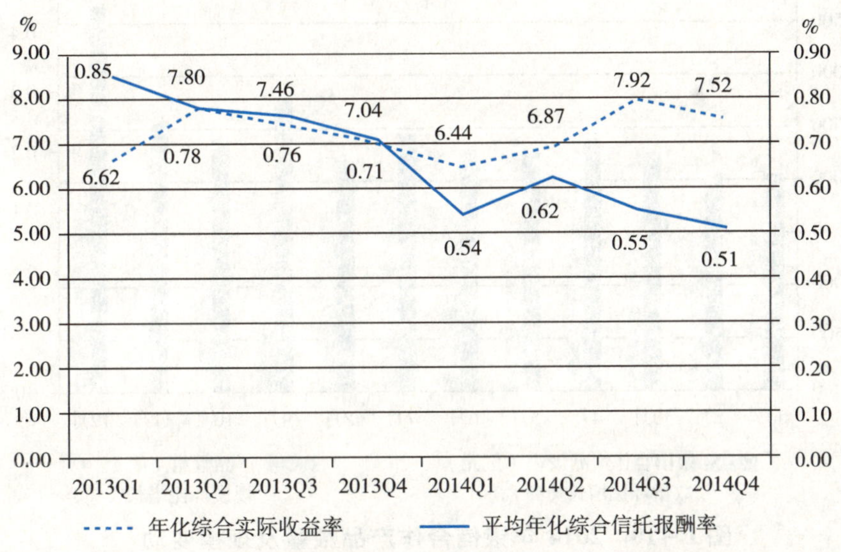

图 1－9　已清算信托产品收益率（2013Q1－2014Q4）①

2014 年，信托行业共为受益人实现 4506 亿元的收益，相比 2013 年度的 2944 亿元，增加了 1562 亿元，增幅达 53.06%，远高于信托业自身业绩的增幅。已清算信托项目为受益人实现的年化综合实际收益率近年来一直比较平稳，大致保持在 6%～8%，2014 年度则呈现出"稳中有升"的势头：一季度为 6.44%、二季度为 6.87%、

① 数据来源：中国信托业协会 http://www.xtxh.net/xtxh/.

三季度为7.92%、四季度为7.52%，全年平均达7.19%。相比之下，信托公司实现的平均年化综合信托报酬率则呈现出持续下降的势头：2013年一季度为0.85%，二季度为0.78%，三季度为0.76%，四季度为0.71%；2014年一季度为0.54%，二季度为0.62%，三季度为0.55%，四季度为0.51%，全年平均为0.56%。

信托产品发展减速，转型创新迫在眉睫

2014年银信合作信托产品与集合信托产品虽然总体呈现出稳中略升的较好态式，但各自也都以不同形式呈现出增长疲态。

首先，银信合作信托产品规模出现较大幅度增长，但预期收益率持续走低。2014年以来实体经济不景气，房地产等传统投向行业系统性风险显著上升，在信托兑付压力巨大的形势下，银信合作业务由于风险可控、资源占用较少，有较大幅度增长。

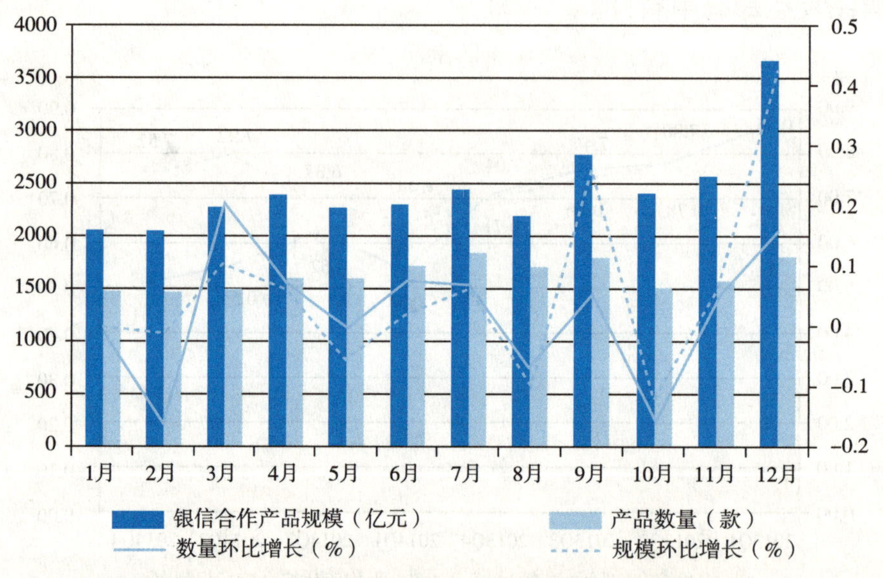

图1－10 2014年银信合作产品数量及规模变动①

如图1－10所示，2014年全年平均每月发行银信合作产品1597款，平均资产规模可达2428.99亿元，其中，共计7个月份银信产品发行数量和发行规模呈现增长趋势，3月、9月、11月以及12月这4个月增幅最为显著。其余月份不论发行规模还是发行数量都略显疲态，只有个别月份出现较大幅度下降。因此，从规模来看，2014年银信合作发展较为平稳。然而，从产品期限和产品收益率来

① 数据来源：用益信托 http://www.yanglee.com/.

看，银信合作产品仍不容乐观。

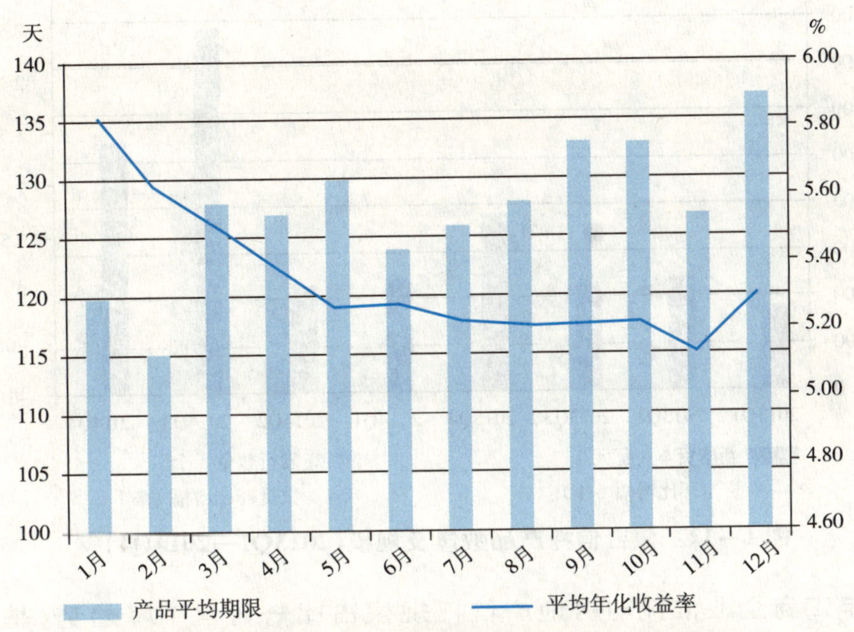

图 1－11　2014 年银信合作产品期限和收益率①

从产品期限方面看，2014 年银信产品平均期限基本保持增长趋势，12 月这一期限增加到 137 天，比上年同期增加了 26 天。而从收益率来看，2014 年银信合作业务平均收益率持续走低，11 月达到最低值 5.12% 比年初的 5.83% 下降了 0.71 个百分点。

其次，集合信托产品总体数量与规模微增，具体投向集合信托规模均出现了一定程度的下降。从 2014 年集合信托发行数量和规模来看，前半年基本走势较为平稳，规模基本在 1190.39 亿元附近波动，发行数量均值约为 672 个；后半年波动相对较大，三季度新增资本快速上涨至 3915.3612 亿元，但四季度又迅速跌落回 2695.6502 亿元，环比下降 31.15%。

从集合信托具体投向来看，2014 年第二季度基础产业、房地产及工商企业投向以及 2014 年第三季度各领域集合信托均取得了较大增长。但值得注意的是，第一季度和第四季度各领域的集合信托均有不同程度的下滑，尤其是第四季度下降尤为明显，其中工商企业的降幅高达 57.30%，其次是房地产行业降幅为 36.99%。

① 数据来源：用益信托 http://www.yanglee.com/.

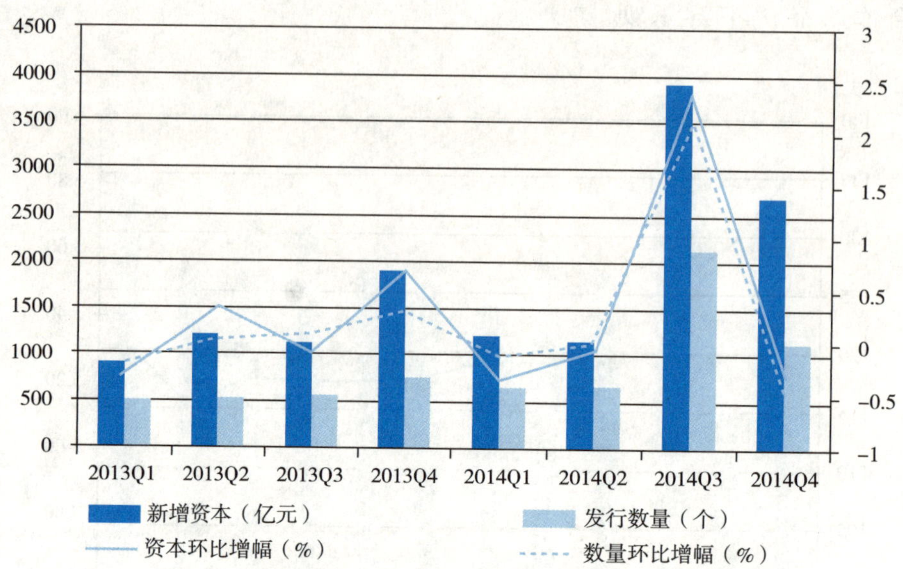

图 1-12　集合信托产品数量及规模（2013Q1—2014Q4）①

2014 年工商企业信托与房地产信托规模占比一直呈下降趋势，基础产业信托规模占比则始终保持小幅增长。基础产业信托规模持续增长，主要原因是受经济下行的影响。为促进稳增长目标，各地纷纷加大基础设施建设力度，这增加了基础设施的融资需求，对基础产业类信托的增长起到了重要作用。

综上所述，受宏观经济下行、监管趋严与竞争加剧的影响，2014 年以来信托行业整体不景气。而信托增速趋缓的根本原因是支撑信托业过去快速发展的主流业务模式，即发挥私募投行业务功能的融资信托业务模式基础已经开始发生变化，信托业迫切需要加快转型创新。

风险聚集，监管升级

2014 年 7 月以来，信托业暗潮涌动，最突出的表现就是监管层动作频频，且力度颇大。下半年信托产品迎来持续的集中兑付潮，全行业都承受着不小的兑付压力。而频频爆出的信托兑付危机也使得兑付风险问题受到监管层的密切关注。在 8 月初召开的内部会议中，银监会异乎寻常地提示了信托公司的风险，并通报了 3 家信托公司风险严重、8 家信托公司风险大，这在信托业监管上还是首次。其中 7 家信托公司的风险资产超过净资产的 50%。初步统计，行业 2014 年总体上报的风险资产超过 700 亿元，其中高风险资产超过 500 亿元。

① 数据来源：中国信托业协会 http://www.xtxh.net/xtxh/.

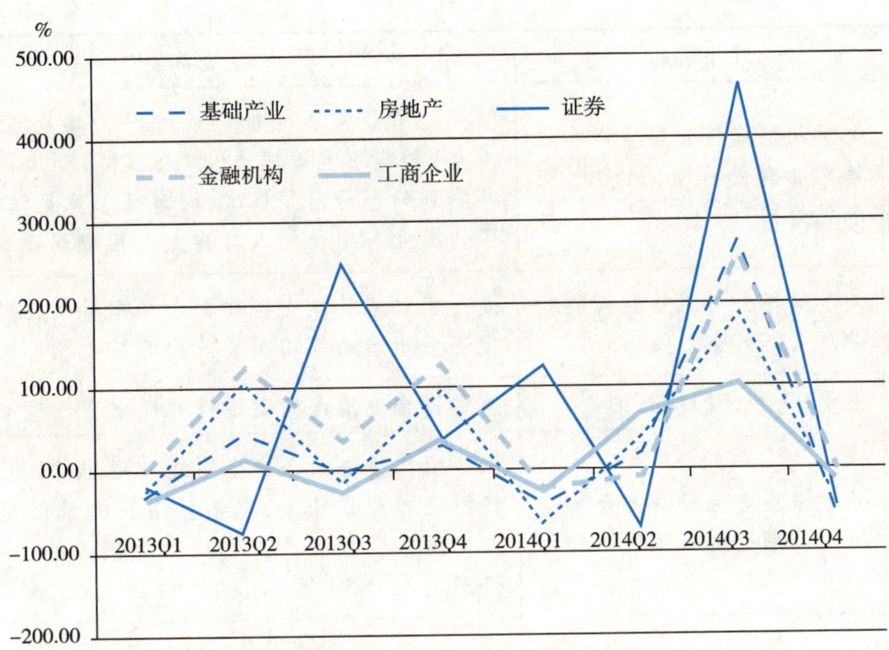

图 1－13 集合信托资金投向环比变动（2013Q1—2014Q4）①

除了信托业直接监管机构提示的风险外，外部监督机关审计署的强势介入也颇引人注目。随着审计署陆续公布多家央企 2012 年财务收支审计结果，3 家信托公司因不规范行为被点名，其中涉嫌违规项目超 60 亿元，主要涉及地产项目和银行间债券市场业务。此外，2014 年以来围绕公司治理、信托产品登记机制、信托公司分类、加强信托公司资本约束、强调信托公司社会责任、建立恢复与处置机制、行业稳定机制、监管评价机制等 8 个方面相继出台了 12 项主要政策法规，这些法规均给信托业发展带来一定压力。其中对信托业发展有重大影响的政策法规如表 1－1 所示。

表 1－1 2014 年影响信托业发展的重大政策

发布时间	政策名称	主要内容
1 月	关于加强影子银行监管有关问题的通知（107 号文）	第一次较完整地正式提出影子银行的监管问题
2 月	银监会启动筹建信托产品登记系统	向信托公司发放调查问卷，征求信托产品登记系统建设的具体方案

① 数据来源：中国信托业协会 http://www.xtxh.net/xtxh/.

续表

发布时间	政策名称	主要内容
4月	关于调整信托公司净资本计算标准有关事项的通知（征求意见稿）	信托公司业务首次被明确划分为事务管理类（通道类）和非事务管理类（非通道类）两类，对两类业务的划分也给出了标准，同时征求意见稿中也明确了两类业务中受托人与委托人相应职责
	关于信托公司风险监管的指导意见（99号文）	提出建立流动性支持和资本补充机制、清理非标准化资金池产品等切实有效的管控手段
5月	关于99号文的执行细则	重申资金池清理的重要性并提出了三项标准
	关于保险资金投资集合资金信托计划有关事项的通知	保险机构投资集合资金信托计划，应配备独立的信托投资专业责任人，完善可追溯的责任追究机制，并向保监会报告。并且担任受托人的信托公司净资产不低于30亿元
	关于规范金融机构同业业务的通知	就规范同业业务经营行为、加强和改善同业业务内外部管理、推动开展规范的资产负债业务创新等方面提出了十八条规范性意见
	信托从业人员资格认证管理办法（征求意见稿）	要求信托从业人员应当取得信托从业人员资格，资格考试和资格审核均由行业协会组织
6月	全国社会保障基金信托贷款投资管理暂行办法	明确信托公司管理社保基金信托资产需要符合四项条件
8月	信托公司监管评级与分类监管指引	评级结果将作为衡量信托公司风险程度、监管规划和合理配置监管资源、采取监管措施和行动的主要依据
9月	中国信托业保障基金管理办法（征求意见稿）	提出设立中国信托业保障基金
10月	信托登记试行办法	全国信托登记中心落户上海自贸区
12月	《信托业保障基金管理办法》落实	保障基金主要由信托业市场参与者共同筹集，是用于化解和处置信托业风险的非政府行业互助资金。信托公司和通过信托项目获得资金的融资者是该互助性保障基金的利益相关者。因此，保障基金由信托公司或融资者等利益相关者认购，基金权益也归认购人享有

2.2 “99号文”保“八项机制”落地，“八项责任”再促转型实施

信托业近几年迅猛发展，吸引眼球，但宏观背景、监管壁垒与市场需求的变化却给信托业进一步发展带来了严峻挑战。以往支撑信托业发展的主要驱动力——房地产、政信合作、银信合作——逐渐淡化或退出也对信托业下一步的业务机遇提出了新的命题。

监管新政的革新

在信托业原有经营模式遇到发展瓶颈的情况下，2013年年末银监会主席助理杨家才提出了信托业治理八项机制，即公司治理机制、产品登记机制、分类经营机制、资本约束机制、社会责任机制、恢复与处置机制、行业稳定机制和监管评价机制。以此为基础，2014年4月10日《关于信托公司风险监管的指导意见》（又称“99号文”）横空出世，文件全文10页，涵盖内容极广，从风险处置原则到风险防控机制，再到转型方向的明确和未来监管机制的细化，“99号文”对“杨八条”的阐释已经落实到具体操作层面。从文件具体要求来看，“99号文”可以总结为“控风险、强监管、促转型”。

首先，从风险控制机制来看。“99号文”在风险处置方面设置了三层连环扣：风险处置要求落实到具体责任人；处置方式通过外部第三方接盘或寻求司法手段解决；处置方案采取的是信托公司股东提供流动性支持。此外，“99号文”重点强调了“买者自负”意识、规范销售隔离第三方问题以及清理非标资金池。

其次，从加强监管体制来看。“99号文”对信托公司的监管管理，涉及信托业务的全过程，包括外部和内部。外部管理主要是监管层通过分类经营机制、资本约束机制、非现场监管等外部机制对信托公司进行约束和规范。内部管理则体现在对信托项目的前端要求信托公司通过事前报备在产品设计、尽职调查、风控措施等方面把关；后端强调在项目存续期间密切监控、及时预警和风险处置。

最后，从促进信托业务转型来看。“99号文”明确提出坚持防范化解风险和推动转型发展并重的原则，强调“明确转型方向”。在具体业务转型方向上，“99号文”指出了以下六个转型方向：改造信贷类集合资金信托业务模式，研究推出债券型信托直接融资工具；大力发展真正的股权投资，支持符合条件的信托公司设立直接投资专业子公司；鼓励开展并购业务，积极参与企业并购重组，推动产业转型；积极发展资产管理等收费型业务，鼓励开展信贷资产证券化等业务，提

高资产证券化业务的附加值；探索家族财富管理，为客户量身定制资产管理方案；完善公益信托制度，大力发展公益信托，推动信托公司履行社会责任。

监管新政的原则与实施

继"99号文"出台，银监会又接连发布和出台了针对"99号文"的解读和《关于99号文的执行细则》。

（1）新政原则解析

4月23日银监会与信托业协会首次从官方层面公开对"99号文"做出释疑和解读。在"99号文"基础上总结出"七个尽责""三大责任"与"四条标准"构成的原则体系。

其中"七个尽责"包括产品设计尽责、尽职调查尽责、风险管控尽责、产品营销尽责、后续管理尽责、信息披露尽责及风险处置尽责。

信托公司股东的"三大责任"包括：出现流动性风险时，需要提供流动性支持；资本不足时，应推动压缩业务或补充资本；经营管理出现重大问题时，应更换股东或限制权利。但银监会相关负责人在接受采访时明确否认了上述要求是从政策层面明确"刚性兑付"将延续的市场解读。

产品营销的"四条标准"有：严格合格投资人标准，明确不得违规汇集他人资金购买信托产品；严格私募标准，不得公开销售；严格操作标准，不得误导销售，并逐步实现录音或录像保存营销记录等；严格代销标准，禁止信托公司委托非金融机构推介信托计划。

（2）新政实施影响

5月13日银监会又针对"99号文"下发了《关于99号文的执行细则》（以下简称《细则》）。《细则》明令禁止信托公司委托非金融机构推介信托计划，并提出信托公司清理非标资金池不搞"一刀切"和"齐步走"。该《细则》的下发从三个方面对信托公司产生影响：

一是销售渠道方面。第三方理财代销信托产品被正式叫停，监管层鼓励信托公司直销的意图明显，这可能与缺乏监管的第三方理财公司风险频出有关。监管层以叫停代销的方式最大程度地避免由第三方理财的违规操作导致的金融风险向信托公司传递以及单一信托产品风险向公众扩散的情况。但信托行业内除极少数大型信托公司已经建立了自身直销渠道外，其他大部分中小信托公司都依赖于第三方理财或者银行机构代销，代销渠道受阻将会考验众多中小信托公司的销售能力。

二是优化信托公司业务管理方面。《细则》要求信托公司具体产品实行报告制，统一简化报告内容，简化审核工作量，要求机构将拟新开展的每笔业务（包括异地推介的项目）在推介前 10 日上报监管机构。除关联交易类业务外，其他业务都不需要监管机构的事前表态，只要在 10 日报告期内未被叫停即可展业务。这使得此前需要事前报备的房地产信托以及异地推介类、关联交易类等业务的开展得到解放。同时，《细则》表明银监会将推进信托产品登记信息系统的建立，这一系统的建立将更大程度地解放信托产品事前报告流程。

三是清理非标资金池方面。与“99 号文”明确清理资金池的时间表所不同的是，此次《细则》中表示：在资金池清理工作方面，不搞“一刀切”，由各家信托公司自行制定清理整顿方案，并且不设统一时间表，以确保清理整顿工作不引发新的风险。这表明监管层的监管目标在于风险控制，因此在非标资金池的清理过程中同样要重视避免引发流动性风险。

监管新政的刚性兑付解析

刚性兑付一直是中国信托业的显著特征，其背后蕴藏着很大的道德风险。而“99 号文”与 5 月 13 日银监会针对“99 号文”下发的《关于 99 号文的执行细则》则是从策略上打破了“刚性兑付”的信号。文件规定在“卖者尽责、买者自负”这一原则下，信托公司应该将该原则在产品推荐、合同签订中落到实处。这就很好地说明了“99 号文”不是为了要继续保持“刚性兑付”。此外，关于“对有风险的信托项目要采取市场化的化解风险手段”的规定也表明要真正地处理项目风险，而不是拿自有资金垫付。这实际上是一个策略上破刚的方向。从未来发展来看，四条“破刚”措施已经缓慢开启：第一，提升全面净值管理能力。“99 号文”中指出信托公司要在七个环节中提升净值管理能力，这对打破刚兑很关键。第二，业务模式的转型与创新。实际上，近年来信托业已开始了从融资向投资转型，即从非标准化的固定收益产品向基金化的浮动收益产品过渡，“99 号文”也提出了转型创新的方向。第三，加强投资者教育。对于非标准化的非标资管产品，非标准化的债权投资产品、固定收益产品，要让投资者知道，制度安排下是没有“刚性兑付”的，是要买者自负的。第四，监管者的引导。信托业要在策略上全面打破“刚性兑付”，监管者只要下一个决心就彻底破了。因为在制度安排上，对信托产品不仅不能刚性兑付，而且有一个很明确的禁止，即固有财产和信托财产之间不允许交易。

■“八项责任”强化转型定位

在 2014 年中国信托业年会上，银监会主席助理杨家才正面明确肯定了 2014 年信托业的五大业绩：①支持了实体经济发展；②增加了受益人的收入；③抵御了风险冲击；④增强了资本实力；⑤五是实现了平稳增长。在肯定了信托行业一年来的业绩后，他要求信托业要深刻认识当前经济所处的新常态，并抓住新机遇，通过落实八项责任实现信托业的质效提升。

主席助理杨家才深刻指出，要想全面适应新常态、抓住新机遇、实现新发展，信托业必须实现信托转型。信托最大的转型就是要实现由受托人主动发起变为由委托人主动发起。我国信托业发展要经历三个阶段：目前处于第一个阶段，这个阶段的信托目的是让财产增值，为了多赚钱多获利，这与我国人民还不富有的现实相符合。第二个阶段主要是为了财产保值做信托，也就是说信托不是让人发财致富，而是让人保证财富安全，因为信托具有财产独立的特性。第三个阶段应该是为了财富传承而做信托。也就是说主要目的既不是财富增长，也不是财富安全，而是让财富能传承下去，破解富不过三代的怪圈，利用信托的破产隔离功能实现财富的代代传承或隔代传承。

2.3 业务转型迫在眉睫，领先机构率先发力

近年来，信托业飞速发展，管理资产规模已经超过 10 万亿元，成为仅次于银行业的第二大金融部门。然而，信托业在取得辉煌成就的同时，也面临着前所未有的困难。一方面，“三期叠加”的经济形势、利率市场化改革的深入推进、泛资产管理时代的激烈竞争，对信托业传统发展模式形成严峻挑战。另一方面，风险事件增多，也使得信托业受到极大的关注甚至质疑。在这样的背景下，转型已经成为行业共识。

■信托转型路在何方

在目前的政策环境和市场环境下，信托业以信贷类、通道类为主的业务结构和发展路径难以为继，信托业必须“告别野蛮生长，回归本来面貌”。银监会在 2014 年 4 月 10 日下发了被市场称为“最严监管政策”的《关于信托公司风险监

管的指导意见》（又称“99 号文”）和《执行细则》，随后《关于规范金融机构同业业务的通知》出台。5 月 30 日国务院常务会议提出，规范信托、同业、理财、委托贷款等业务，清理不必要的资金“通道”“过桥”环节。这一系列政策对信托通道类业务、信托销售渠道、资金池业务等进行了严格的规范。监管机构意在使信托行业脱离信贷职能，回归财产委托管理机构的本源，就具体业务模式而言，转型方向有下述方面。

（1）以专业投资能力为基础的股权直投业务

尽管股权投资始终是信托公司最具特色和制度红利的先发优势，但一直以来，真实意义上的股权投资却一直是整个信托业的短板和“软肋”。大力发展和规范私募股权投资业务意味着将信托原有核心业务进行优化。中国银监会“99 号文”明确指出：要大力发展真正的股权投资，支持符合条件的信托公司设立直接投资专业子公司。鼓励开展并购业务，积极参与企业并购重组，推动产业转型。私募股权直投既符合信托业的功能定位，又能体现信托制度优势。股权投资业务的目标客户与传统的信托客户通常是高度重叠的，开展该项业务可以弥补过去信托公司对贷款业务过高的依存度，未来空间巨大。大力开展私募股权投资业务，信托公司需要在原有基础上建立更为专业化的业务流程，做到对特定行业板块内基础资产的专业化判断，建立起按照行业划分的投资决策团队，以形成更为有效的投资决策和风险控制机制。

（2）以资产整合和配置能力为基础的资产管理业务

信托产品特定的市场定位使其必然面对越来越多的高净值客户和大型机构客户。高净值客户的资产管理需求更多地集中在资产的跨境配置以及投资的多元组合方面。因此，资产管理业务未来可能成为更为成熟的信托公司的核心主业。伴随泛资管市场的形成，高净值客户和机构投资者对资产管理业务日益重视，他们更需要完善的资产管理服务从而进行多元化的投资组合配置。资产管理的主流化业务是大势所趋，这为信托公司开展这类业务，将其打造成新的收入与利润来源提供了绝佳的历史契机。信托公司资产管理业务的优势主要在于产品开发能力强和风控能力比较全面。信托公司可充分发挥 QDII 资质、离岸信托、设立海外业务子公司等综合优势，创新设计对客户有吸引力的高端金融理财产品，提供多元化的金融服务和金融产品。

（3）以财富管理能力和制度安排为基础的家族财富信托业务

据分析，2015 年年末中国个人可投资资产超过 600 万元人民币的高净值人士将达到约200万人，可投资资产约60万亿元，届时，中国将成为仅次于日本的亚洲第二大财富管理市场。因此家族财富管理业务是信托公司重要的转型方向和市场“蓝海”。“99号文”在六大转型方向中明确提出“探索家族财富管理，为客户量身定制资产管理方案”。主席助理杨家才在2014年信托业年会中也再次强调，信托业的转型发展需要经过三个阶段：第一个阶段是财产保值，第二阶段是财富增值，第三个阶段是财富的传承。其中，第二三阶段中的财富保值和传承恰恰是私人财富管理业务中最为核心的内容。

转型案例各具特色

2014年以来，受监管政策、实体经济及销售渠道的影响，一度持续攀升的信托资产规模增速下滑，整个行业的发展似乎陷入瓶颈，信托业这艘行驶在实体经济大海中的巨轮正在艰难转身。在此背景下，信托业转型的步伐开始加快，一批被冠以“国内首单”名号的创新产品不断出现，一些创新产品亮点颇多，引起市场关注。

（1）万向信托力推子女教育信托

2014年4月，万向信托与纽约私人银行和信托公司合作推出了“私人定制——子女教育信托”，该产品适合高净值客户家庭安排求学子女的教育经费。针对小孩的教育金信托成为信托公司发力创新的另一种尝试。该产品为不同年龄阶段的求学子女安排不同资助金额，比如，自信托设立之日起一年至受益人满18周岁以前，资助金额为上一年度信托收益的50%；受益人18周岁至满22周岁，资助金额为上一年度信托收益的60%；受益人22周岁至满25周岁，资助金额为上一年度信托收益的70%。而且，当受益人获得学位或者获得委托人选定的专业资格证书及执业资格时，可获得上一年度信托收益的5%作为奖励。当符合多项奖励条件时，奖励金额可累加。当信托期满后，双方可协议结束信托。而且，信托公司还提供包括留学顾问、暑期游学、名校夏令营、高端社交礼仪、少年精英圈聚会等衍生服务。万向信托这款家族教育信托以服务委托人的教育理念为核心，搭配灵活多样的投资手段，组合成一套兼具个性化与适用性，为财富人群“一对一”“量身打造”的信托方案，适用于各类财富家庭的子女教育需求，属国内首例为私人定制的家族教育信托。

（2）上海信托试水股权投资

2014年6月，上海信托宣布成立旗下另一家直投子公司——上海浦耀信晔投资管理有限公司（简称“浦信资本”）被视为行业转型新亮点，引起市场关注。浦信资本由上海信托与汉禹投资顾问（上海）有限公司、鼎浦投资咨询（上海）有限公司合资成立，注册资本 1000 万元，定位为上海信托的股权投资平台。目前，大健康产业是上信资产的一个重点业务方向。未来，上信资产除继续在全国条件成熟的地区有步骤地推广高端医疗园区建设经验外，还将充分利用公司在资金募集、医院投资、健康医疗服务等领域的资源整合能力，积极参与全国公立医院改革、医生多点执业、社会办医、高端医疗机构建设等多层次社会医疗服务体系的建设，涉足连锁诊所、医院投资，提供养老、健康、医疗、地产综合服务方案。浦信资本的成立，意味着身处转型中的上海信托在新业务领域探索方面又向前迈出了一大步。

（3）借道互联网，消费信托零售化转型

在信托行业转型大背景下，中信信托继土地流转信托、消费信托之后推出的“黄金时代”成为其首单互联网消费信托产品，并在行业内具有样本意义。中信信托推出的此款信托产品主打“消费 + 投资”的双重概念，并借助互联网将信托从高端推向了“平民”。此次资金募集通过互联网发起，产品最低起购门槛仅为 10 元。发行当天，两分钟内意向认购就达到了 1500 万元，最终实际销售 1800.236 万元，超出预期 300 多万元，有 3060 人参与了认购。中信信托此次成功试水展现了消费领域的广大发展空间，若信托能够植入其中，则可在这一领域分一杯羹。但消费领域高回报的标的并不多，如何盈利则要看信托公司怎样运作。

（4）坚持去通道化，创新谋发展

2014 年 10 月，安信信托股价连续 10 个交易日涨幅近 40% 的优异表现源自其业绩的大增。这一亮丽业绩增长动力来自安信信托“去通道化”转型的坚持。安信信托公司经营机制灵活，善于拓展创新类信托项目。作为民营背景的金融机构，公司依靠灵活的经营机制和上海自贸区建设、江浙地区发展等有利环境，开拓了 REITS 和私募股权、养老公益、土地流转等创新类信托项目，实现了从“通道信托”向“实业投行”的转型。从安信信托 2014 年的业绩表现来看，这一转型无疑是成功的。安信信托的成功也许只是一个个例，我国信托业整体仍处于转型阵痛中。中国信托业协会 2014 年发布的一份报告中曾提出，“要清醒地认识到，信托业未来发展仍面临诸多困难与挑战”。

(5)狠招求转型,“锦绣财富”重磅出击

2014 年 10 月 29 日,四川信托“锦绣财富”品牌发布会在成都隆重举行,这是四川信托转型升级的一项重要举措,也是其在金融产品和客户服务方面的战略性创新。“锦绣财富”的推出是四川信托对服务模式和产品体验的全新升级,“锦绣财富”的定位是一个开放的产品资讯平台、一个专业资产管理平台、一个家族财富定制平台、一个高端投资者俱乐部。“锦绣财富”将致力于打造最专业的财富管理和金融咨询服务平台,为客户提供专业化、个性化、多元化的理财资汛、资产管理和家族财富管理服务,在健康医疗、子女教育、投资收藏、旅游休闲等多方面为客户搭建一个交流与活动平台,提供贴心关怀和周到服务。“锦绣财富”品牌的推出不仅是四川信托迈出的重要一步,也是信托业乃至整个大资管行业施行转型发展策略的关键起点,更是“投资者中心时代”来临的重要标志。“锦绣财富”品牌的推出将有利于启发信托业转型发展的思路,有利于信托制度优势的充分发挥,有利于更好地保护投资者利益。

为了应对新的市场变化,信托业要通过转型找到新的突破口,在经过一系列正确的转型策略后,在风云变幻的市场中,攀登新的高度,创造新的辉煌。转型是一件比较有难度但又不得不做的事情,任何一家企业想要生存都要不断地提升自己,信托业亦如此。

2.4 “泛资管”竞争趋于白热化,“围攻”态势亟待应对

自 2014 年以来,证监会、保监会、商业银行和资管新政频繁出台,商业银行、券商资管公司、基金子公司对信托公司传统业务和传统市场已经形成“围攻”蚕食之势,对信托业来说,2014 年“狼”真的来了。

“抱残守缺”已经难以为继

信托业制度独占优势不再。从业务功能层面看,信托公司的制度优势在于,信托作为一种以实现信托目的为中心的财产管理制度,具有“目的功能”和“资产管理功能”。信托可以用于理财,但绝不仅限于理财,信托运用具有多样性和灵活性,其创新力正源于此。资产管理“新政”已经赋予了其他金融机构经营与信托业务同质化的资产管理业务资格,即使其他金融机构具备了信托的“资产管理功能”。一旦法律明确其他金融机构的资产管理业务为信托业务,此类业务便

具备了信托的"目的功能",届时信托公司的制度独占优势将不复存在。

传统领域受到侵蚀。一是银信理财合作业务受到冲击。先前受到政策限制的银信合作信贷资产和票据资产转让业务,已经借道证券公司定向资产管理业务和基金公司专项资产管理计划得以延续。由于信托公司对融资类银信理财合作业务有较低的规模比例、较高的净资本比例等方面的限制,其他银信理财合作业务将逐步向证券、基金等机构转移,银信合作面临着被银证合作、银基合作挤出和取代的风险。二是融资类信托业务遭到侵蚀。资产管理"新政"向其他金融机构不同程度地开放了非标准化债权的运用方式,信托公司擅长的非标准化融资模式已经开始被复制。加之首批试点银行可以直接开展理财资产管理业务,信托公司融资类和通道类信托业务的市场空间将受到进一步的挤压。三是阳光私募基金业务受到影响。《证券投资基金法》使得私募基金管理机构不必借道信托公司也能开展私募基金业务,信托公司传统的私募基金"阳光化"业务受到较大冲击。

粗放经营难以持续。多年来,信托公司独享信托业务经营权,依靠粗放经营获得可观利润。这种粗放经营突出表现为"两个不平衡"。一是产品不平衡。信托产品中,以体现理财功能的融资类及投资类信托产品为主,而体现服务功能的事务管理类信托产品长期缺位。理财信托产品中,以非标准化债权投资为驱动的固定收益产品为主,而以各类权益投资为驱动的浮动收益产品则较少。二是能力不平衡。目前,信托公司的能力主要体现为信用风险管理能力,而非真正体现竞争力的投资管理能力。信托公司上述粗放经营模式很容易为其他资产管理机构所模仿和超越,原有发展道路已不可持续。

■依靠科技创新,再造同业合作新模式

在泛资管时代背景下,如何抓住机遇应对挑战成为信托业发展的重要课题。目前已有不少信托公司积极创新产品和服务,以适应泛资产管理时代新的竞争形势。值得注意的是,受益于泛资产管理新政,银行、券商、保险、基金、信托等金融机构之间的跨界合作越来越多,并逐步成为一种趋势。其中,三家或三家以上机构利用各自的优势合作开展业务已成为一种常用的业务模式。另外,各类金融机构之间互相持股也渐成趋势。

以万向信托为例,图 1-14 展示了万向信托与国投信托和大自然保护协会(TNC)的合作模式。万向信托与国投信托分别通过银行证券与基金方式展开合

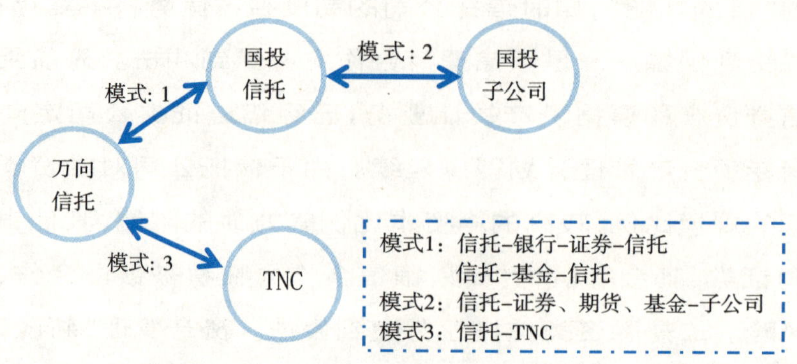

图 1－14　跨界合作案例

作，与大自然保护协会（TNC）合作设立了国内首个自然保护公益信托，将信托模式引入环境公益事业。而国投信托在拓展外部业务的同时，还通过证券、期货和基金等方式与其内部子公司展开合作，充分发挥内部金融协同效应，为客户提供综合金融服务，并准备在时机成熟时向外部推广。

银行、保险在资金端有优势，券商、基金在标准化资产配置方面有优势，信托在非标准化债权融资方面有优势，多方合作各自取长补短、优势互补，无疑是多赢的互利结果。在展开多方合作时，除了跨界合作优势互补，信托公司还应提升内力。

一是用创新的方法开展传统业务，赋予其新的内涵。包括管理创新、效率提升创新、客户服务（黏合度）创新等。信托公司的管理模式要多元化，根据自身能力选择与其匹配的发展模式。有实力的大型信托公司可以通过健全自身产品线、打造营销体系、培育资产管理平台，形成“大而全”的发展模式。而中小型信托公司则可在专业化方面进行突破，在某些专业领域进行“小而精”的深耕细作。要打造专业化的信托业务团队，就要提升其承做业务的核心能力和承揽业务的营销、沟通能力，从而实现自身的竞争优势，提升公司信誉在市场中的品牌效应。要提供个性化的受托服务，通过为客户搭建一站式个人金融服务平台，提升高净值客户的黏合度。

二是深耕信托本源业务，发挥信托功能优势。要充分运用信托财产权分离的特征，把握高净值客户对财富传承等方面的市场需求，积极开展家族信托以及财产权信托等业务。同时要发挥信托横跨货币市场、资本市场和实业市场三大领域的功能优势，利用集团的资源优势，培育股权投资类信托业务。

三是打造核心投资管理能力，向资产管理转型。由于信托产品以融资类信托为主，真正的投资类信托较少，因此，长期以来信托公司的核心能力主要体现为信用风险管理能力，而不是真正的投资管理能力。从长远发展来看，真正体现信托公司竞争力的是投资管理能力，相比其他资产管理机构而言，信托公司目前的投资管理能力是一个短板。因此，提升核心投资管理能力，进行多元化资产配置，丰富信托产品线，向资产管理转型是打造信托公司核心竞争力、实现内涵式增长的必由之路。

2.5 个案风险爆发频率加快，保障基金增设缓释机制

自 2013 年中诚信托陷入“诚至金开 1 号”兑付危机开始，信托产品频现兑付风险，出现风险的项目涵盖了目前常见的各种信托项目类型，如房地产类、矿产类、工商企业类、艺术品类、证券投资类等，其中以房地产类和矿产类项目居多。统计数据显示，2014 年上半年被曝存在兑付风险的信托资金规模近百亿元，一系列兑付危机事件将经历过几年爆发式增长的信托行业推向风口浪尖，并引发了市场对行业系统性风险集中爆发的担忧。

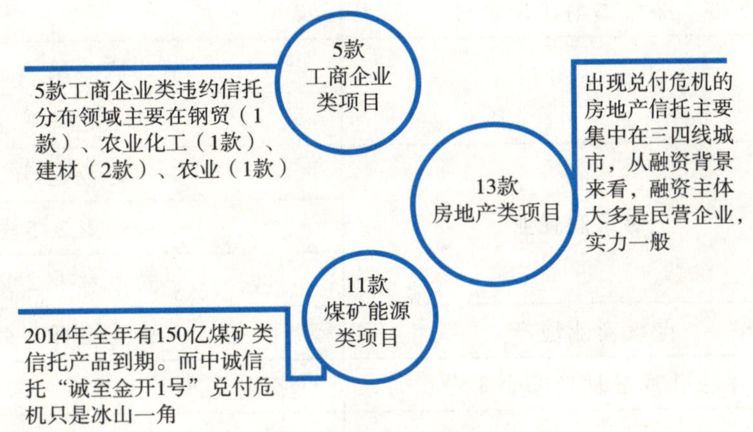

图 1－15 2014 年信托违约案例汇总

受国内经济下行压力加大和产业结构调整步伐加快等因素的影响，2014 年信托违约事件的发生频率明显增大。虽然爆发系统性风险的可能性不大，但是随着宏观经济进入调整和降速轨道，企业的经营压力将长期存在，煤炭、房地产等强周期行业面临的行业风险会逐渐增加，信托违约事件未来仍会发生。此外，也不排除个别地区或信托公司产品出现集中兑付风险的可能。刚性兑付在某种程度上已经成为信托行业发展的绊脚石，行业的流动性风险和信用风险值得警惕。

与此前信托行业的迅猛发展相比，信托业发展势头已明显放缓，调整在所难免。表 1－2 给出了 2013 年信托违约产品和 2014 年信托违约产品的对比，可以看出 2014 年信托违约事件明显激增。

表1-2 部分违约信托产品统计

月份	2013 年项目	2014 年项目
1月	舒斯贝尔特定资产	诚至金开1号
		录润置业
		时代佳誉股权投资信托
2月	/	松花江77号4期
		松花江77号5期
		山西联盛能源2期
3月	洋城锦都置业特定资产	松花江77号6期
		乾景套利
		粤泰集团项目
4月	温州“泰宇花苑”项目	/
	裕丰公司二期建设项目	
5月	/	联盛集团
		农戈山铅锌矿信托
6月	上海录润置业	远投七号
		长城财富5号
		景谷林业2期
7月	荣腾商业地产	诚至金开2号
	中金佳成房地产基金1号	金牡丹·融丰系列·宏盛聚德2期
9月	/	赛日新材
		长盈66号
		信裕15号
		建信证大
		粤泰集团项目
10月	焱金2号	/
11月	山东火炬置业	煤炭资源3号
		联盛项目
12月	“吉信”松花江77号	/

从表 1－2 可以看出 2014 年信托产品违约事件爆发频率有所加快，2013 年违约事件仅 11 起，而 2014 年全年则达到 24 起，是 2013 年违约产品的两倍不止。所涉金额也高达百亿之多，如果风险继续发酵，未来信托业务的发展方向堪忧。由此，信托业风险控制以及“刚性兑付”问题亟待解决。如前文所述，国务院办公厅、银监会及全国社会保障基金理事会等相关部门已经下发了 107 号文、99 号文、99 号文实施细则等一系列加强监管的文件。此外，信托业直接监管机构的提示风险和外部监督机关审计署的强势介入也颇引人注目。在这一系列风险管控措施中，2014 年 12 月由银监会下发的《信托业保障基金管理办法》成为亮点。中国信托业保障基金的设立将成为信托行业有效化解风险、维护稳健运行的有效机制，对信托业风险缓释机制的搭建有着里程碑式的意义。

“缓释”源于医学用语，而“风险缓释”主要是指通过一系列风险控制措施来降低风险的损失频率或影响程度。对于信托业来说，风险缓释机制既包括信托公司单体机构自身业务经营中的风险管理要求，也包括信托行业作为一个整体进行系统性风险管理的要求。首先，从公司层面上来看。为了应对“刚性兑付”危机，各大信托公司主要采取了以下应对措施：一是自有资金先行接盘信托财产；二是由关联公司或第三方公司，比如资产管理公司接盘信托财产；三是由第三方借款给融资方，融资方借新还旧；四是转让信托受益权，由关联方或第三方受让，让受益人退出。其次，从产品设计层面来看。比如，在前几年的房地产信托业务中，比较盛行的一种做法是信托在房地产项目只有两证或三证的时候进入，待地产项目五证齐全达到银行贷款标准时信托退出，银行接盘。再如多年来信托产品的基金化发行以及资金池的设计等，实际上这些产品在设计之初就既有增信的考虑，也有信托产品必须在约定的时点保证兑付的考虑。最后，从行业层面来看。当前，我国信托行业风险缓释机制仍基本处于自发性、缺乏系统规划和规范指引的初级阶段，也就是行业层面的风险缓释机制仍是空白。实践也表明信托公司自发的探索和努力，并不能充分地缓解和释放信托风险。因此，对于信托行业的风险缓释更多地应从行业层面着手。中国信托业保障基金设立的意义由此显现。保障基金主要由信托业市场参与者共同筹集，是用于化解和处置信托业风险的非政府性行业互助资金，资金来源主要包括：①信托公司认购；②处置信托业风险过程中形成的资产处置净收益；③运用信托业保障基金获得的投资净收益和利息收入；④市场化经营的利润留成和其他合法收入；⑤国内外机构、组织和个人的捐赠。保障基金将交由保险基金公司管理，预计 2015 年将筹集基金规模400亿元。

《信托业保障基金管理办法》明确指出信托业风险处置应按照“卖者尽责、买者自负”的原则，发挥市场机制的决定性作用，防范道德风险。针对信托公司的风险，原则上按照“债务重组—外部接盘—履行恢复与处置计划—动用保障基金”的顺序进行风险处置。根据规定，保障基金可在五种情形下对信托公司进行救助：一是信托公司因资不抵债，在实施恢复与处置计划后，仍需重组的；二是信托公司依法进入破产程序，并进行重整的；三是信托公司因违法违规经营，被责令关闭、撤销的；四是信托公司因临时资金周转困难，需要提供短期流动性支持的；五是需要使用保障基金的其他情形。

在前三种情形下，保障基金公司应根据相关有权机关的认定和处置原则拟订处置方案并报基金理事会批准后实施。第五种情形下，由保障基金公司拟订方案并报基金理事会批准后实施。只有在第四种情形下，保障基金公司可以自行审核决定是否使用保障基金，前提是信托公司向保障基金公司提出申请，提交流动性困难解决方案及保障基金偿还计划，并签署资金有偿使用合同。

应对信托业风险问题时，保障基金是作为最后的手段参与对信托公司的有偿救助的，而不是损失赔付。由此可见，保障基金的设立并非是为违约事件进行兜底，成为“刚性兑付”的延续。相反，保障基金的介入可以换取风险缓释和化解的“时间窗口”，将单体项目和单体机构风险消化在行业内部，并且能对信托公司原股东和高管依法依规追责，必要时对其实施市场退出。这种机制安排，是逐步释放存量风险、减少对金融市场乃至社会负外部冲击的关键手段。不仅有助于维护信托行业稳定，落实优胜劣汰的市场竞争机制，还有助于稳妥解决所谓的“刚性兑付”问题以及有效防范信托公司及其股东的道德风险。

2.6 携手公益大有可为，多重瓶颈仍待突破

“完善公益信托制度，大力发展公益信托，推动信托公司履行社会责任。”这是银监会下发的《关于信托公司风险监管的指导意见》（简称“99号文”）中载明的信托行业发展六大转型方向之一。这份文件被誉为监管层迄今为止对信托公司出台的一套最全面和最严格的风险监管文件。将公益信托正式定位于信托行业转型方向，是多年以来信托行业的罕见之举，标志着信托行业中公益信托业务开拓的号角已经吹响。

2014 年公益信托密集推出

据不完全统计，自 1999 年华宝信托设立宝恒组合投资信托计划至今，我国公益信托发展可以大致分为四个阶段：第一阶段是具备公益性质的集合资金信托的发行；第二阶段是公益信托的初创期；第三阶段是公益信托的盘整期；第四阶段是公益信托的发展期。

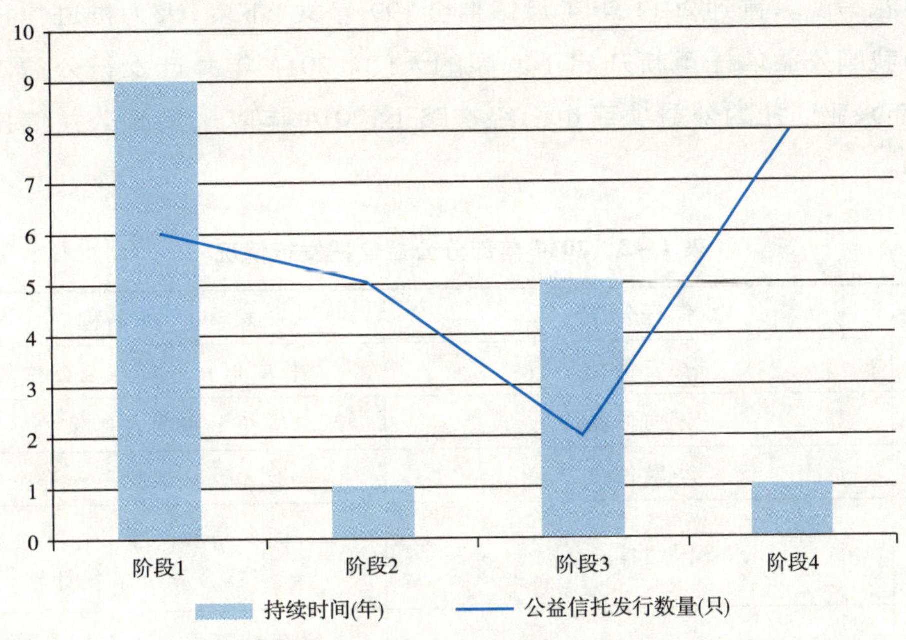

图 1－16　中国公益信托发展历程

图 1－16 给出了我国公益信托发展每一阶段的持续时间和各个阶段公益信托的发行数量。可以看出，第一阶段从 1999 年开始到 2007 年结束，共经历了 9 年的时间。共设计和发行"公益信托"6 只，之所以为这 6 只公益信托打上双引号，是因为 1999—2007 年的公益信托产品仅一家获得了民政部审批、设置中华慈善总会作为信托监察人，但最终并未推出，因此这些信托产品并非真正的公益信托，只能称为具备公益性质的集合资金信托。第二阶段是我国公益信托的初创期，这一阶段十分特殊，仅持续了一年的时间。这一年共发行公益信托类产品 5 只，其中 3 只也只能称为具备公益性质的集合资金信托，仅有 2008 年 6 月西安信托推出的"5·12 抗震救灾公益信托计划"和 2008 年 10 月百瑞信托推出的"郑州慈善公益信托计划"2 只产品以救助教育为目的，获得了民政部门审批，设立了信托监察人，并将募集资金和收益全部用于教育公益项目，基本具备了公益信托的设立要素。特别是

百瑞信托推出的“郑州慈善公益信托计划”，以100元为起征点面向社会公众发行，10年存续期内任何工作日均可加入，可以说是一款真正意义的公益信托。而2008年之后，我国公益信托悄然进入盘整阶段，经历了2009—2012年长达4年的空白期，在此期间并非没有公益信托发行，2012年资金信托发行了“厚德2号公益信托计划”与“厚德3号公益信托计划”，但这两项公益信托的发行，也仅仅是“默默发行，默默清算”，并未给公益信托的发展带来太多影响。至此，公益信托在我国的发展可谓昙花一现。直到2014年4月银监会“99号文”下发，大力推进信托业创新转型才为我国公益信托重新开启了发展的大门。2014年共计发行公益信托类产品8只，而兴业信托的公益项目也已经在路上，2014年以来我国公益信托的发展生机勃勃。

表1－3　2014年部分公益信托发行情况

时间	信托公司	产品名称
3月	长安信托	长安信托·奖学金公益信托
6月	万向信托	万向信托·中国自然保护公益信托
7月	华融信托	华融·爱心信托单一资金信托
8月	国元信托	国元信托·爱心慈善公益集合资金信托计划
9月	国民信托	贵州黔西南州贞丰‘四在小学’公益信托计划
9月	湖南信托	湘信·善达农村医疗援助公益信托计划
11月	紫金信托	“紫金·厚德4号”公益信托计划
12月	国投信托	国投信托·仁爱壹号·员工爱心信托

但从2014年公益信托发布的情况来看，此轮公益信托的接连试水无疑与监管引导有重要关系。在监管层下发的“99号文”中，公益信托是信托公司明确的转型方向之一，《信托法》中也对公益信托做出了专门规定，监管层也曾下发《关于鼓励信托公司开展公益信托业务支持灾后重建工作的通知》（银监办发〔2008〕93号）以鼓励公益信托发展。未来我国公益信托发展仍待进一步突破。

打造中国扶贫济危新模式

按照我国《信托法》规定，公益信托是指出于公共利益的目的，为使社会公众或者一定范围内的社会公众受益而设立的信托。具体来说，就是为了救济贫困、救助灾民、扶助残疾人，发展教育、科技、文化、艺术、体育、医疗卫生事业，发展环境保护事业、维护生态平衡以及发展其他社会公益事业而依法设立的信托。

对于信托行业来说，公益信托发展的意义不可小觑。在当前形势下，公益目的作为信托与生俱来的功能定位，必将在我国未来构建和谐社会、缩小贫富差距、扶助弱势群体以及缓解社会矛盾等诸多方面发挥不可替代的作用。在公益信托得以大力拓展的同时，信托公司乃至整个信托业的社会公信力、市场信誉、公司形象都会得到巨大的、实质性的提升与传播，对行业和公司长远发展所形成的正面影响力、推动力和战略意义都是难以估量的。公益信托将在信托转型中扮演重要角色。

(1)公益信托的要素构成

与普通的信托要素构成有所不同，公益信托不是由三要素构成，而是由五要素构成，即在委托人、受托人、受益人之外，又增加了监察人和主管机构。从而使得公益信托的发起成立、运行管理和信托财产安全更加严密、更加规范和更加科学。当然，这就增加了信托公司开展公益信托业务的复杂程度和操作难度。例如，信托公司发行公益信托产品必须是审批制，即事先需要获得监管部门和主管部门的批准，方可发行公益信托产品。此外，发行公益信托产品需要事前确定相应的主管部门，如属于救济贫困、救助灾民、扶助残疾人类的公益信托其主管部门应该是民政部门，而教育、科技、文化、艺术、体育、医疗卫生事业，发展环境保护等方面的主管部门则可能是教育部、文化部、科技部或环保部等。但从目前我国的实际情况来看，形势并不乐观，一些主管部门或者出于对《信托法》不了解、不清楚的原因，或者出于懒政不作为的原因，对相关职能百般推托、设置障碍加以阻挠。面对这种情况，信托公司需要不断探索，勇于突破。

(2)目前信托公司开展公益信托的历史机遇

目前中国的基尼系数在全世界排名靠前，贫富悬殊严重。基尼系数是用于衡量居民收入差距的标准，数值在 0 ~ 1，基尼系数越大，说明居民收入差距越大，

0.4 以上的基尼系数表示收入差距较大，0.4 也是国际公认的常用指标。美国学者统计，2005—2012 年，中国基尼系数呈走高趋势，维持在 0.53～0.61。

中国儿童少年基金会统计，我国 3 亿儿童中未入学率近 1%，即有近 300 万因贫困造成的失学儿童。

世界卫生组织曾测评了世界上 1100 个城市的 PM2.5 污染情况，把中国的北京、上海、广州三个城市算在内，中国排在 812～1058 位，所以我们国家是世界上 PM2.5 污染最重的。

民政部、国家减灾委员会办公室会同工业和信息化部等部门对 2013 年全国自然灾害情况进行了会商分析。经核定，2013 年各类自然灾害共造成全国 38818.7 万人次受灾，1851 人死亡，433 人失踪，1215 万人次紧急转移安置；87.5 万间房屋倒塌，770.3 万间房屋不同程度损坏；农作物受灾面积 31349.8 千公顷，其中绝收 3844.4 千公顷；直接经济损失 5808.4 亿元。

据 2013 年 4—6 月全民调查网进行的郭美美事件对中国红十字会社会公信力影响的调查结果显示，大众普遍认为郭美美炫富事件对红十字会的声誉影响严重，比例为 100%；对红十字会的信任度调查中，非常不信任占 53.3%，比较不信任占 26.7%，合计 80%，其余 20% 也仅为说不清，非常信任和比较信任为零。只有 20% 的人愿意把钱捐赠给具有政府背景的慈善组织，受捐赠组织中排在前三位的是：自己亲自捐赠、民间慈善组织、外国背景的慈善组织。53.4% 的人对红十字会重建公信力没有信心，26.7% 的人没有表态。

面对上述巨大的社会需求和千载难逢的历史机遇，公益信托承担起我国公益慈善事业的重任已属众望所归，义不容辞。“完善公益信托制度，大力发展公益信托，推动信托公司履行社会责任”，这是“99 号文”中载明的信托行业发展六大转型方向之一。

综上，公益信托的发展，一方面给公益事业提供了一条新的模式和路径，更好地满足了捐赠人的多种需求；另一方面也有利于提高公司以及信托行业的社会公信力。到目前为止，我国实施公益信托所必需的客观条件已基本成熟：首先，我国经济飞速发展，人民收入水平大幅提高，生活富裕的人口所占比例也逐年上涨；其次，为适应经济体制转换和金融体制改革，财产管理多样化和科学化势在必行，由此信托也逐步走入人们视野；再次，我国目前还有很多贫困地区，需要收帮扶的人仍占大部分，社会中关注弱势群体、有爱心亦有能力的人群开展的公益活动也越来越多；最后，为保障公益活动的有效性和规范性，政府出台了诸多政策给予指导和保障，使得公益信托的开展有了政策依据。由此，开展公益信托应是各大信托公司顺势而为的必然选择。

多重瓶颈仍待破除

无论是来自公益界还是金融界，发展公益信托的信号已然明确。但要实现公益信托的落地和大规模推广，一些制度障碍亟待破除。为了尽快落实公益信托制度，首先，要尽快明确“公益事业管理机构”。将民政部门确定为公益事业管理机构对公益信托进行统一管理，可以避免分散管理（即由各个事业管理机关管理，如教育部、文化部，等等）的一些弊端，而且也便于多个具有公益目的的复杂公益信托的设立；另外，信托监察人的资格和具体权利义务也应当尽快明确。其次，需合理界定公益事业管理机构的职权范围。最后，需建立税收优惠制度。从各国经验来看，公益信托在本质上均被视为一种慈善捐赠，虽然我国《信托法》中规定国家鼓励公益信托，但未就其设置专门的税收优惠，也未认定公益信托视同捐赠或享有慈善组织的税收优惠。

信托公司对目前政策约束的破解路径，也须循序渐进，由易而难。可先尝试推出具有公益性质的资金信托，在取得一定成功、积累一定经验的基础上，从地方主管部门入手，实现政策突破和创新，逐步设立地方主管部门批准的规范公益信托，从而最终实现全国统一规范的公益信托。

2.7 PE 子公司风起云涌，QDII 再添发展新动力

在鼓励信托公司创新、利用信托灵活制度优势为市场提供多样化的产品与服务的主旋律下，信托公司的私募股权投资（PE，Private Equity）业务和合格的境内机构投资者（QDII，Qualified Domestic Institutional Investor）业务迎来了重要发展机遇。

信托公司开始发力 PE 业务

“99 号文”中倡导的通过设立子公司的方式布局直投业务，能否成为信托当下转型中的一条可行路径，正在由市场给出答案和回应。除了已有多家公司正在密集筹建旗下 PE 子公司，一些先行者也开始进一步在此领域加大角力。

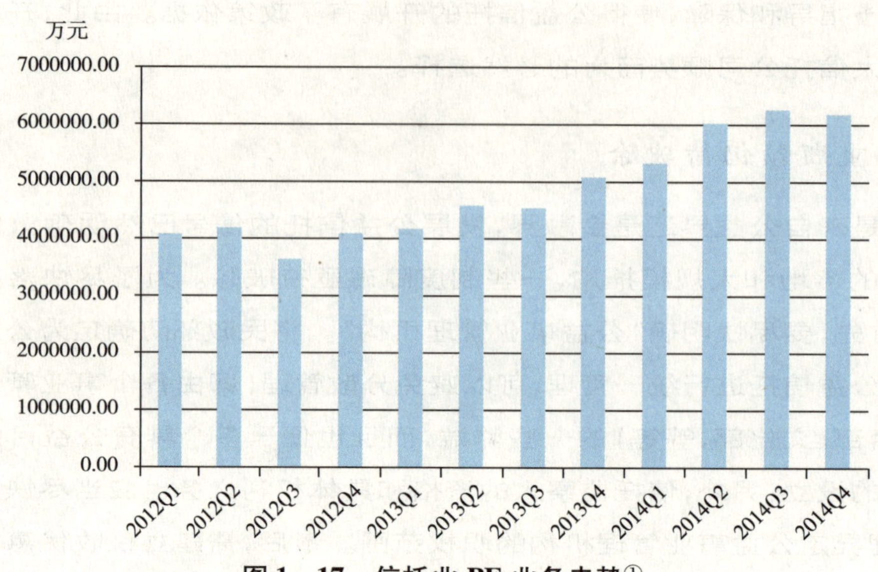

图1－17　信托业PE业务走势①

从2012年起我国PE业务逐年上涨，其间仅有2012年第三季度和2013年第三季度的PE业务较上一季度有所下降，其他季度的PE业务均有不同幅度增长。2013年第四季度与2014年第二季度环比涨幅最高，分别为11.4%和12.9%，2014年第三季度PE业务总额已高达6233964.05万元。虽然第四季度略有下降，但降幅不明显。此外，2014年4月"99号文"首次明确"支持符合条件的信托公司设立直接投资专业子公司"，意在鼓励促进信托公司真正向投资业务转型，真正打开让信托参与股权投资领域的广阔空间。

目前平安信托、中融信托、兴业信托、杭州工商信托、建信信托、中诚信托、北方信托、上海信托、交银国际信托9家信托公司已经成立了自己的PE子公司，华能信托、华保信托、民生信托也在筹备之中。其中，2014年6月中融信托将旗下全资子公司北京中融鼎新投资管理有限公司注册资本金增至5亿元；11月中融信托又掷重金，中融鼎新注册资本再度翻番，跳升至10亿元。

与其他方式相比，信托公司开展PE业务以设立PE子公司的模式为最佳。一方面，用PE子公司而非第三方机构作为投资管理机构，在成本、管理、风控以及主动管理能力的培养上具有明显的优势。这主要体现在：第一，可以获得本应支付给第三方投资公司的管理费，一般占募集资金的2%，这一部分收入基本可以覆盖PE子公司的运作成本。第二，在资金管理、投资管理等方面占有更多的

① 数据来源：信托业协会 http://www.xtxh.net/xtxh/.

主动权，并且可以避免信托公司对其他投资管理公司“转委托”的嫌疑。第三，PE 子公司的自主管理有利于信托公司控制资金、投资、管理等风险，保证信托资产的安全。第四，设立自己的 PE 子公司，信托公司能够成为 GP，对合伙制基金进行主动管理。

另一方面，由 PE 子公司而非信托公司自身作为投资管理机构，不仅可以起到风险隔离的作用，而且可以获得较多的税收优惠，获得其他 PE 机构享有的特殊待遇，并且获得 PE 投资主流的实体结构。这主要体现在：第一，由于 GP 在有限合伙企业中承担无限责任，因此成立 PE 子公司做合伙企业的 GP，就可以起到风险隔离的作用。第二，享受较多的税收优惠政策，包括国税发〔2000〕118 号文件、国税发〔2003〕61 号文件、财税〔2007〕31 号文件、财税〔2008〕1 号文件、财税〔2009〕69 号文件、国税发〔2009〕87 号文件及《创业投资企业管理暂行办法》等 7 个文件所涉及的各项税收优惠政策。第三，争取到类似证券、银行、保险等均已设立或正在计划设立 PE 投资公司的相同优惠政策及特殊待遇。第四，成立 PE 子公司作为独立的法人实体，不仅有利于各类 PE 业务的开展，同时也体现了信托公司开展 PE 业务的专业性。

据此，信托公司应在满足监管部门规定的设立条件下成立 PE 子公司，成为信托公司开展 PE 直投业务、发行 PE 信托产品的核心平台。信托公司设立 PE 子公司开展 PE 业务可以巩固目前的业务经营成果、改进现有的盈利模式；并且，信托公司通过 PE 子公司还可以获得与其他 PE 管理公司同等的话语权，以获取 PE 业务领域宝贵的一席之地。

QDII 助推信托海外起航

在信托公司传统业务利润日益微薄的背景下，布局全方位财富管理意义重大的 QDII 业务，正在被各家信托公司重新重视。截至 2014 年 11 月，已有 11 家信托公司获得 QDII 牌照，信托公司参与 QDII 业务的名额大幅扩容。

首先，从信托业总体 QDII 业务开展来看。自 2012 年起，我国信托业 QDII 业务取得了较大增长，2014 年第三季度这一数据达到 1033604.0 万元，是 2012 年第一季度 88376.9 万元的 11.69 倍。而 2014 年第四季度在第三季度的基础上又新增了 337809.83 万元，达到 1371413.83 万元，环比增长 32.68%。除了 2012 年第一季度、2013 年第一季度和第四季度有小幅下降外，其余季度均有不同幅度增长，其中 2012 年第二季度、第三季度和第四季度涨幅分别为 101.59%、

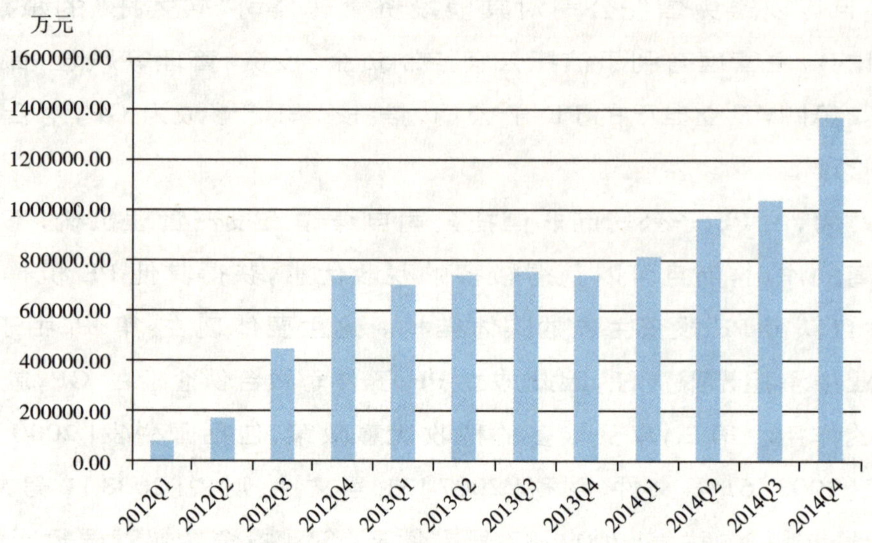

图1－18 信托业 QDII 业务走势

155.33%和62.10%。此外，2014 年第四季度涨幅为 32.68%。

其次，从各信托公司 QDII 额度和牌照获取情况来看。截至 2015 年 1 月 30 日，我国 65 家信托公司中共有 11 家获得 QDII 牌照，其中，中国对外经济贸易信托有限公司、中诚信托有限责任公司、建信信托有限责任公司和中融国际信托有限公司均是在2014 年集中获得 QDII 牌照，年内通过批复率达到历史最高水平。

表1－4 部分信托公司 QDII 投资额度情况审批表①

信托公司	获批时间	获批额度（亿美元）
中海信托股份有限公司	2009.12.30	1
平安信托有限责任公司	2011.09.30	1
大连华信信托股份有限公司	2011.12.20	1
中国对外经济贸易信托有限公司	2014.09.22	5
中诚信托有限责任公司	2014.11.27	16
建信信托有限责任公司	2014.11.27	4

① 数据来源：国家外汇管理局 http://www.safe.gov.cn/.

续表

信托公司	获批时间	获批额度（亿美元）
中融国际信托有限公司	2014.11.27	3
上海国际信托有限公司	2014.12.28	9.5
华宝信托有限责任公司	2014.12.28	19
中信信托有限责任公司	2014.12.28	9.5
新华信托股份有限公司	2015.01.30	1.5

截至 2015 年 1 月 30 日，包括银行、证券、保险及信托公司在内的四大类机构共获批 QDII 额度 820.43 亿美元，其中银行类获批 134.9 亿美元，占比 16.44%；证券类获批 318.5 亿美元，占比 38.82%；保险类获批 296.53 亿美元，占比 36.14%；而信托类仅为 70.5 亿美元，占比 8.59%。在信托公司中当属华宝信托获批信用额度最高，为 19 亿美元，其次是中诚信托的 16 亿美元和中信信托及上海国际信托的 9.5 亿美元。但是在 2014 年获批的其他三家信托公司的 QDII 额度却相对较少，并且 2015 年新批的新华信托也仅有 1.5 亿美元的额度。此外，信托类 QDII 业务的实际进展并不理想。以华宝信托为例，自开展 QDII 业务以来，华宝信托产品累计发行规模超过 4 亿美元，这一数字距离其 19 亿美元的额度上限相差甚远。QDII 获批额度和业务余额的差距成为当前信托公司进行海外资产配置时的一个障碍。相对于银行和证券类 QDII 产品，信托的投资门槛最高，产品经验也不足。除此之外，相比国内信托产品，QDII 业务的风险不仅包含产品自身风险，还包括汇率风险，但目前国内信托公司在这方面并没有成熟的人员配备机制。这也是阻碍信托类 QDII 发展的重要因素。

虽然目前我国信托业 QDII 业务还面临一系列问题，但是应当看到随着我国经济“全球化”接轨的持续发展以及社会财富的不断增长，高净值客户的全球性资产配置需求日趋强烈，同时境外经济发展和市场环境逐渐复苏回暖，受托境外理财市场呈现出广阔的增长空间和业务机遇。在此背景下，布局 QDII 业务是信托公司顺势而为的表现：首先，在大资管背景下，信托原有的主导业务模式受到了巨大挑战，迫使信托业不断挖掘新的市场空间，加快转型和结构优化。其次，随着国内房地产、矿产等行业的风险逐步显现，资产配置的多元化和国际化成为必然，手握 QDII 牌照有利于通道业务多元化。再次，回归财富管理的业务本源已成为行业共识。高净值人群有着越来越强烈的海外资产配置需求，这反过来也要求信托公司不断提高自身管理海外资产的资质和能力。

作为境外投资的有效工具，信托公司开展受托境外理财业务可以为机构客户与高净值客户进行海外投资和资产配置，使国内投资者能够在全球范围内配置资本投向、分散投资组合风险，并分享全球经济增长带来的收益。此外，积极争取获批受托境外理财业务资格，将极大地促进信托公司提升对全球资本市场投资的研究水平和金融资产的统筹配置能力，进一步延伸信托服务链和产品链，为强化主动管理能力和创新能力、深入推进业务转型发展、有效应对资产管理行业格局变化再添新的砝码。

2.8　2015：中国信托业趋势与展望

行业发展稳步前行，风险防控保驾护航

总体来看，信托业整体上继续保持了健康发展的态势，为丰富我国金融市场、支持实体经济发展发挥了积极作用。

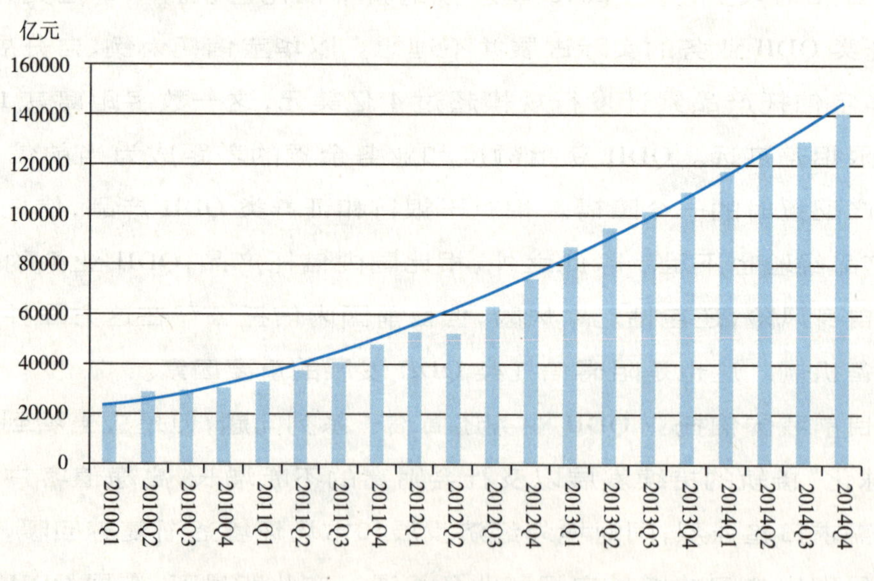

图1－19　我国信托资产走势图

从图1－19可以看出，从总资产规模来看，我国信托资产总体规模仍然呈现出逐步扩张的趋势，从趋势线的走势来看我国信托业资产规模仍将进一步扩大。此外，从年化综合实际收益率走势来看，未来走势依旧较为明朗（如图1－20所示）。

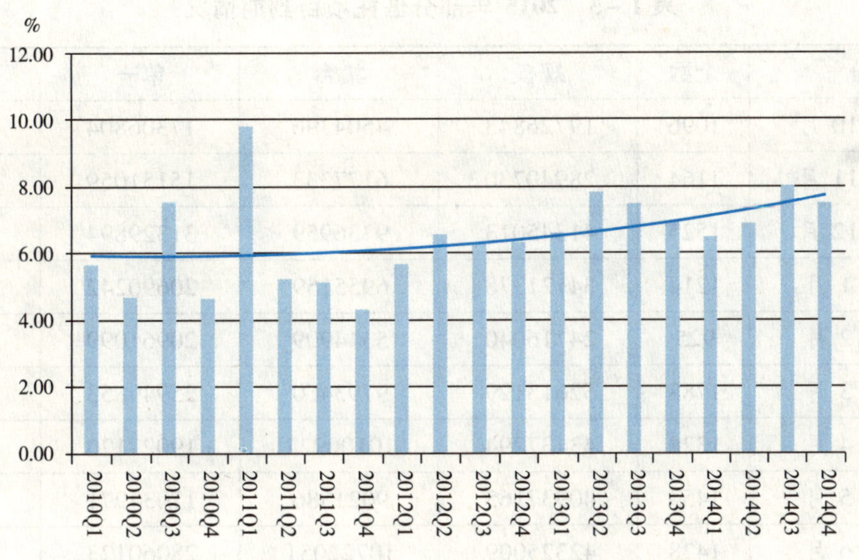

图 1－20　2014 年信托业年化综合实际收益率走势图

近年来，我国信托业年化综合实际收益率一直在 6.42% 的均值平稳过渡。以 2011 年第四季度为分水岭，进入 2012 年之后波动极小，2012 年第一季度至 2014 年第四季度，该指标始终保持在一个上升的通道中，这说明我国信托业实际盈利能力良好。从指标的拟合趋势来看，未来一年信托业的收益率也依旧呈现出“稳中有升”的态势，且不会有较大波动。

虽然，下一年度信托业整体走势不会有较大波动，但也要清醒地认识到，信托业未来发展仍面临诸多困难与挑战。一方面，发展环境“五期叠加”。当前，我国经济正处于增长速度换挡期、结构调整阵痛期和前期刺激政策消化期，对信托公司来说还要再加上两期：一个是利率市场化的推进期，另一个是资产管理业务的扩张期。另一方面，受“五期叠加”影响，信托业现有发展模式可能面临“三个难以为继”的压力：一是信托产品“高收益、低风险”特性将难以为继；二是信托行业“重规模、轻管理”的发展路径难以为继；三是以信贷类、通道类为主的业务结构难以为继。

目前，信托业转型发展到了关键时期，如逆水行舟，不进则退。据信托公司网站不完全统计，2015 年内将会有约 15000 个项目到期，共计金额 4 万亿元人民币，具体情况如表 1－5 所示。

表 1－5　2015 年部分信托项目到期情况

月份	个数	规模	集合	单一	财产权
2014 年 10 月	1096	19726843	4504390	17306804	484019
2014 年 11 月	1164	28940730	6177333	15151059	613802
2014 年 12 月	1525	41345013	9336959	31329894	1319675
2015 年 1 月	1214	34121378	6955159	20690242	953065
2015 年 2 月	925	24716040	5344909	20961099	1821793
2015 年 3 月	1788	52613129	9793460	25949853	2192474
2015 年 4 月	1328	43437294	10100927	19027120	2346260
2015 年 5 月	1454	40937165	9021586	17034971	1087611
2015 年 6 月	1428	42325009	10722051	28060123	1972893
2015 年 7 月	1074	27097356	8872365	18910891	1059305
2015 年 8 月	1092	28353399	8759031	19704865	1879167
2015 年 9 月	1351	39766099	12371083	41545586	3917120

除受 2015 年到期产品的影响，信托业存量风险项目约有 200～300 项，金额 700 亿元人民币。由此，切实解决行业存在问题，防范与化解潜在风险，巩固信托业良性发展势头，真正发挥信托业的优势，开创信托业又一个黄金时期，加强风险防控势在必行。为此，监管部门和信托行业已经展开行动，做了诸多努力。从 2014 年年初的 107 号文开始，各项加强风险防控的政策接连出台，其中银监会发布的《关于信托公司风险监管的指导意见》更有“史上最全面与最严格的信托业监管文件”之称。从目前各项数据指标看，相关政策文件已经取得了一定成效。随着信托行业规模的持续扩大，潜在风险不断积聚并逐步显露出来，督促信托公司尽早改变不合规的经营方式，并向健康、有序的方向发展将成为 2015 年的工作重点。

转型主题将继续，守正出奇破重围

“行业转型”是 2014 年整个信托业的“热词”。在“99 号文”和“八项责任”的引领下，各大信托公司加快了创新转型的步伐。2015 年绝对不会是行业转型的终止之年，相反 2015 年将成为信托行业转型的关键。曾经被认为是可能的潜在业务领域如今信托都已有所涉猎，但是目前尚未有看到能够实现大规模复制、具有较明确盈利模式的创新业务，从这方面看信托业的转型还是任重道远的。

从目前行业转型的情况来看，虽然在政策引导下创新转型已经受到各大信托公司的重视，但很多信托公司仍没有明确的转型战略或者充足的资源支持，业界针对转型的理论和实务研讨也不是很充分，这不利于转型期间的经验总结和相互学习。此外，信托公司的部分转型之举具有一定的盲目性。而且，经营理念、组织架构、资源组合方式等涉及内部管理的转型并没有进一步突破，这可能与信托公司转型仍处于探索阶段有关。

在 2015 年转型创新路上，除了要突破上述问题外，守正出奇也将是下一步的发展方向。首先，创新发展应当以如下三个方面为原则：一是“走正道”：卖者尽责、买者自负；二是“回本源”：受人之托、代人理财；三是“双轮驱动”：资产管理 + 财富管理。其次，转型方向的选择应继续探索如前文所述的基于私募股权投资（PE）的业务转型、基于资产管理定位的业务转型与基于财富管理定位的业务转型。最后，转型定位应当做到以下几点：一是专业化发展，即不仅在基础产业方面做深做专，还要在产品创新方面做到高精尖以及将全面围绕客户需求的财富管理思路达到专业化水准。二是特色化发展，即在国企改革、科技/绿色金融、离岸投资、农地流转等领域打造特色业务，实现差异化。三是放眼全球，开展 QDII 业务、积极推进“一事一议”，参与海外投资，特别是非标投资；与合适的国外领先机构建立战略伙伴关系，待监管条件成熟后，建立海外非标资产投资专业，服务客户的离岸资产配置需求。

2015 年，业务创新和转型发展仍是大趋势，尤其伴随经济社会体制改革过程中可能孕育的新业务需求更是值得期待，将推动信托公司转型发展进入更深层次。同时，基于业务发展的创新管理工具和模式也会有所显现，这会进一步丰富转型发展的内涵。

回归“实业投行”角色，并购业务将成主战场

在经济结构调整和转型升级的背景下，企业并购重组不断升温。数据显示，2014 年 8 月，我国并购市场共完成并购交易 188 起，与 2013 年同期相比，案例数量上升 86.1%。从 2013 年 8 月至今，并购数量一直保持上升趋势。鼓励开展并购业务，积极参与企业并购重组是监管层指明的信托业务转型方向之一。作为能够综合利用金融市场、连通产业与金融市场的机构，信托业开展并购业务有着自身优势，并购业务或将成为信托业下一个蓝海。

作为“实业投行”的信托公司参与并购重组有多重优势：首先，信托公司依托制度优势，可以采取集合资金信托、单一资金信托等多种方式在短期内募集到所需资金，尤其是在银行的并购贷款受到额度限制的情况下，信托公司募集资金的灵活性和高效性更显得尤其重要；其次，信托公司交易结构灵活，因此可以通过成立并购重组基金、发行信托计划等多种方式参与企业并购重组；再次，信托公司经过多年的发展，在风险防控、产品设计等多方面积累了十分丰富的经验，在企业并购重组方面，信托公司可以通过结构化、股权债权结合等设计防范风险；最后，信托公司的业务范围最为广泛，可以横跨资本、货币和产业三个市场，过去在实业投资领域积累了大量的投融资经验，这些经验对于企业并购重组具有较强的借鉴意义。

并购重组类信托业务是信托公司在实业领域，通过发行信托计划、成立并购基金、与外部机构合作等多种方式参与企业并购重组的一类业务。信托公司介入企业并购重组的模式一般有三种：一是提供并购贷款的债权模式；二是持有项目公司部分股权的“股＋债”模式；三是通过信托计划成立专门的并购基金，持有项目股权一定时间后再出售。从长远发展来看，信托公司还可以提供财务顾问、寻找交易机会等综合性服务。以杭州工商信托为例，该信托公司已经与爱康科技在清洁能源项目方面达成意向协议，拟投资光伏电站，此项信托并购业务即是采取了第二种模式。而且中建投信托与中融信托也陆续开始参与到并购业务中。

当前在产业发展的需求和国家政策的支持下，并购重组将是资本市场的主题。并购业务一直是投资银行业务的重要组成部分，信托作为中国的“实业投行”，应该将并购业务作为转型的重要突破口。预计在未来的并购重组市场上，信托公司将有更大作为。

创新方向酝酿突破，四大领域或成2015年新热点

作为资产规模近13万亿元的第二大金融子行业，信托业在2014年前三季度资产规模和利润增速步入拐点，在监管层频频出招规范影子银行和去通道化的背景下，信托传统业务难以为继，业务转型已成行业共识。未来PPP政信合作、信保合作、家族财富管理和资产证券化或成2015年新热点。

第一，PPP政信合作。2014年10月财政部《关于推广运用政府和社会资本合作模式有关问题的通知》（简称财金76号文）、《国务院关于加强地方政府性

债务管理的意见》（简称国发 43 号文）两份文件的发布令 PPP 的关注度陡升。PPP 模式（公共私营合作制）较好地融合了政府和社会资本两方面的需求。从政府角度看，一方面地方政府难以完全负担这部分投资，而且难以保证公共服务的良好运营，因此需要通过市场化手段引进社会资本的资金、管理、运营和技术；另一方面，过去地方政府及其平台公司因担负基础设施和公用事业的建设、融资任务，背负了巨大的债务，PPP 模式可以通过"购买服务"将债务性支出转为消费性支出，有利于控制地方政府增量债务。目前，多个省份相继推出了规模庞大的 PPP 项目，其中，福建公布 28 个 PPP 试点推荐项目，总投资 1478 亿元；青海推介的 80 个 PPP 项目总投资 1025 亿元；安徽公布首批 PPP 项目总投资额为 709 亿元。从各省公开的 PPP 示范项目名单中不难看出，上述项目正在成为首批 PPP 模式的示范项目。

第二，信保合作。中国保监会公布的数据显示，截至 2014 年第二季度末，保险公司共投资信托计划 739 笔，累计投资余额高达 2805 亿元，较第一季度末增加 768 亿元，增长 37.7%，较 2013 年年末增加 1363 亿元，增长 94.5%。信保合作不仅在规模上，而且在模式上也呈现出多样化的趋势。目前，信托公司和保险公司的合作模式不断深化，早已超越保险资金认购信托计划这种初级合作形式。如双方在渠道共享、产品创新、服务创新等方面的合作，不仅加强了双方的业务联系，取长补短，更探索出了双方共同的发展道路；再如信托公司与保险公司的股权合作，信托由于具有灵活的制度优势，是大型保险集团构建全金融牌照所必不可少的金融牌照，因此股权合作也将成为双方的合作常态。信保合作的深化，不仅可以推动各自领域的业务创新以及发展，更能强化信托公司以及保险公司满足多元化金融需求的能力，实现双方的协调发展。而信保合作也折射出在泛资管时代背景下，金融机构为了进一步开拓市场、发展壮大，主动深化竞合关系、共谋发展的内在需求。

第三，家族财富管理。目前在国内，家族财富管理和传承已经是第一代成功创业者迫切需要解决的棘手问题，在金融机构为超高净值客户提供的理财服务中，家族信托逐渐表现出较强的市场需求。此外，监管部门要求信托业回归本源业务，"99 号文"鼓励探索家族财富管理，为客户量身定制资产管理方案以及行业发展内在驱动力增强等多重因素也为家族信托引领信托业务转型带来发展新机遇。继家族信托 2013 年在国内开启破冰之旅，中信信托、紫金信托、上海信托等 6 家信托公司纷纷试水家族财富管理业务。其中招商银行于 2013 年年底发行的家族信托是西南片区的首只家族信托产品；2013 年 8 月外贸信托发布的起点仅为 1000 万元的“故家乔木 · 子女传承”和“积土成山 · 颐养天年”等产品则国内首单标准化家族信托产品；2014 年 5 月信诚人寿与中信信托合作发行的家族信托则开创了家族信托的新模式。家族信托业务的转型需要信托公司以高净值客户真实需求为中心，提供共性与个性、财富与文化、个人与企业、境内与境外、传承与投资、近期与远期等组合专业化设计；需要信托公司形成持续稳定的业务服务体系，既要实现信托法律制度优势的深度运用，还要实现资产跨界组合管理的广度拓展。这一综合金融服务肯定会成为信托业转型发展的新蓝海之一。

第四，资产证券化。中国银行业监督管理委员会下发了《关于信贷资产证券化备案登记工作流程的通知》，其内容显示信贷资产证券化业务将由审批制改为业务备案制，银监会不再针对证券化产品发行进行逐笔审批。信贷资产证券化的发行制度将迎来重大变革，而信托公司作为目前信贷资产证券化业务中唯一的法定特殊目的机构，此次利好政策的发布将为信托公司的转型发展迎来新机遇。

资产证券化近年来已成为金融行业的一大热点，随着信托行业传统业务空间的逐步缩小以及监管的日益趋严，信托公司已将资产证券化业务视为转型发展的重要路径之一。一方面，我国信贷资产证券化业务存在较大发展空间。数据显示，截至 2014 年第三季度末，商业银行正常类贷款余额 63.3 万亿元，有 29 家机构在银行间市场发行资产证券化产品 1725 亿元，与贷款余额之比仅为 0.27%，且资产证券化有助于增加信贷资产的流动性和进一步缓释风险。随着经济结构调整和金融改革的逐步深化，资产证券化需求将不断扩大，这些均为信托公司开展资产证券化业务提供了广阔空间。另一方面，在传统业务竞争不断加剧、金融机构之间业务趋同的情况下，积极开展资产证券化业务将进一步提升信托公司的专业化能力和创新能力，有利于信托公司提升行业地位，同时，通过与银行、券商、会计事务所、评级机构等多方合作，也有利于信托公司发展与金融同业的竞合关系，通过构建高效共赢的合作平台，进一步促进信托公司的业务创新和共赢发展。

行业竞争加剧，人才建设是关键

2014 年信托业一直面临着经济增速换挡期、结构调整阵痛期、前期刺激政策消化期、利率市场化推进期和资产管理业务扩张期的"五期叠加影响"。其中，当属宏观经济与利率市场化的影响最大。宏观经济增速放缓，企业经营景气度大幅下滑，此种系统性风险因素也波及信托业，导致信托业务开发、风险控制难度加大，行业景气度持续下滑，短期内经营发展面临更大挑战。而利率市场化的进一步推行使存贷款利率向市场真实水平靠拢，银行未来在投资端将会放开更多权限。券商、基金、保险等过去与信托业不存在直接竞争关系的金融部门，可以通过资产管理计划或子公司等方式与信托业形成正面竞争。

可以预见，未来信托业的发展竞争将不断加剧。在技术含量较低的领域如通道类业务领域，信托业原有的份额将被逐渐蚕食，并更多地陷入低效的价格战之中。即使在信托业具备技术优势的领域，也避免不了越来越激烈的竞争局面，信托业原本从事的是风险与收益适中的业务，由于银行、券商、基金和保险等机构的介入，形势也将日趋紧张，部分信托公司将被迫向更高风险的领域移动，从而使潜在违约率上升。面对日益开放和复杂的市场，要想保持持续的发展活力，就要不断积聚和涌现一大批创新人才。

自 1979 年恢复信托业以来，由于立法滞后、信托功能错位等因素，行业发展历经坎坷、人才流失严重。直到 2001 年《信托法》确立以后，信托行业才开始逐步进入规范、复苏发展的通道。2007 年，中国银监会修订颁布了《信托公司管理办法》和《信托公司集合资金信托计划管理办法》（简称"新两规"），进一步明确了信托行业的市场定位，行业呈现快速发展的良好势头，市场规模和行业地位明显提升。经过多年的发展和积累，我国信托行业已经锻炼和培养了一大批业务骨干和管理队伍，行业从业人数已经突破万人大关创造了信托行业跃居第二大金融行业的历史，但也留下了诸多隐患。不断爆发的产品兑付危机、连续事发的金融腐败案件，根在制度，事在人为。此外，人才制约也将成为 2015 年信托业转型创新之路上的重要阻碍。

2014 年 5 月中国信托行业协会下发了关于《信托从业人员资格认证管理办法》的征求意见稿。该项管理办法一方面要求执业人员恪尽职守，严格遵守信托文件以及信托公司内部控制制度、风险管理制度、相关业务规则的规定，维护信托受益人的最大利益。另一方面要求建立从业资格信息数据库，加强从业人员持续管理，建立从业人员诚信履职评价机制。这一办法的下发不仅有利于信托从业人员准入的制度化、标准化与规范化，还有利于进一步提升信托从业人员的专业素质，从而夯实信托行业软实力，是信托业持续稳健发展的重要助推器。

面对行业竞争不断加剧的局面，行业人才建设不仅是日益严格的监管和风险防控的要求，也是信托公司转型发展、提升核心竞争力以及专业特色业务目标达成的坚实基础。因此，信托公司在未来一年的另一个工作重点是做好人力资源规划，明确人员的需求和供给；丰富人才储备，完善内部员工培养体制；提升内部激励机制，激发已有人才的创新活力；同时做好引进高层次人才的相关工作；尽量做到人尽其用、人尽其才，避免盲目扩张带来的管理失控。

第二章

信托机构

1. 2014 年信托机构数量与名称变化

1.1 2014 年信托机构数量变化

我国信托公司的数量伴随着行业的几度监管变革，经历了大起大落的剧烈变动，1999 年开始的监管变革彻底规范了信托业的发展，信托业从 2004 年开始进入稳定期。从那时起，信托业不再发放新牌照，因此每一家信托公司数量增减的分量也就重了。特别是从 2012 年开始，有遗留问题的信托公司基本重组完成，自此信托机构每年新增的数量仅为一家。2012 年万向信托重组开业，2013 年民生信托重组开业，截至 2013 年年末，正常经营的信托机构数量为 68 家。

2014 年信托机构数量延续了微量增长的态势，只有民生控股重组的泛亚信托或可改写信托机构数量。另外，诺亚财富在香港成立方舟信托，虽然不受中国银监会监管，但其主要服务对象仍为国内高净值人群。

民生控股重组泛亚信托

2014 年，民生控股与亿利集团、新华联控股和新奥控股共同签署了《投资入股协议书》。根据该协议书，上述四方一致约定共同参与泛亚信托重组，重组成本约为 6 亿元。亿利集团作为泛亚信托的主要重组方，将代表各方开展泛亚信托重组的主要前期工作。而在泛亚信托重组获国家有关部门批准后，泛亚信托拟更名为中绿信托，同时将进行增资扩股，注册资本由 30013.8 万元变更为 100013.8 万元。

增资完成后，亿利集团也将成为中绿信托第一大股东，持股比例为 40%。新华联控股、新奥控股和民生控股则将分别持有中绿信托 20% 的股权。其中，民生控股投资总额为 2.6 亿元，资金来源于公司自有资金。

然而，由于泛亚信托要解决历史遗留问题，且本次重组涉及与银监会、吉林省政府等有关机构、部门的多方协调，有关方案需要报银监会等国家有关部门审批，预计重组完成需要一定时间，能否尽快完成重组并进入正常运营轨道还存在不确定性。

表 2－1　中绿信托股权结构

序号	股东	持股比例（%）
1	亿利集团	40
2	新华联控股	20
3	新奥控股	20
4	民生控股	20
合计		100

诺亚财富在香港成立方舟信托

诺亚财富日前在香港成立方舟信托（香港）有限公司，方舟信托已获得香港公司注册处颁发的证明书。由服务信托业起家的诺亚，于美国上市后进一步把业务拓展到信托主业，鉴于国内信托牌照只出不进的现状，诺亚采取了迂回战术——在香港注册信托公司，在国内开展业务。目前诺亚集团的管理资产规模为 1500 亿元人民币，客户总数超过 6 万人，而香港的资产规模约 10 亿美元（约 78 亿港元）。

表 2－2　2014 年信托公司名录

安徽国元信托有限责任公司	安信信托股份有限公司
百瑞信托有限责任公司	北方国际信托股份有限公司
北京国际信托有限公司	渤海国际信托有限公司
长安国际信托股份有限公司	重庆国际信托有限公司
大连华信信托股份有限公司	大业信托有限责任公司
东莞信托有限公司	方正东亚信托有限责任公司
光大兴陇信托有限责任公司	广东粤财信托有限公司
国联信托股份有限公司	国民信托有限公司
国投泰康信托有限公司	杭州工商信托股份有限公司
湖南省信托有限责任公司	华澳国际信托有限公司
华宝信托有限责任公司	华宸信托有限责任公司
华能贵诚信托有限公司	华融国际信托有限责任公司
华润深国投信托有限公司	华鑫国际信托有限公司

续表

吉林省信托有限责任公司	建信信托有限责任公司
江苏省国际信托有限责任公司	交银国际信托有限公司
昆仑信托有限责任公司	陆家嘴国际信托有限公司
平安信托有限责任公司	山东省国际信托有限公司
山西信托有限责任公司	陕西省国际信托股份有限公司
上海爱建信托有限责任公司	上海国际信托有限公司
四川信托有限公司	苏州信托有限公司
天津信托有限责任公司	万向信托有限公司
五矿国际信托有限公司	西部信托有限公司
西藏信托有限公司	厦门国际信托有限公司
新华信托股份有限公司	新疆长城新盛信托有限责任公司
新时代信托股份有限公司	兴业国际信托有限公司
英大国际信托有限责任公司	云南国际信托有限公司
浙商金汇信托股份有限公司	中诚信托有限责任公司
中国对外经济贸易信托有限公司	中国金谷国际信托有限责任公司
中海信托股份有限公司	中航信托股份有限公司
中江国际信托股份有限公司	中粮信托有限责任公司
中融国际信托有限公司	中泰信托有限责任公司
中铁信托有限责任公司	中投信托有限责任公司
中信信托有限责任公司	中原信托有限公司
紫金信托有限责任公司	民生信托有限公司

1.2 2014年信托机构名称变化

2014年共有三家信托公司更名，分别为“国投信托有限公司”更名为“国投泰康信托”，甘肃省信托有限责任公司变更为“光大兴陇信托有限责任公司”，“安信信托投资股份有限公司”更名为“安信信托股份有限公司”。

“国投信托”更名为“国投泰康信托公司”

国投信托有限公司2014年以增资扩股方式引入了泰康人寿和江苏悦达集

团两位战略投资者，公司名称也由“国投信托有限公司”变更为“国投泰康信托有限公司”。泰康人寿保险股份有限公司和江苏悦达集团有限公司两家合计持有国投泰康信托公司45%的股权。此次增资完成后，国投信托注册资本金由12.048亿元增至21.905亿元。

“甘肃信托”更名为“光大兴陇信托”

2013年7月，中国光大（集团）总公司与甘肃省政府签署股权战略合作意向书。2014年5月26日，银监会批复同意了光大集团收购甘肃信托的交易，光大集团成功受让原甘肃信托公司51%的股权，成为公司控股股东，甘肃信托全称由“甘肃省信托有限责任公司”变更为“光大兴陇信托有限责任公司”。9月16日，光大兴陇信托有限责任公司正式揭牌。

表2-3　光大兴陇信托股权结构

出资人	住所	出资额（万元）	出资比例（%）
中国光大（集团）总公司	北京市西城区太平桥大街25号	51927.72	51
甘肃省国有资产投资集团有限公司	兰州市城关区静宁路308号	42337.49	41.58
天水市财政局	天水市合作巷1号	4072.84	4.00
白银市财政局	白银市人民路100号	3481.00	3.42
合计		101819.05	100

“安信信托”更名为“安信信托股份有限公司”

2014年4月8日，上海市工商行政管理局为安信信托换发了新的营业执照，公司名称正式由“安信信托投资股份有限公司”变更为“安信信托股份有限公司”。公司股票简称和代码保持不变，仍为“安信信托”和“600816”。

2. 信托机构资本与股权结构变化

2.1 2014年信托公司增资热情继续

截至2014年第四季度末，全行业（68家信托公司）实收资本为1386.52亿元，全年增资269.97亿元，平均每家公司20.39亿元，相比2013年年末的1116.55亿元总额和平均每家公司16.42亿元的注册资本，同比增长24.18%。

表2-4 近年信托公司注册资本金变动表 单位：亿元

时间	2010年	2011年	2012年	2013年	2014年
注册资本金	737.82	871.5	980	1116.55	1386.52
平均注册资本	11.18	13.20	14.85	16.42	20.39

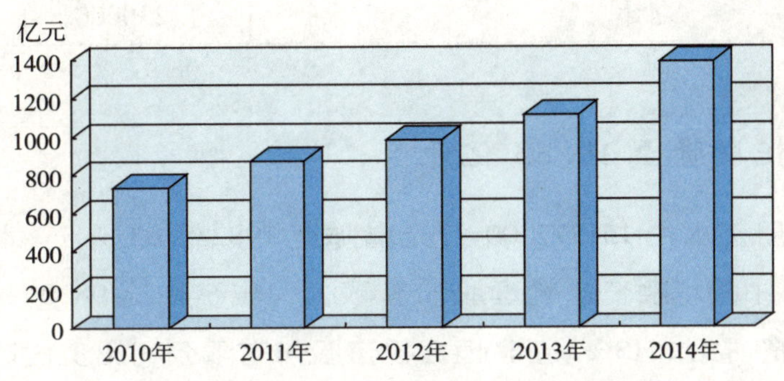

图2-1 信托公司注册资本金增长趋势

中信信托增资至100亿元

经中信信托股东会审批通过，并经中国银行业监督管理委员会《中国银监会关于中信信托增加注册资本的批复》（银监复〔2014〕577号）批准，中信信托的注册资本金由人民币12亿元增加至人民币100亿元，公司股东的出资比例保持不变。

多年以来，中信信托管理的信托资产规模一直高居行业首位，但其注册资本金规模却仅为12亿元。近几年由于信托公司普遍增资，中信信托12亿元的注册资本金规模已经低于行业平均标准。此次中信信托大手笔增资后，其100亿元的注册资本金规模超过了平安信托位列行业首位。

厦门信托增资至23亿元

厦门信托注册资本由人民币160000万元(含1500万美元)增加至人民币230000万元(含1500万美元),厦门信托三家股东按股权比例进行增资,股权结构保持不变。其中,厦门市金财投资有限公司出资额增至人民币184000万元,占注册资本的80%;厦门建发集团有限公司出资额增至人民币23000万元,占注册资本的10%;厦门港务控股集团有限公司出资额增至人民币23000万元,占注册资本的10%。

表2-5 厦门信托股权结构变更表

股东	出资额(万元)	持股比例(%)
厦门市金财投资有限公司	184000	80
厦门建发集团有限公司	23000	10
厦门港务控股集团有限公司	23000	10
合计	230000	100

华融信托增资至19.83亿元

华融信托注册资本由151777.00万元增加至198288.63万元,本次增资后,公司股权结构变更为:中国华融资产管理股份有限公司出资占比98.09%,新疆凯迪投资有限责任公司出资占比1.13%,新疆恒合投资股份有限公司出资占比0.78%。

华融信托此次增资是近几年的首次,且并非按原持股比例增资,通过此次增资,华融信托注册资本金规模增加了46511.63万元,控股股东中国华融资产管理股份有限公司的股权进一步集中,持股比例由原来的97.5%增至现在的98.09%,另外两家新疆地方投资公司持股比例相应减少。

表2-6 华融信托股权结构变更表(%)

股东	持股比例	原持股比例
中国华融资产管理股份有限公司	98.09	97.5
新疆凯迪投资有限责任公司	1.13	1.48
新疆恒合投资股份有限公司	0.78	1.02

■安信信托增资至7.08亿元

2014年12月19日，安信信托股份有限公司注册资本由454109778元人民币增至707955931元人民币，增加的注册资本由上海国之杰投资发展有限公司出资。增资后，上海国之杰投资发展有限公司对安信信托的持股数量为403516825股，持股比例为57%。安信信托此次增资规模仅为2.54亿元，比起其他信托公司的增资规模并不算大，同为上市公司的陕国投2014年也增资至44余亿元，且按照银监会针对一些创新业务的监管要求，安信信托增资后的7.08亿元，仍然不能申请特定目的的信托受托机构资格、企业年金受托机构资格、QDII业务等资格。

表2-7　安信信托股权结构变更表(%)

股东	持股比例	原持股比例
上海国之杰投资发展有限公司	57	32.96

■陆家嘴信托增资至30亿元

2014年，经中国银行业监督管理委员会批准，陆家嘴国际信托有限公司成功完成增资工作，注册资本由106834.62万元增至300000万元。增资后公司股东构成为上海陆家嘴金融发展有限公司、青岛国信金融控股有限公司、青岛国信发展（集团）有限责任公司，出资比例分别为71.606%、18.282%、10.112%。

表2-8　陆家嘴信托股权结构变更表(%)

股东	持股比例	原持股比例
上海陆家嘴金融发展有限公司	71.606	71.606
青岛国信金融控股有限公司	18.282	0
青岛国信发展(集团)有限责任公司	10.112	28.394

■山东信托注册资本增至20亿元

山东信托增资扩股方案获得中国银监会批复。根据方案，山东信托注册资本由 14.67 亿元增至 20 亿元，并引入新股东中油资产管理有限公司。山东信托在以未分配利润转增方式将注册资本由 12.8 亿元增至 14.67 亿元的基础上，再增加注册资本 5.33 亿元至 20 亿元。其中山东信托兄弟公司鲁信创投的全资子公司山东高新技术创业投资有限公司优先认购 3333.33 万元，其余 5 亿元则通过公开挂牌的方式，最终由中石油旗下全资子公司中油资产认购。

■中融信托增资至 60 亿元

中融信托根据公司股东会决议，在获得黑龙江省银监局批复后，注册资本由 16 亿元增加至 60 亿元，并于 2014 年 6 月 13 日完成工商变更登记手续。此次增资完成后，中融信托以 60 亿元注册资本稳居全行业的第三名，仅次于中信信托和平安信托。

■天津信托增资至 17 亿元

经天津信托有限责任公司股东会审议通过，并经中国银监会天津监管局以《天津银监局关于天津信托有限责任公司增加注册资本的批复》（津银监复〔2014〕30 号）批准同意，天津信托注册资本由人民币 15 亿元增加至人民币 17 亿元，各股东持股比例不变。

■民生信托增资 20 亿元

经中国银行业监督管理委员会（银监复〔2014〕708 号）批准，中国泛海控股集团有限公司及浙江泛海建设投资有限公司以溢价方式向民生信托增资人民币 20 亿元。截至 2014 年 12 月 30 日，增资款已全部实缴到位，并已完成工商注册变更登记。增资完成后，中国民生信托有限公司净资产已超过 30 亿元人民币。

■陕国投 32 亿元定增扩充资本金

陕国投拟以 7.17 元/股的价格向包括公司第一大股东陕煤化集团在内的不超过 10 名的特定对象非公开发行股票不超过 4.5 亿股，募集资金总额不超过人民币 32 亿元，扣除相关发行费用后，这笔资金将全部用于充实公司资本金。

此前，陕国投在 2011 年引入陕煤化集团和西投控股两家股东补充了公司资本实力。2013 年 7 月，陕国投实施了“10 送 1 转 10”的高送转方案，注册资本亦随之增至 12.15 亿元，此次定增虽未导致公司的实际控制人发生变化，但令其资本金有了飞跃式扩充，达到44.15亿元。

兴业信托增资至50亿元

经兴业国际信托有限公司股东会审议通过，并经中国银行业监督管理委员会福建监管局以《关于兴业国际信托有限公司增加注册资本金的批复》（闽银监复〔2013〕352号）批准同意，兴业信托注册资本金由25.76亿元人民币增加至50亿元人民币，并相应调整股权结构。此次增资后该公司股东名称、出资额及出资比例情况如表2－9所示。

表2－9　兴业信托股权结构变更表

股东名称	出资额（元）	出资比例（%）	原出资比例（%）
兴业银行股份有限公司	3650000000	73	73
澳大利亚国民银行	841667000	16.8334	16.8334
福建华投投资有限公司	240426600	4.8085	9.3333
福建省华兴集团有限责任公司	226239900	4.5248	0
南平市投资担保中心	41666500	0.8333	0.8333

长安信托增资至13.46亿元

长安国际信托获准将注册资本由12.59亿元增加至13.46亿元。长安信托此次增资的同时，也在股改后首次引进了新投资者。长安信托第二大股东上海证大投资管理公司将持有的长安信托部分股份转让给上海景林投资发展公司。转让完成后，长安信托股东增至7家，上海证大仍是长安信托第二大股东，但持股比例降至29.66%，上海景林投资则入驻第四大股东，持股8.80%。

中航信托注册资本增至16.86亿元

中航投资非公开发行不超过3.4亿股已获证监会批复，募集资金中的12.69亿元将用于中航信托股权聚拢及增资扩股，本次增资完成后，中航信托注册资本及实收资本增至16.86亿元。

国投信托增资至21.9亿元

国投信托增资事项获得中国银行业监督管理委员会《中国银监会关于国投

信托增加注册资本及调整股权结构等事项的批复》（银监复〔2014〕962 号）批准。增资完成后，国投信托的注册资本由 12.048 亿元人民币增加至 21.905 亿元人民币，净资产突破 40 亿元，公司名称由“国投信托有限公司”变更为“国投泰康信托有限公司”。

本次国投信托以增资扩股方式引入战略投资者，是国家开发投资公司落实三中全会有关国资国企改革的精神，通过引入民营经济，降低国有股权比例，在国投金融企业中发展混合所有制经济的重要举措，同时，也高度契合国投信托作为市场化金融机构的发展需求。增资后，泰康人寿保险股份有限公司、泰康资产管理有限责任公司合计持股 35%，江苏悦达资产管理有限公司持股 10%。借此，国投信托不仅壮大了资金实力，拓宽了业务空间，而且实现了股权结构的多元化，由国有全资企业转变为混合所有制企业，这将有效提升企业经营机制的市场化水平，释放新的发展活力与动力，进一步增强公司核心竞争力、加快创新转型，崭新的国投泰康信托将在新的起点上谱写市场化、专业化发展的新篇章。

杭州工商信托注册资本增至 7.5 亿元

经中国银行业监督管理委员会浙江监管局批准（浙银监复〔2014〕352 号），杭州工商信托注册资本变更为 75000 万元人民币，股东持股比例不变，同时对公司《章程》相关条款做相应修改。

万向信托资本金增加至 13.39 亿元

经浙江银监局批复同意，万向信托公司注册资本由 6.5 亿元增加到 13.39 亿元，增加额为 6.89 亿元，股东持股比例不变。

四川信托资本增至 25 亿元

2015 年 1 月 5 日，经中国银监会四川监管局《关于同意四川信托有限公司变更注册资本的批复》（川银监复〔2014〕459 号）批准，四川信托有限公司的注册资本由 20 亿元人民币增加至 25 亿元人民币，公司股东的出资比例保持不变，公司章程做相应修改。2014 年，四川信托曾进行过一次增资，注册资本从 13 亿元人民币增加到 20 亿元人民币。截至 2014 年 9 月底，四川信托资产已达 109.6 亿元人民币，2013 年至 2014 年 9 月底实现营业收入 43.98 亿元人民币，实现净利润 19.85 亿元人民币。

华宝信托增资17亿

经上海银监局《关于同意华宝信托有限责任公司变更注册资本的批复》（沪银监复〔2014〕848号）批准，华宝信托注册资本由20亿元人民币（含1500万美元）增加至37.44亿元人民币（含1500万美元），各股东持股比例保持不变。

公司章程亦做相应修订。修订内容主要包括：根据本次增资情况调整公司注册资本；根据法律法规增加股东为公司提供流动性支持和补充资本的义务；增加公司风险化解方式等。

中原信托资本增至25亿元

中原信托有限公司日前正式完成了增资计划，注册资本由15亿元增加至25亿元。中原信托本轮增资以利润转增注册资本的形式实施，增资事宜于2014年12月2日经河南银监局批准，并于当月完成工商变更登记，取得了新的营业执照。增资完成后，中原信托股东结构及出资比例不变，净资产超过30亿元。

新华信托增资至30亿元

新华信托增资扩股18亿元，此次增资扩股完成后，该公司注册资本将由之前的12亿元扩充至30亿元。截至2013年年末，新华信托管理的资产规模超过1600亿元。新华信托上一次增资是在2012年12月，新华信托将部分未分配利润转增为注册资本，转增后注册资本为12亿元。

北京信托拟增资至23亿元

北京信托拟将注册资本从原来的14亿元增加至23亿元，净资产从原来的约43.13亿元增加至不低于60亿元，不过尚需获得银监会及商务部的批审核准。

按照2014年6月30日经审计的每股净资产，本次增资价格约为3.08元/1元注册资本。按照增资方案，本次增资的具体方式是由盈余公积转增资本与现金增资两部分组成，并按上述增资价格同时进行。其中，盈余公积转增资本部分，以北京信托盈余公积8.77亿元转增注册资本约2.85亿元。以盈余公积转增注册资本时，北京信托现有股东原出资比例按照上述增资价格计算并派送新股。现金增资部分，也同样由北京信托现有股东按原出资比例等比例认购，总额约为

6.15 亿元。若现有股东部分或者全部放弃认购现金增资，其他现有股东可以优先认购该部分增资额度。全部现有股东认购不足部分，则吸收新股东入股。

2.2 2014 年信托公司股权变动及主要股权长投

2014 年信托公司股权变动方面虽不及 2007 年、2008 年信托公司频频重组那般波澜壮阔，但也有上文提到的光大银行重组甘肃信托成立“光大兴陇信托”、民生控股重组泛亚信托两起重组案例，以及国投信托引入泰康人寿和江苏悦达集团、山东国信引入中油资产、陕国投引入陕煤化集团和西投控股、长安信托引入上海景林投资等引进战略投资者的案例。除此之外，还有中粮信托获批股权结构调整、交银国际股权调整、建信信托控股良茂期货、兴业信托入股宁波杉立期货、中融信托控股道富基金、中泰信托参股都邦保险、国寿投资受让重庆信托 25% 股权、重庆信托收购合肥科技农商行股份等股权变更案例。

中粮信托调整股权结构

经中国银监会及商务部等相关主管机构批准，中粮信托变更股权及调整股权架构，调整后的公司股权架构为：中粮集团有限公司出资 174821.85 万元人民币，出资比例为 76.0095%；蒙特利尔银行出资 45977 万元人民币等值的可自由兑换货币，出资比例为 19.99%；中粮财务有限责任公司出资 9201.15 万元人民币，出资比例为 4.0005%。上述事项的相关工商变更登记手续已经完成。

表 2－10　中粮信托股权变动表（%）

股东	持股比例	原持股比例
中粮集团有限公司	76.0095	72.009
蒙特利尔银行	19.99	19.99
中粮财务有限责任公司	4.0005	4.0005
中粮粮油有限公司	0	4.0005

交银国际信托股权变更，湖北交通投资持有 15% 股份

经中国银行业监督管理委员会批复同意（银监复〔2014〕574 号），湖北省财政厅持有的交银国际信托 15% 的股权划转至湖北省交通投资有限公司持有，上述

事项已于 2014 年 10 月 11 日在湖北省工商行政管理局办理了变更登记手续。

■ 中国人寿获重庆信托 26% 股权

重庆国际信托有限公司股东重庆水务集团股份有限公司、重庆市水务资产经营有限公司分别将其持有的 23.86% 和 2.18% 的股权（对应出资额分别为 58180 万元人民币和 5320 万元人民币）通过重庆联交所公开挂牌转让，国寿投资控股有限公司通过摘牌成为受让方。本次股权变更后，重庆水务集团股份有限公司、重庆市水务资产经营有限公司不再持有公司股权，国寿投资控股有限公司持有重庆信托 26.04% 的股权（对应出资额为 63500 万元人民币），其他股东不变。公司章程相应条款亦做相关修订。

上述事项已经中国银行业监督管理委员会《中国银监会关于重庆国际信托股权变更的批复》（银监复〔2014〕431 号文）核准，并于 2014 年 7 月 17 日完成工商变更登记。

■ 中铁信托拟转让 30% 股权

中铁信托拟通过转让 30% 的股权方式引入战略投资者。在战略投资者身份上，将主要考虑银行、资产管理公司。据分析，中铁信托 30% 的股权公允价值将不低于 65.64 亿元。

■ 兴业信托入股宁波杉立期货已获批准

2014 年 4 月 11 日，中国证监会宁波监管局批准同意兴业国际信托有限公司入股宁波杉立期货经纪有限公司，兴业信托持有杉立期货 29.7% 的股权。

杉立期货成立于 1994 年，注册资本为 1 亿元，注册地为浙江省宁波市，是经国家工商行政管理总局登记注册，并取得中国证监会颁发的期货经营许可证的大型专业期货公司，同时也是上海期货交易所、大连商品交易所、郑州商品交易所会员以及中国金融期货交易所会员，具有商品期货经纪、金融期货经纪、期货投资咨询业务资格。除宁波总部外，杉立期货还设有上海、温州、台州、慈溪、余姚、鄞州、宁海七家营业部。

■ 中融信托全面掌控道富基金

2014 年 9 月 2 日，证监会核准了关于道富基金管理有限公司变更股权的批复，原公司外方股东道富环球投资管理亚洲有限公司将所持有的道富基金管理有限公司49%的股权转让给上海融晟投资有限公司。变更后的股权结构为：中融国际信托有限公司出资比例51%、上海融晟投资有限公司出资比例49%。同时，公司的法定名称由道富基金管理有限公司变更为中融基金管理有限公司，法定名称变更日期为2014年9月23日。至此，这个成立仅一年多的“混血儿”彻底变成了内资企业。

中泰信托获批参股都邦保险

都邦财险成立于2005年10月，注册资本27亿元。2014年3月，都邦财产保险公司股权转让获批，中泰信托受让都邦财险股份5.15亿股，持股比例为19.07%。股权结构为：长春长庆药业集团有限公司将所持有的25000万股、长春市全安综合市场有限公司将所持有的19500万股、深圳市宏基投资发展有限公司将所持有的7000万股都邦保险股份转让给中泰信托有限责任公司。

随着信托兑付危机频出，银监会加大了对银信业务的监管力度，信保合作的意愿逐渐加大。一方面，充沛的资金是保险公司的一大优势；另一方面，保险信用也可以为信托产品增信，使得未来有保险资源的信托公司更有竞争力。

重庆信托收购合肥科技农商行股份

3月23日，重庆国际信托有限公司及其控股子公司斥资15亿元，收购合肥科技农商行34.99%的股份，成为其第一大股东。这成为重庆国际信托控股三峡银行后，获得的第二张银行业牌照。除了重庆国际信托外，还有不少信托公司已经或正在参股银行机构。银行的销售渠道对信托公司有重要意义，特别是对于信托直销能力欠佳的公司而言，在第三方代销受到限制之后，银行代销将大幅降低信托产品的销售周期。

建信信托控股上海良茂期货

建信信托获得证监会批复，成为上海良茂期货的控股股东。上海良茂期货成为继中银国际期货之后的又一家具有银行背景的期货公司。

根据证监会的批复，上海良茂期货的注册资本将由10000万元变更为43605.98万元，新增的注册资本由建信信托以现金方式认缴。变更完成后，原控股股东上海良友（集团）有限公司将持有上海良茂期货22.93%的股份，建信信托持有77.07%的股份。

3. 2014年信托机构创新资质动向分析

3.1 特定目的信托受托机构再扩容

随着银监会发文核准27家银行开办信贷资产证券化业务资格，资产证券化进入大发展的新时代。在利率下行和备案制等一系列利好政策的推动下，2014年银行间市场共发行信贷资产证券化产品68只，发行总规模2832.8亿元，是过去历年之和的近2倍。而2013年仅是6只共157.7亿元。2014年证监会监管的共22只企业资产证券化发行总规模326.5亿元，企业资产证券化累计发行总规模超过710亿元，其中收益权类基础资产占比70%，主要涉及电力、高速公路、污水处理等公用事业类企业。目前国内资产证券化产品总体发行规模超过4500亿元，存量规模占整个债券市场总量不到1%，市场空间巨大。

2014年11月，中国银行业监督管理委员会下发了《关于信贷资产证券化备案登记工作流程的通知》，其内容显示信贷资产证券化业务将由审批制改为业务备案制，银监会不再针对证券化产品发行进行逐笔审批。信贷资产证券化的发行制度将迎来重大变革，而信托公司作为目前信贷资产证券化业务中唯一的法定特殊目的机构，此次利好政策的发布将为信托公司的转型发展迎来新机遇。

一方面资产证券化业务风生水起，监管政策支持信号明显，另一方面信托行业传统业务空间逐步缩小，监管日益趋严，在此双重因素影响下，信托公司已将资产证券化业务视为转型发展的重要路径之一。我国信贷资产证券化业务存在较大发展空间，且资产证券化有助于增加信贷资产的流动性和进一步缓释风险。随着经济结构调整和金融改革的逐步深化，资产证券化需求将不断扩大，这些均为信托公司开展资产证券化业务提供了广阔空间。另外，在传统业务竞争不断加剧、金融机构之间业务趋同的情况下，积极开展资产证券化业务将进一步提升信托公司的专业化能力和创新能力，有利于信托公司提升行业地位，同时，通过与银行、券商、会计事务所、评级机构等多方合作，也有利于信托公司发展与金融同业的竞合关系，构建高效共赢的合作平台，进一步促进信托公司的业务创新和共赢发展。

在政策环境宽松、市场环境向好，以及信托公司转型意愿强烈的大好时机下，特定目的信托受托机构的阵容也有所扩大，2014 年华融信托、厦门信托、紫金信托和华鑫信托等信托公司又获特定目的信托受托机构业务资格，可从事资产证券化创新业务，为委托人提供更加完善的金融信托服务。

华宝信托再发力资产证券化业务

经央行、银监会许可批复，由华宝信托担任受托人的“华宝－浦发 2014 年第三期信贷资产证券化信托”于 2014 年 9 月 10 日起在全国银行间债券市场公开发行，并于 2014 年 9 月 12 日正式成立，募集金额 47.899 亿元。这标志着自监管机构 2012 年重启资产证券化业务以来，华宝信托在资产证券化业务上再次实现突破。

“华宝－浦发 2014 年第三期信贷资产证券化信托”的基础资产为浦发银行工商企业贷款，浦发银行对本次信贷资产证券化入池基础资产的选择兼顾了收益性和导向性，既有稳定可预期的未来现金流，又与国家产业政策紧密结合，资产池的整体质量较高。

本次信贷资产证券化采取结构化的产品设计方式，分为优先 A－1 级、优先 A－2 级、优先 B 级和次级，优先档为浮动利率证券，票面利率为基本利率加上基本利差。在资产评级方面，本次资产支持证券采用双评级模式，该模式有助于提升项目的风险防控力，对充分揭示信用风险、保障投资人利益具有积极作用。

中粮信托抵押贷款证券化信托 ABS 成立

中粮信托与上汽通用汽车金融有限责任公司二度牵手合作，发行 30 亿元公募个人汽车抵押贷款证券化信托资产支持证券于 2014 年 10 月 24 日在全国银行间债券市场招标发行成功，该信托于 2014 年 10 月 29 日正式成立。上汽通用作为发起机构，以其持有的优质个人汽车抵押贷款 2999999997.31 元设立“通元 2014 年第一期个人汽车抵押贷款证券化信托”，中粮信托作为受托人和发行人在信贷资产证券化项目中发挥着非常重要的作用，直接关系到资产证券化项目的安全和未来现金流运行的顺畅和平稳。本次资产支持证券的主承销商为中信证券、工商银行及招商银行，上汽通用作为发起机构和贷款服务机构参与其中。

中粮信托面向全国银行间债券市场成员，通过招标公开发行总金额约为26.39亿元的A级资产支持证券与2.1099亿元的B级资产支持证券，其中A级资产支持证券的信用等级为“AAA”，B级资产支持证券的信用等级为“AA+”。同时，中粮信托向上汽通用定向发行金额约为1.50亿元的次级资产支持证券。A级和B级均为浮动利率，基准利率为1年期定期存款利率，招标发行利率为年率4.8%，A级资产支持证券的预期到期日是2016年7月26日，B级资产支持证券基准利率为1年期定期存款利率，招标发行利率为年率5.7%，预期到期日是2016年11月26日，由联合资信、中债资信为其提供信用评级。次级档不设票面利率，不进行转让交易，不予评级。

中粮信托2014年6月与宝马汽车金融（中国）有限公司合作成功发行了“德宝天元”799999995.38元汽车抵押贷款证券。

■粤财信托成功发行个人汽车抵押贷款资产支持证券

2014年10月17日，广东粤财信托有限公司担任受托人及发行人的广汽汇通2014年第一期个人汽车抵押贷款资产支持证券在银行间债券市场成功发行，证券发行总额为799999195元。本次发行的产品采取国内成熟的信贷资产证券化交易模式，广汽汇理汽车金融有限公司作为发起机构，把其持有的个人汽车抵押贷款委托给粤财信托，由粤财信托发行本期证券产品，以入池的个人汽车抵押贷款回收款作为还款支持。本期证券分为三级，优先A级规模67600万元，占比84.5%，评级为“AAA”，票面利率4.80%；优先B级规模8390万元，占比10.49%，评级为“AA+”，票面利率6.19%；次级证券规模4009.9195万元，占比5.01%，由广汽汇理汽车金融有限公司自行持有。

广汽汇通资产证券化项目是粤财信托继顺德农商银行ABS项目后的又一次创新尝试。该业务以资产证券化工具作为业务载体，为汽车金融公司提供全新的融资工具，不但能盘活国内庞大的存量个人汽车贷款资产，而且能解决汽车金融公司资产流动性不足和资金期限错配等问题，为投资者提供新的个人消费类投资产品。

3.2 企业年金基金管理机构华宝信托硕果仅存

在信托公司需要特别批准开展的创新业务中，资产证券化业务已经走出了曾经的低迷，近几年呈现爆发式增长的态势，且每年均有几家信托公司获批特定目的信托受托机构资格。QDII 虽然起步较晚，但也颇受信托公司关注，2014 年共有 8 家信托公司获批 QDII 投资额度，QDII 业务蓄势待发。从企业年金基金管理办法颁布之日起，信托公司投入的热情与积极参与的实践并不比其他创新业务少，但收效却不大。第一批企业年金基金管理机构名单中尚有中诚信托、上海信托、华宝信托、中信信托四家信托机构的名字，但随着业务竞争中信托机构的劣势显现，信托公司始终未能在企业年金基金业务中占得较大的市场份额，时至今日仍保有企业年金基金管理机构资质的信托公司只剩华宝信托一家。

华宝信托中标全国社保基金大型信托贷款项目

2014 年 8 月，华宝信托通过人力资源和社会保障部的企业年金管理资格延续申请，成为国内唯一一家拥有“法人受托机构”和“账户管理人”两项资格的信托公司。近年来，华宝信托企业年金业务在信托行业中一枝独秀，不但规模持续稳定增长，并且充分发挥了信托跨越资本市场和实业市场的独特优势，率先提出打造人力资源管理综合金融解决方案供应商的战略，形成了自身品牌及业务特色。

2014 年，在由全国社保基金理事会组织的某保障房信托贷款项目的受托人竞标中，华宝信托凭借专业完善的应标方案以及突出的综合实力，从参加投标的信托同行中脱颖而出，被全国社会保障基金理事会选聘为该项目的信托受托人。

这一项目的中标，是华宝信托继 2014 年 7 月取得全国社保基金理事会受托管理社保基金信托资产的合格受托人资格后，在机构客户拓展业务上的又一个重要里程碑。

2014 年 6 月，全国社保基金理事会发布《全国社会保障基金信托贷款投资管理暂行办法》，进一步规范了社保基金从事信托贷款业务的各项程序及合规要点，同时也开始对担任其受托人的信托公司实行更加严格的资质审批及名单制管理。

华宝信托最终成功取得社保基金 2014 年度合格受托管理人资格。之后华宝信托迅速组建专业团队、精心设计管理方案、详细了解社保基金理事会的具体需求、参与具体项目的投标工作。该项目的中标，也充分体现了华宝信托内部高效的团队协作能力和专业的执行能力。

3.3 受托境外理财业务转暖，信托公司纷纷获批业务资质

在地产项目风险加大，通道红利尽失的压力下，以前颇受冷遇的 QDII 业务，未来或将成为信托业务的重要一极。2014 年以来，近 3000 亿元的中企海外并购市场，也为信托转型打开了新的空间。

随着经济全球化和中国金融市场化的进一步深化以及社会财富的不断增长，高净值客户的全球性资产配置需求日趋强烈，同时境外经济发展和市场环境逐渐复苏回暖，受托境外理财市场呈现出广阔的增长空间和业务机遇。作为境外投资的有效工具，信托公司开展受托境外理财业务可以为机构客户与高净值客户进行海外投资和资产配置，使国内投资者能够在全球范围内配置资本投向、分散投资组合风险，并分享全球经济增长带来的收益。截至 2014 年上半年，共有中诚信托、上海信托、中海信托、平安信托、华信信托、华宝信托、中信信托、新华信托 8 家公司获批 QDII 投资额度，总计 56 亿美元，整个金融行业获批的 QDII 额度是 807.93 亿美元，信托业所占比重仅为 6.93%。

■外贸信托加快打造财富管理 2.0 版本

近日，经中国银监会批准，外贸信托正式获批开办受托境外理财业务（QDII）资格。此次受托境外理财业务资格获批是外贸信托在业务创新方面的重大突破，标志着外贸信托将可以为投资者提供境外市场投资产品和信托服务。这是外贸信托继取得股指期货交易业务资格、管理特定目的信托财产并发行资产支持证券资格、以固有资产从事股权投资业务资格等之后新获批的一项创新业务资格。

外贸信托正在积极进行战略转型，加快打造财富管理 2.0 版本。此次 QDII 业务资格获批，将为外贸信托应对全球化资产配置需求和大资管竞争创造有利条件，为公司经营创新和走向国际市场提供更为广阔的空间，也极大地深化了公司财富管理的内涵，有助于为客户提供更高效、更多样、更国际化的金融服务，助力公司的战略转型。

■中融信托进一步完善公司金融服务链条

2014 年 11 月 6 日，中融国际信托有限公司获得中国银监会正式批复，获准开办受托境外理财业务（QDII）资格。受托境外理财业务资格是中融信托继取得

股指期货业务和信贷资产证券化业务资格之后的又一项新业务资格。此次资格的获批为中融信托开启了海外市场投资的大门，进一步完善了公司金融服务的链条。

兴业信托金融产品线进一步完善丰富

近日，经中国银监会批准，兴业信托正式获批开办受托境外理财业务（QDII）资格。此次受托境外理财业务资格获批标志着兴业信托将可以为投资者提供境外市场投资产品与信托服务，金融产品线进一步完善丰富。这是兴业信托继取得股指期货交易业务资格、特定目的信托受托机构资格、以固有资产从事股权投资业务资格之后新获批的一项业务资格。

3.4 股指期货资格理性增长

2011 年 6 月 28 日，银监会印发了《信托公司参与股指期货交易业务指引》（以下简称《指引》）的通知，对信托公司参与股指期货业务进行了详细规定。自《指引》颁布后，不少符合条件的信托公司向监管部门递交了相关申请材料。2011 年 11 月，较为擅长阳光私募的华宝信托成为获得股指期货交易业务资格的首家信托公司。据不完全统计，目前已有外贸信托、华润信托、兴业信托、平安信托、中信信托、长安信托、中融信托等 9 家信托公司相继获批该项业务资格。2014 年没有信托公司获得股指期货创新业务资格，只有建信信托控股的良茂期货获得了证监会批准的该业务资格，建信信托因此成为拥有该业务牌照子公司的信托公司。

进入股指期货市场三年多，第一批获批股指期货业务资格的信托公司，已有不少产品进入期指市场。如华宝信托的“申毅对冲 1 号”“社润一期”，外贸信托的“翼虎量化对冲”等近 10 只产品，均采用股指期货进行套保或套利交易，来对冲现货市场的风险。

从发行规模来看，多数股指期货信托产品规模较小，集中在 5000 万 ~1 亿元。较早涉足这一业务的外贸信托曾对外发布，截至 2013 年 3 月，该公司投资于股指期货的信托产品规模超过 40 亿元。而中海信托“水滴 1 号”产品 10 亿元的优先级资金规模，已是近年来同类产品中罕见的巨量。

2012 年以来，国内期货公司的业务范围不断扩展，逐渐融合经纪、投资咨询、资产管理、自营四项业务从而发展成为更加综合的金融机构。已经推出的股指期货和国债期货在金融市场发挥的作用也在逐渐增强，期货公司的牌照资源也吸引了包括券商、险企甚至信托公司在内的众多金融机构的目光。

4. 信托公司经营分析

2014 年，在经济下行和竞争加剧的双重挑战下，信托业结束了自 2008 年以来的高速增长阶段，步入了转型发展阶段。2014 年 4 月 8 日，银监会办公厅发布的《关于信托公司风险监管的指导意见》（银监办发〔2014〕99 号）明确提出了信托业转型发展的目标和路径。可以说，2014 年是信托行业全面布局转型发展的“元年”。日前，中国信托业协会发布的“2014 年四季度末信托公司主要业务数据”表明：在新的历史发展阶段，信托业主要业务数据发生了较大的结构性变化，信托规模再创历史新高，业务结构继续优化，系统风险可控，行业发展平稳，转型态势良好，同时，信托业也面临着增幅放缓、业绩下滑、个案风险增加等方面的挑战。

中国信托业协会最新公布的 2014 年信托公司主要数据显示，截至 2014 年年末，68 家信托公司管理的信托资产规模为 13.98 万亿元，接近 14 万亿元，再创历史新高。与 2013 年同期的 10.13 万亿元规模相比，同比增速高达 38.01%。68 家信托公司实现经营收入 954.95 亿元，较 2013 年的 832.6 亿元增长 14.69%；实现利润总额为 642.30 亿元，较 2013 年的 568.61 亿元，增长 12.96%。

4.1　主要财务指标平稳增长

资本利润率

根据 2014 年信托公司公开披露的信息，信托行业平均资本利润率为 20.31%，比上年下降了 0.59 个百分点，虽然资本利润率较上年有所回落，但仍然保持着较高的利润率水平。

从资本利润率排名来看，中铁信托资本利润率达到了 54.06%，仍然延续了上一年度总资本利润率排名第一的位置。纵观信托行业整体情况，各公司资本利润率离散程度有所下降，从数据分布的离散程度来看，标准差为 8.80%，这一指标比上年度有了大幅度的下降。

表 2-11 信托公司资本利润率统计分析

项目 \ 年份	2009	2010	2011	2012	2013
平均值(%)	12.07	14.61	18.25	20.90	20.31
平均值增长(%)	-1.56	1.64	3.64	2.65	-0.59
公司数目	49	53	61	65	67
最大值(%)	63.22	67.48	97.77	64.26	54.06
最小值(%)	-63.03	3.10	0.78	4.04	1.36
标准差(%)	14.57	9.52	13.49	10.46	8.80
变异系数	1.08	0.65	0.74	0.50	0.43

资本利润率表现比较优异的信托公司前五名为：中铁信托(54.06%)、四川信托(38.79%)、方正信托(38.25%)、安信信托(37.40%)以及大业信托(36.23%)。而2013年资本利润率前五名为：中铁信托(64.26%)、四川信托(43.74%)、长安国信(41.96%)、大业信托(39.10%)以及五矿信托(38.39%)。与2013年相比，前五名公司的组成变化比较大，中铁信托及四川信托仍保持前两位，大业信托由第五位升至第四位，作为一家2011年才正式营业的信托公司而言实属难得，而另外两家信托公司均跌出前五名。同时，2010年资本利润率在15%~30%的公司为24家，2011年在此范围的公司达到了29家，2012年达到了34家，2013年则达到了42家。也就是说，2013年信托行业的中坚阵营仍然在持续成熟和扩大。信托公司资本利润率的水平与公司注册资本的规模密切相关，资本利润率排名第一的中铁信托，其注册资本规模扩大，势必会对其资本率产生影响。因此，信托公司在追求增资扩股，壮大公司实力的同时，也应考虑其对资本利润率的影响。

资本利润率增幅前五名的公司为：安信信托(13.04%)、长城信托(12.82%)、华澳信托(10.00%)、天津信托(9.42%)以及中原信托(8.57%)(注：信托公司名后数字为资本利润率增加量)。

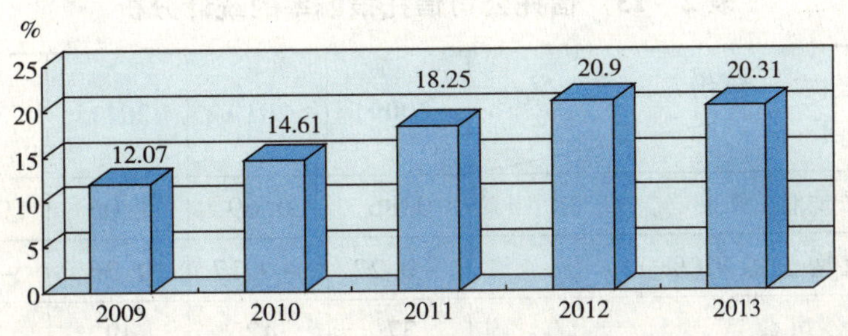

图2－2 资本利润率历年变动

表2－12 资本利润率排名前十位的信托公司（%）

排名	公司简称	资本利润率
1	中铁信托	54.06
2	四川信托	38.79
3	方正信托	38.25
4	安信信托	37.40
5	大业信托	36.23
6	长安国信	32.63
7	工商信托	30.89
8	中融信托	30.57
9	湖南信托	30.18
10	五矿信托	29.26

信托报酬率

信托行业平均信托报酬率为0.88%，比2013年下降了0.09个百分点。可以发现，在经历了2006年和2007年的超速增长之后，信托行业平均信托报酬率逐年下降。

从信托报酬率分布的离散程度来看，信托报酬率分布的标准差（0.55%）比上年（0.54%）略有上升，变异系数上升0.08。这说明，全行业信托报酬率的差距有所增大。样本公司中，大部分公司（41家）的信托报酬率水平低于1%。其中，有13家公司（占全体公司数量的23.6%）的信托报酬率低于0.5%。可以发现，信托报酬率低于0.5%的公司数量高于2013年的数量。

表2-13 信托公司信托报酬率的统计分析

项目 \ 年份	2009	2010	2011	2012	2013
平均值(%)	0.86	0.69	1.05	0.97	0.88
平均值增长幅度(%)	-0.22	-0.17	0.36	-0.09	-0.09
公司数目	37	42	49	52	55
最大值(%)	5.46	2.03	4.10	2.65	3.44
最小值(%)	0.11	0.07	0.25	0.22	0.25
标准差(%)	0.88	0.49	0.76	0.54	0.55
变异系数	1.02	0.71	0.73	0.56	0.63

信托报酬率表现比较优异的信托公司前五名为：工商信托（3.44%）、新华信托（2.19%）、爱建信托（1.85%）、东莞信托（1.70%）以及苏州信托（1.70%）。其中，工商信托、爱建信托、新华信托与苏州信托2013年度也位列前五名。2013年度前五名中的华信信托则跌出了前五名。同时，2013年，信托报酬率超过1%的公司数量达到19家，到了2014年则减少到14家。信托报酬率的高低，某种程度上也体现了公司市场化程度的高低。一般来说，背靠国有大型企业或中央企业的公司，往往拥有更多的股东资源的支持，在业务开展中，若这类业务的比例过高，则会相应降低公司信托报酬率水平。

信托报酬率增幅前五名的公司为陆家嘴信托（增长1.18%）、工商信托（增长0.79%）、紫金信托（增长0.75%）、国民信托（增长0.25%）以及新华信托（增长0.19%）。

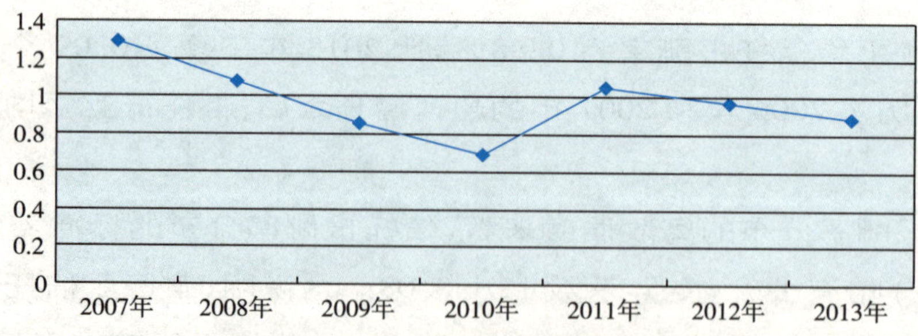

图2-3 信托公司信托报酬率变动

表 2－14 信托报酬率排名前十位的信托公司（%）

排名	公司简称	信托报酬率
1	工商信托	3.44
2	新华信托	2.19
3	爱建信托	1.85
4	东莞信托	1.70
5	苏州信托	1.70
6	陆家嘴信托	1.61
7	紫金信托	1.55
8	华信信托	1.47
9	湖南信托	1.26
10	天津信托	1.24

人均净利润

从2014年度的年报披露情况来看，信托行业平均人均净利润为389.61万元，比2013年上升14.82万元。2010—2013年，信托公司人均净利润的行业平均值已经连续经历了4年增长。

从人均净利润的统计分析来看，只有江苏国信和重庆国信两家公司的人均净利润超过1000万元，维持了2013年的人均净利润超千万元的业绩。其中，江苏国信实现了高达1520.01万元的人均净利润。从数据分布的离散程度来看，人均净利润分布的变异系数（0.70）比上年变异系数（0.66）有所上升。

表 2－15 信托公司人均净利润的统计分析

项目 \ 年份	2009	2010	2011	2012	2013
平均值（万元）	255.38	278.68	311.30	372.76	389.61
平均值增长幅度（万元）	9.64	23.30	32.62	61.45	16.85
平均值增长率（%）	3.92	9.12	11.71	19.74	4.52
公司数目	49	53	61	65	66
最大值（万元）	1472.81	1226.51	1361.32	1559.15	1520.01

续表

项目＼年份	2009	2010	2011	2012	2013
最小值（万元）	-543.34	28.79	12.22	61.83	11.36
标准差（万元）	291.67	251.10	246.07	247.48	270.81
变异系数	1.14	0.90	0.79	0.66	0.70

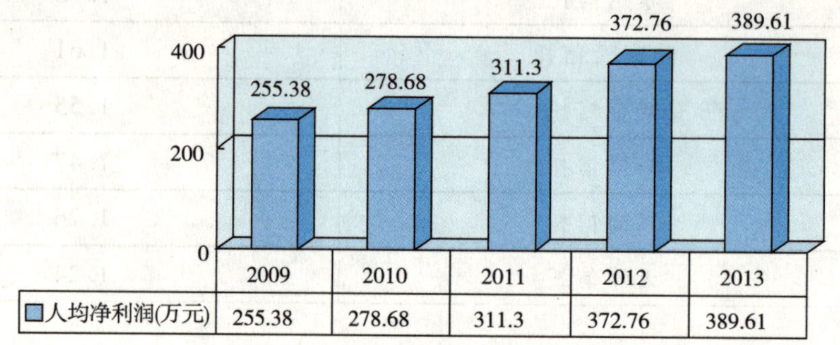

图2-4　信托公司历年人均净利润变动

人均净利润表现比较优异的信托公司前五名为：江苏国信（1520.01 万元）、重庆国信（1467.61 万元）、中铁信托（932.00 万元）、中诚信托（906.88 万元）以及华信信托（723.11 万元）。与 2013 年相比，前五名公司的组成变化不大，其中中海信托由第五名跌至第八名。同时，可以发现，2010 年有 33 家信托公司的人均净利润达到了 150 万元以上，2011 年实现 150 万元以上的公司达到了 46 家，2012 年继续增加到 56 家，到了 2013 年，这个数字继续增加到了 57 家。

人均净利润增幅前五名的公司为：重庆国信（增长 439.97%）、西藏信托（增长 168.85%）、天津信托（增长 166.57%）、中铁信托（增长 161.00%）以及华信信托（增长 148.28%）。

表2-16　人均净利润排名前十位的信托公司　　单位：万元/人

排名	公司简称	人均净利润
1	江苏国信	1520.01
2	重庆国信	1467.61
3	中铁信托	932.00
4	中诚信托	906.88

续表

排名	公司简称	人均净利润
5	华信信托	723.11
6	中信信托	678.69
7	上海信托	667.15
8	中海信托	659.95
9	华润信托	617.76
10	外贸信托	611.91

4.2 信托资产规模接近14万亿

信托资产规模

2014年年末，信托行业管理的信托资产规模为13.98万亿元（平均每家信托公司2055.88亿元），较2013年年末的10.91万亿元，同比增长28.14%；较2014年三季度末的12.95万亿元，环比增长7.95%。但是，资产规模的增幅明显回落，较2013年年末46.05%的同比增长率，2014年同比回落了17.91个百分点；从年内季度环比增速看，2014年前三季度也一直延续了自2013年一季度开始的持续回落态势：2014年一季度为7.52%，二季度为6.40%，三季度为3.77%，四季度环比增速则有大幅度回升，为7.95%，企稳迹象明显。信托资产增幅放缓有两方面原因：一方面是弱经济周期和强市场竞争对信托业传统融资信托业务的冲击效应明显加大；另一方面是旧增长方式的萎缩速度与新增长方式的培育速度之间的“时间落差”，即新业务培育需要一个过程，其培育速度目前尚滞后于旧业务萎缩速度。如何加快转型进程，是信托业未来发展的核心挑战。

根据2014年信托公司公开披露信息，信托行业平均信托资产规模为15872574万元，比2013年上升了4234537万元，上升率为36.39%。自2004年以来，信托公司的信托资产规模每年都有大幅度的提升，除了2013年外，平均每年提升40%以上，2009年以来，每年的提升幅度逐渐变小。但是，在近五年中，除了2013年外，2009—2012年信托资产平均值均实现了45%以上的增幅。

有7家公司缩减了信托资产规模，比2013年的5家增加两家。另外，中信信托在2011年创下自2004年以来单个公司年度信托资产规模的最高纪录39996932

万元后，2013 年继续以 13831166 万元的增幅刷新了该项记录，信托资产规模达到历史新高 72966080 万元。从信托资产规模分布的平均程度来看，虽然信托资产规模分布的标准差（13235416 万元）比上年（9911516 万元）略有上升，但是，变异系数却持续下降，从 2012 年的 0.85 下降到 2013 年的 0.83。值得注意的是，2009—2013 年信托资产规模的变异系数持续下降，这说明近五年全行业的信托资产规模不仅水平有较大幅度的提高，而且分布更加趋于平均化。

综上所述，2009—2013 年，在平均信托资产规模持续增加的同时，各信托公司之间在资产规模上的差异性越来越小。

表 2－17　信托公司信托资产规模的统计分析

项目 \ 年份	2009	2010	2011	2012	2013
平均值（万元）	3600569	4989064	7601637	11638037	15872574
平均值增长幅度（万元）	1482663	1680681	2612573	4036400	4234537
平均值增长率（%）	60.57	45.84	52.37	53.10	36.39
公司数目	51	55	62	66	68
信托资产缩减的公司数	6	7	6	5	7
最大值（万元）	20678079	33279077	39996932	59134914	72966080
最小值（万元）	1013	326089	438216	260295	1271355
标准差（万元）	4322218	5740773	7208211	9911516	13235416
变异系数	1.12	1.06	0.95	0.85	0.83

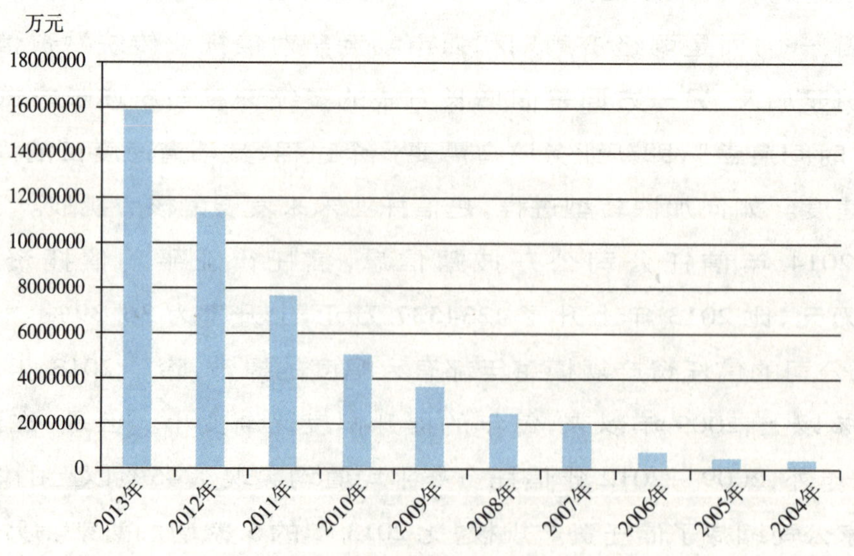

图 2－5　信托公司历年平均信托资产规模变动

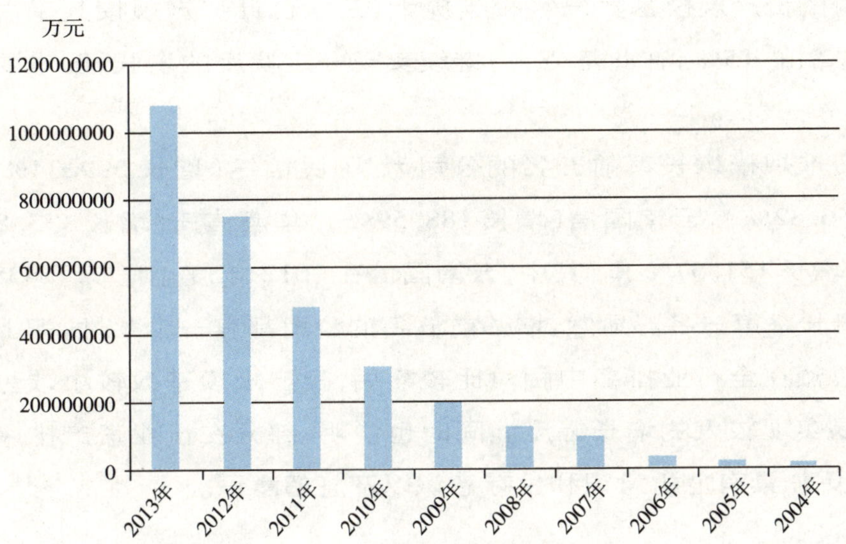

图2-6　信托公司历年信托资产规模变动

信托资产规模最大的信托公司前五名为：中信信托（72966080万元）、兴业信托（56500217万元）、中融信托（47853490万元）、华润信托（36430424万元）以及中诚信托（35721118万元）。与2013年相比，信托资产规模排名前五名的公司基本没有变化，只有华润信托取代建信信托的位置位居前五。中信信托、兴业信托、中融信托和中诚信托连续两年跻身前五名的阵营。特别是银行系信托公司兴业信托，不仅其管理的信托资产规模达到5650亿元，位居行业第二，其信托资产增长以接近2290亿元的规模位居行业第一，信托权益与增长规模也分别以5645亿元和2292亿元位居行业第二和第一，在其股东连续增资至25.76亿元，以及公司不断创新进取的努力下，兴业信托增长势头迅猛。

同时，可以发现，信托资产规模达到1000亿元以上的公司达到40家，比2013年度的32家又增加8家。另外，信托资产规模达到500亿元以上的公司，2009年有12家，2010年增长到21家，2011年增长到33家，2012年增长到47家，2013年则达到了创纪录的56家。

信托资产增长幅度前五名分别为：兴业信托（增长22895283万元）、中融信托（增长17904858万元）、华润信托（增长17778502万元）、云南国信（增长14713319万元）以及中信信托（增长13831166万元）。与2013年相比，信托资产增长前五名的变化较大，其中，仅有中信信托、兴业信托和中融信托依然保持了高速增长，继续跻身前五名的行列。从一定角度来说，该三家公司2013年仍然保持较高的增长速度实属不易，因为上一年度跻身全行业资产规模前五名，意味着本身的资产规模基数已经相当庞大,三家合计资产规模几乎占到全行业资产规模总额的15%,在此基础上,继续实现一定幅度的增长,困难要比一般公司大很多。

信托资产规模增长率前五名的公司为:国民信托(增长599.34%)、长城新盛(增长456.82%)、云南国信(增长188.59%)、华澳信托(增长173.87%)以及安信信托(增长151.57%)。其中,云南国信在2012年度也增长了438.92%,位列该年度增长率第一名。显然,增幅前五名的公司都有一个共性,即上一年信托资产规模总额在全行业排名中相对比较靠后,资产规模基数较小,起点较低,所以比较容易实现较大的增长幅度。同时也说明,部分在行业资产排序中较为落后的公司,更加具有危机意识和生存意识以及赶超意识。

表2-18　信托资产规模排名前十位的信托公司　　单位:万元

排名	公司简称	信托资产规模
1	中信信托	72966080
2	兴业信托	56500217
3	中融信托	47853490
4	华润信托	36430424
5	中诚信托	35721118
6	建信信托	32581639
7	外贸信托	31737694
8	华能贵诚	29856831
9	北方国信	29423228
10	平安信托	29031954

信托资产结构

首先,自2009年以来,信托资产在基础产业的分布比例是最大的,但是在2009年达到最高峰36%之后逐年下降,到2011年已经下降到21%,此后连续两年被实业以微弱优势反超。其次,信托资产在实业和证券的分布比例都是逐年上升的,只是分别在2011年和2009年出现了短暂的小幅下降。第三,房地产业的占比在2009—2010年持续上升,2010年达到近五年的最高值17%之后又逐

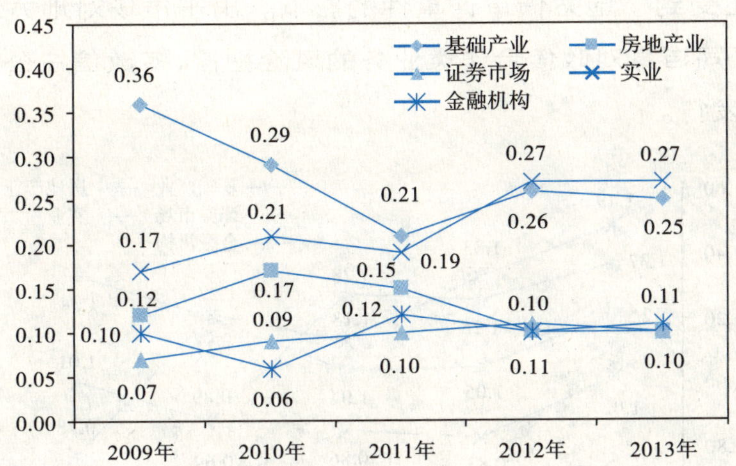

图 2－7　信托资产的行业占比平均值分布

渐回落，到了 2012 年已经恢复至 2008 年的水平，2013 年与 2012 年持平。第四，金融机构的分布占比在近五年内除了在 2010 年大幅下降外，其余四年均在 10% 左右徘徊，其中 2011 年度出现较大幅度的上升，达到 12%，2012 年和 2013 年分别为 10% 和 11%。

综合上述数据，我们可以发现，在房地产信托和银信合作继续受阻、国内信托公司经营环境持续偏紧的背景下，各家信托公司信托资产比例变化不大。其中，房地产业资产比例和实业资产比例均与 2013 年持平，而基础产业资产、证券资产、金融机构资产分布比例分别微调 1%。可以看出，信托公司在减少房地产业和金融机构投资的同时，加大了对基础产业和实业资产的投资后，并未大幅改变信托资产投资比例。在原有的投资结构下，整个信托行业的发展并没有受到政策的负面影响而停滞不前，依然实现了 37% 以上的资产规模扩张。与此同时，信托持续加大对基础产业和实业资产的投资，显示出信托公司对国民经济的参与度和贡献度越来越高，其未来发挥的作用也必将符合金融行业第二大子行业的特殊地位。

综上所述，我们不难看出，整个信托行业对宏观经济未来的走势判断与 2013 年相当，保持了基本相似的信托资产投资结构。房地产信托比例在连续三年下降的基础上，2013 年由于受到 463 号文、10 号文对政信合作基础产业类信托的影响，以及受到银行 8 号文对银信合作通道类业务的影响，信托公司开始重新布局房地产领域。而房地产信托的收益率也依然雄踞各类信托产品之首，为投资者和信托公司贡献了不少利润。基础产业信托的减少，除了受到 463 号文和 10

号文的限制，还受到了地方债审计事件的影响。出于市场对地方政府债务的担忧，以及信托公司自身对政信合作类业务的风险把控，多数信托公司都选择了减少该类产品的发行。

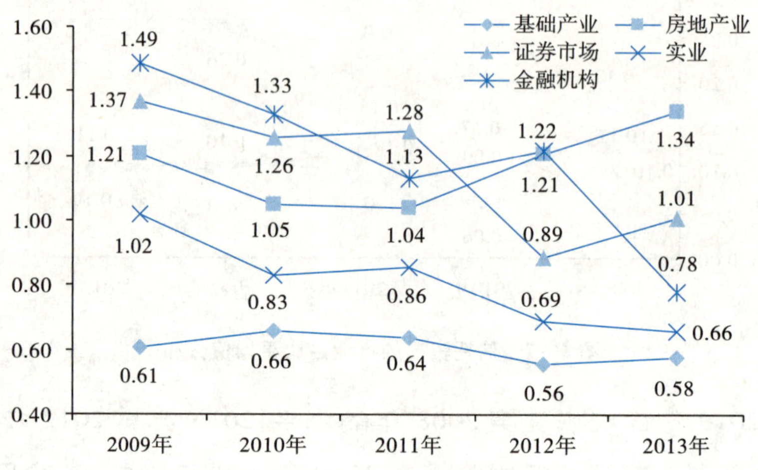

图 2-8　信托资产行业分布比例的变异系数

如图 2-8 所示，首先，基础产业资产的变异系数一直比较低，而且相对稳定，自 2009 以来，一直维持在 0.60 左右。在 2009 年，该指标达到历史最低的 0.61，2010 年则小幅回升到 0.66，2011 年与 2010 年基本持平为 0.64，2012 年又回落至新的历史低点 0.56，2013 年小幅回升至 0.58。这表明，不同信托公司对持有基础产业资产比例的态度发生了微妙的变化，2012 年分歧大幅降低后，2013 年各信托公司对于投资基础产业的比例又出现小小的分歧。但是，布局基础产业资产依然是各信托公司的共识，其变异系数远低于其他几种行业。其次，证券业资产的变异系数波动很大，在 2009—2011 年，可能出于对证券市场风险的考虑，不同信托公司对证券业资产的持有态度差异较大，2009 年，该项资产的变异系数达到 1.37，2010 年虽然小幅下降，但也达到了 1.26，2011 年重新增大到 1.28。2012 年证券市场分布比例的变异系数大幅跌至 0.89，但是 2013 年又大幅增加到 1.01，显示出各信托公司在 2012 年纷纷增持证券业资产后 2013 年对证券资产的持有比例又出现了较大的分歧。另外，信托公司对实业资产的态度越来越趋于一致，变异系数越来越小，由 2009 年的 1.02 降至 2013 年的 0.66。对于房地产业，2009—2011 年其变异系数逐渐缩小，但是，2012 年和 2013 年房地产业占比变异系数却分别上升至 1.21 和 1.34，显示出各信托公司继 2012 年在持有房地产业资产的比例方面发生分歧后，2013 年这种分歧持续加大。对于金融机构分布比例，2009—2011 年变异系数持续下降，2012 年小幅回升至 1.22，但是 2013 年又大幅下跌至 0.78。而且在五种资产布局中，金融机构的变异系数最大。这说明，各信托公司该种资产的占比更具分歧，但是 2013 年这种分歧大幅降低。

表 2－19　信托公司信托资产行业分布占比

项目	年份	2009	2010	2011	2012	2013
披露公司数目		50	51	61	63	63
基础产业	规模（万元）	1652956	1804825	1580108	2851611	4256482
	占比（%）	36.18	28.77	20.79	25.58	25.49
	占比最大值（%）	85.09	79.20	55.35	82.4	76.25
	占比最小值（%）	0.00	0.00	0.00	0.00	1.08
	标准差（%）	22.04	18.95	13.35	14.40	14.67
	变异系数	0.61	0.66	0.64	0.56	0.58
房地产	规模（万元）	364188	820647	1122519	1061249	1721714
	占比（%）	12.04	17.28	14.77	9.52	10.31
	占比最大值（%）	70.30	81.80	76.64	70.92	75.44
	占比最小值（%）	0.00	0.00	0.00	0.64	0.67
	标准差（%）	14.61	18.10	15.36	11.48	13.87
	变异系数	1.21	1.05	1.04	1.21	1.34
证券市场	规模（万元）	270654	556738	732216	1272525	1748212
	占比（%）	6.96	9.13	9.63	11.42	10.47
	最大值（%）	41.18	43.43	34.62	42.76	41.29
	最小值（%）	0.00	0.00	0.00	0.00	0.00
	标准差（%）	9.50	11.49	8.04	10.20	10.62
	变异系数	1.37	1.26	1.28	0.89	1.01

续表

项目 \ 年份		2009	2010	2011	2012	2013
实业	规模（万元）	476385	1035482	1455973	2980858	4516831
	占比（%）	17.02	21.09	19.16	26.74	27.05
	最大值（%）	92.95%	92.24	83.59	84.54	77.97
	最小值（%）	0.00	0.00	0.00	0.00	0.00
	标准差（%）	17.29%	17.42	16.52	18.34	17.94
	变异系数	1.02	0.83	0.86	0.69	0.66
金融机构	规模（万元）	390277	338668	939302	1090494	1842148
	占比（%）	10.04	5.82	12.23	9.78	11.03
	最大值（%）	48.15	30.55	64.16	52.27	37.22
	最小值（%）	0.00	0.00	0.00	0.00	0.00
	标准差（%）	13.36	7.73	13.89	11.96	8.59
	变异系数	1.49	1.33	1.13	1.22	0.79

表2-20　各项信托资产比例最大的前三名（%）

项目 \ 排名	第一名	第二名	第三名
基础产业资产	英大信托（76.25）	爱建信托（52.64）	紫金信托（50.48）
房地产业资产	工商信托（75.44）	中原信托（61.92）	长城新盛（58.74）
证券业资产	陕西国信（41.29）	建信信托（40.79）	外贸信托（40.25）
实业资产	新时代（77.97）	西部信托（70.28）	渤海信托（66.42）
金融机构	建信信托（37.22）	华宝信托（32.74）	华润信托（29.05）

注：基础产业资产占比，英大信托连续两年保持基础产业资产占比第一的位置，爱建信托和紫金信托在大幅提高基础产业资产信托比例后，分别由2013年的35.79%和39.56%提升至52.64%和50.48%。

房地产业资产占比，工商信托以75.44%的比例依然位居行业第一，爱建信托继续降低房地产资产信托比例，从2013年的34.82%（行业第三名）下降为

16.16%（行业第15名）。

证券业资产占比，建信信托和外贸信托依然位居前三，陕西国信大幅提高证券资产信托比例，由2013年的第四名（20.92%）跃升至行业第一名（41.29%）。

实业资产占比，新时代和渤海信托继续保持行业前三的位置，中原信托大幅下调实业资产信托比例，从2013年度的63.46%（行业第三名）降为0.76%（行业第62名）。

金融机构资产占比，华润信托从9.38%（行业第15名）大幅上升为29.05%（行业第三名），中粮信托从52.27%（行业第一名）大幅下跌至10.88%（行业第14名）。

表2-21 各项信托资产规模最大的前三名

单位：亿元

项目＼排名	第一名	第二名	第三名
基础产业资产	中信信托（2997）	兴业信托（2017）	英大信托（1603）
房地产业资产	华润信托（757）	中原信托（738）	平安信托（694）
证券业资产	建信信托（1329）	外贸信托（1277）	华润信托（873）
实业资产	中融信托（1681）	兴业信托（1495）	渤海信托（1250）
金融机构	中信信托（1636）	建信信托（1213）	华润信托（1058）

注：基础产业资产规模，前三名公司与2013年度基本没有发生变化。中信信托、兴业信托和英大信托继续位居前三位。中信信托以1016亿元的增幅继续稳坐基础产业资产规模行业第一名，兴业信托以929亿元的增幅由行业第三名升至行业第二名，而英大信托则以64亿元跌幅由行业第二跌至行业第三名。

房地产业资产规模，前三名公司与2013年度变化不大。华润信托和平安信托继续位居房地产业资产规模前三的位置，中信信托则以71亿元的跌幅由2013年的行业第一名跌至行业第五名。中原信托以169亿元的增幅跃居行业第二名。

证券业资产规模，行业前三名公司与2013年相比变化不大。建信信托和外贸信托继续位居行业前三名，中诚信托以83亿元的跌幅由2013年的行业第二名跌至行业第四名，而华润信托则以505亿元的增幅跃居行业第三名。

实业资产规模，前三名公司与2013年度相比变化较大，只有兴业信托继续位居行业前三名。中融信托和渤海信托则分别以816和600亿元的增幅跃居行业第一名和第三名。新时代和山东国信分别以165和224亿元的增幅位居行业第四名和第五名。

金融机构资产规模，前三名公司与2013年差别较大。中信信托和华润信托分别以1539和883亿元的增幅跃居行业第一名和第三名，华宝信托和中粮信托则分别以171亿元和590亿元的降幅跌出行业前三名。

另外，从各年信托资产构成比例的稳定程度来看，投资策略比较明显的是工商信托，其房地产产业资产比例基本在72.28%，苏州信托连续五年基础产业资产比例相对稳定在47.61%，建信信托的证券业资产比例相对稳定，兴业信托的实业资产比例也相对稳定。稳健而持续的公司发展战略和投资策略，是公司稳定和发展的重要基石，它直接影响信托公司部署组织机构、安排人财物力、培养专业人才和积累核心能力等方面。工商信托房地产专业投资能力、苏州信托的基础产业投资能力，以及兴业信托支持实业的战略方针与数据反映高度一致。

表2-22　各项信托资产投资比例最稳定的前三名

项目＼排名	第一名	第二名	第三名
基础产业资产	苏州信托 (47.61%,0.13)	湖南信托 (38.92%,0.14)	英大信托 (75.01%,0.18)
房地产业资产	工商信托 (72.28%,0.12)	东莞信托 (8.52%,0.19)	百瑞信托 (12.50%,0.23)
证券业资产	建信信托 (36.64%,0.13)	中融信托 (10.66%,0.17)	山西信托 (9.61%,0.22)
实业资产	兴业信托 (27.66%,0.14)	山东国信 (43.03%,0.15)	厦门国信 (38.81%,0.19)

注：表中括号内第一个数字是平均值，第二个数字是变异系数。

信托资产运用分析

自2009年以来，贷款资产的比例一直居于首位。2009—2011年贷款资产比例持续下降，由2009年的50.4%逐年下降至2011年的36.76%，这也是该比例的历史最低点。2012年贷款资产比例小幅上升至41.52%，2013年则持续上升至45.05%。长期投资比例居信托资产运用的第二位，2008—2011年长期投资比例尽管一直小幅波动，

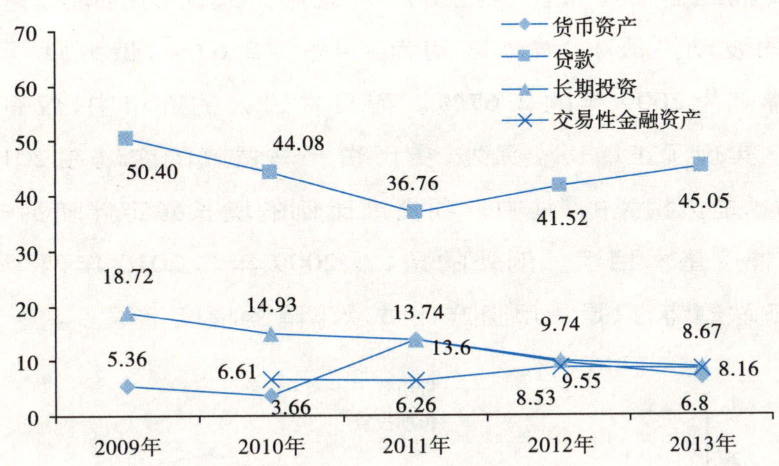

图 2－9 信托公司信托资产的运用分布

但依旧维持在10%以上的水平，最高达到16.05%，最低为13.74%，但是2012年长期投资比例大幅跌至9.74%，2013年则继续下降至8.67%，几乎与交易性金融资产比例持平。货币资产的比例在2011—2013年逐年下降，从13.74%降低为6.8%。值得一提的是，在过去的五年中，除了2011年外，货币资产比例一直在10%以下的水平徘徊。

综上所述，我们不难看出，各信托公司基本沿用了以往的投资资产运用策略，近一半的资产运用于贷款，投资业务居中，货币资产最少。但是，我们应该注意到，长期投资运用比例仍然处于下降通道中，货币资产运用比例小幅下降，贷款一改持续下降的趋势，小幅上升。这种信托资产运用格局在一定程度上反映出整个信托行业还是更多地依赖贷款业务获取利润，其他投资方式并没有更多的创新。

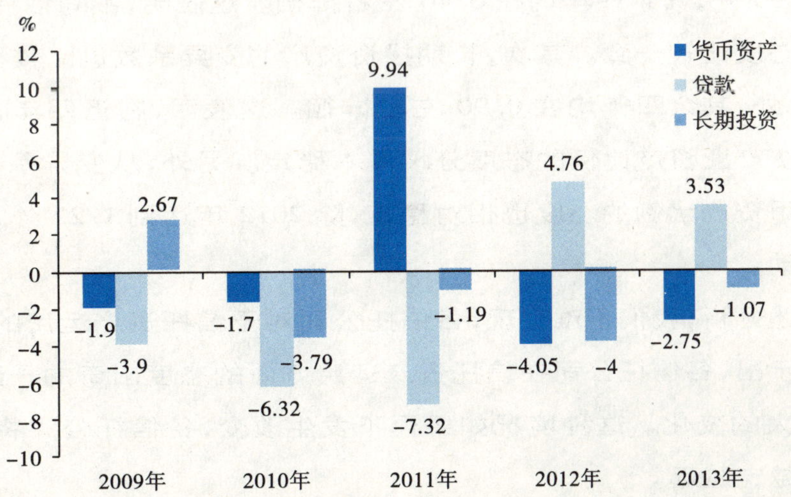

图 2－10 信托公司信托资产各运用方式比例的变化速度

图 2－10 描述了信托公司信托资产各运用方式比例的增减速度。其中，长期投资资产的波动性最小，波动区间为 －4% ～2.67%，最大跌幅为 2012 年的 4%，最大涨幅则为 2009 年的 2.67%。而且在过去的五年中，仅有 2009 年长期投资资产比例实现了正增长。另外，货币资产与贷款的变动在 2011 年、2012 年和 2013 年基本是负相关的，其中一项资产比例的增长必定伴随另一项资产比例的下降，而且幅度基本相当。例外的是，在 2009 年与 2010 年两个年度，两种资产比例都呈下跌趋势，只是货币资产比贷款下降的幅度小很多。

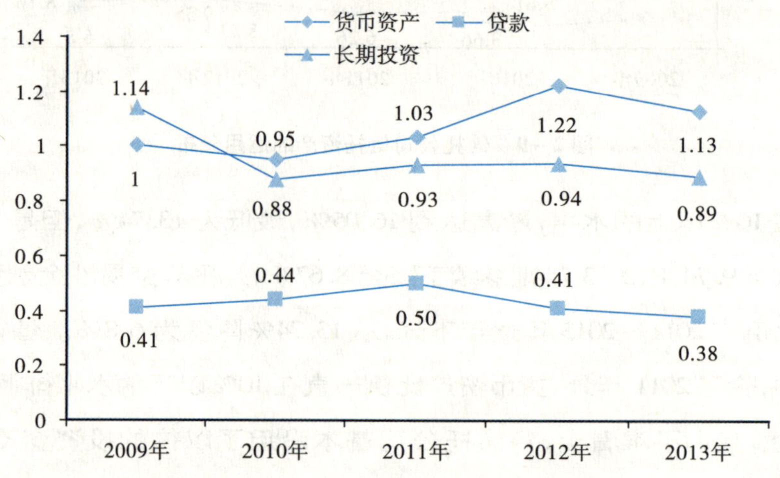

图 2－11　信托资产运用方式构成比例的变异系数

根据信托资产的运用构成比例在不同信托公司之间的变异系数可以看出，首先，贷款的变异系数一直比较低，2009 年之后，变异系数都在 0.50 以下，除 2011 年为 0.50 外，其余四年均在 0.40 左右徘徊。这表明，不同信托公司对贷款资产比例的态度比较一致。其次，长期投资资产的变异系数也比较稳定，除 2009 年达到 1.16 外，其余四年均在 0.90 左右徘徊。这表明，在近四年，不同信托公司对长期投资产业资产比例的态度分歧基本稳定。另外，从变异系数看，不同信托公司对货币资产比例的态度也相对稳定，除 2012 年达到 1.22 外，其余四年均在 1 左右波动。

综合上述分析，我们不难发现，各信托公司对于信托资产运用的变异性变化不大。这显示出，各信托公司在信托资产运用方面的态度出奇的一致，并在近五年没有出现大的变化。这种境况如果再不发生改变，各信托公司将在同质化竞争的道路上越走越远。

表 2－23 信托公司信托资产运用方式分布

项目＼年份		2009	2010	2011	2012	2013
披露公司数目		50	51	61	63	64
货币资产	规模（万元）	210376	318077	1012030	1064910	1118395
	占比（%）	5.36	3.66	13.60	9.55	6.80
	占比增长（%）	－1.90	－1.80	9.94	－4.05	－2.75
	最大值（%）	23.02	18.38	65.41	51.14	32.94
	最小值（%）	0.20	0.15	0.00	0.00	0.00
	标准差（%）	5.35	3.48	14.01	11.66	7.71
	变异系数	1.00	0.95	1.03	1.22	1.13
贷款	规模（万元）	2241969	2909409	2734718	4628246	7404305
	占比（%）	50.40	44.08	36.76	41.52	45.05
	占比增长（%）	－3.90	－6.32	－7.32	4.76	3.53
	最大值（%）	88.25	79.84	86.60	80.98	80.15
	最小值（%）	0.00	0.03	0.03	0.05	12.30
	标准差（%）	20.71	19.46	18.45	17.11	16.95
	变异系数	0.41	0.44	0.50	0.41	0.38
长期投资	规模（万元）	528789	863308	1021872	1086106	1425731
	占比（%）	18.72	14.93	13.74	9.74	8.67
	占比增长（%）	2.67	3.79	－1.19	－4.00	－1.07
	最大值（%）	98.72	57.22	52.50	48.45	39.55
	最小值（%）	0.71	0.26	0.85	0.00	0.39
	标准差（%）	21.34	13.07	12.95	9.13	7.75
	变异系数	1.14	0.88	0.93	0.94	0.89

表 2－24 各项信托资产运用方式比例最大的前三名（%）

项目＼排名	第一名	第二名	第三名
货币资产	华宝信托（32.94）	建信信托（32.54）	华润信托（30.41）

续表

项目 \ 排名	第一名	第二名	第三名
贷款	湖南信托(80.15)	中粮信托(79.27)	英大信托(77.50)
长期投资	昆仑信托(39.55)	西部信托(32.25)	苏州信托(27.00)
交易性金融资产	中海信托(38.24)	华宸信托(32.75)	陕西国信(31.00)

注：货币资产占比，行业前三名与2013年差别较大，中粮信托从7.33%大幅增长到51.14%（位居行业第一名），又大幅削减货币资产占比至3.02%（位居行业第19名）。华润信托则大幅调高货币资产占比，从6.62%（行业第十名）跃升至30.41%（行业第三名）。值得一提的是，货币资产占比行业前三名平均货币资产运用比例比2013年大幅下降20%左右。

贷款占比，英大信托和湖南信托继续位居行业前三名。中粮信托在大幅上调贷款运用比例后，由38.18%（行业第36名）大幅上升至79.27%（行业第二名）。兴业信托则小幅调整贷款占比，从75.25%（行业第三名）跌至67.91%（行业第九名）。

长期投资占比，行业前三名变化不大，西部信托和苏州信托继续保持行业前三名的位置。昆仑信托从18.81%（行业第九名）大幅增长至39.55%（行业第一名），增幅居行业首位。重庆国信则从29.52%（行业第三名）小幅下降至22.08%（行业第五名）。

交易性金融资产占比，行业前三名变化较大，中海信托继续以38.24%的占比位居行业第一名。华宸信托从0.00%（行业第61名）大幅上升到32.75%（行业第二名）。中诚信托则从36.22%（行业第二名）小幅下跌至26.15%（行业第五名）。

表2-25　各项信托资产规模最大的前三名　　单位：万元

项目 \ 排名	第一名	第二名	第三名
货币资产	中信信托(15255273)	华润信托(11079662)	建信信托(10603343)
贷款	兴业信托(38366970)	中信信托(29841775)	山东国信(17585943)
长期投资	中融信托(8148029)	中信信托(7365921)	昆仑信托(6663580)
交易性金融资产	中诚信托(9376414)	华润信托(7238370)	中信信托(7090998)

注：货币资产规模、贷款规模和长期投资规模的前三名与2013年相比，变化不大。其中，华润信托大幅增加货币资产运用规模，从1234041万元增加至11079662万元。昆仑信托大幅增加信托长期投资规模，从1763890万元增加至6663580万元。交易性金融资产规模，华润信托大幅增长327亿元，从行业第五名跃升至行业第二名。

表 2-26　各项信托资产比例最稳定的前三名

项目＼排名	第一名	第二名	第三名
货币资产	中原信托 （1.39%，0.23）	苏州信托 （1.43%，0.30）	粤财信托 （12.25%，0.36）
贷款	中原信托 （64.89%，0.04）	山东国信 （57.29%，0.04）	中江国信 （58.59%，0.05）
交易性金融资产	华润信托 （20.43%，0.13）	江苏国信 （8.79%，0.24）	中信信托 （8.42%，0.25）

注：表中括号内第一个数字是平均值，第二个数字是变异系数。

从2009年以来各年信托资产运用方式构成比例的稳定程度来看，投资策略比较明显的是中原信托，其信托资产分布于贷款的比例平均高达64.89%，而且近五年来非常稳定，几乎没有变化，相反，其分布于货币资产的比例近五年却一直保持1.39%的低水平。值得注意的是，贷款比例比较稳定的前三名信托公司均保持了超过半数的贷款比例，而且近五年来维持不变。

4.3　盈利能力实现跨越式增长

营业收入

从营业收入来看，到2014年年末，信托业实现经营收入954.95亿元（平均每家信托公司14.04亿元），相比2013年年末的832.60亿元，同比增长14.69%，但较2013年年末30.42%的同比增长率，同比增幅回落了15.73个百分点。从利润总额看，2014年年末，信托业实现利润总额642.30亿元（平均每家信托公司9.45亿元），相比2013年年末568.61亿元，同比增长12.96%，但较2013年年末28.82%的同比增长率，同比增幅回落了15.86个百分点。从人均利润看，2014年年末，信托业实现人均利润301万元，相比2013年的305.65万元，小幅减少4.65万元，首次出现了负增长。2014年信托业经营业绩下滑的主要原因有两个：一是信托资产增速持续放缓，增量效益贡献下滑；二是信托报酬率呈现下降之势，量降的同时价也开始下降，信托报酬的价值贡献也在下滑。这说明信托业转型发展所需的内涵式增长方式尚未最终成型，新增长方式下的业务不仅还没有“放量”，也没有“放价”，这也是信托业转型发展道路上的巨大挑战。

根据2014年信托公司公开披露信息，信托行业共实现营业收入832余亿元，平均每家信托公司营业收入为124255万元，比2013年增长23800万元，上升了23.69%。自2004年以来，信托公司的营业收入在2007年的上升幅度最大，上升了21694万元，上升比率为158.76%；在2008年下跌幅度最大，下跌了1163万元，下跌比例为3.32%。

在2007年，单个信托公司的营业收入为259269万元，之后，年度高点在2008年降为200481万元，在2009年则小幅回升为207486万元，2010年继续上升为238640万元。2012年出现了历史最高的营业收入——中信信托创造的447433万元。

2004年以来，各个信托公司的营业收入的最小差异出现在2005年，变异系数为0.78，在2007年，该变异系数上升到最大，为1.42，然后，逐渐下降，到2011年下降为1.03，2012年为0.86，2013年为0.82。这表明，2007年以来信托公司之间的营业收入差异正在逐渐缩小。

表2－27　信托公司信托收入的统计分析

项目＼年份	2009	2010	2011	2012	2013
平均值（万元）	35446	44036	68262	96936	124255
均值增长额度（万元）	5870	13681	23881	28919	23800
公司数目	57	64	63	66	68
最大值（万元）	207486	238640	374684	447433	307223
最小值（万元）	33	6082	1626	4161	16620
标准差（万元）	40566	51785	70489	83753	102051
变异系数	1.05	1.02	1.03	0.86	0.82

营业收入最大的信托公司前五名为：中信信托（547823万元）、中融信托（489555万元）、平安信托（436304万元）、中诚信托（306503万元）以及华润信托（275394万元）。与2013年相比，前五名公司的组成有所变动。

同时，可以发现，2009年营业收入达到5亿元以上的公司只有12家，而2010

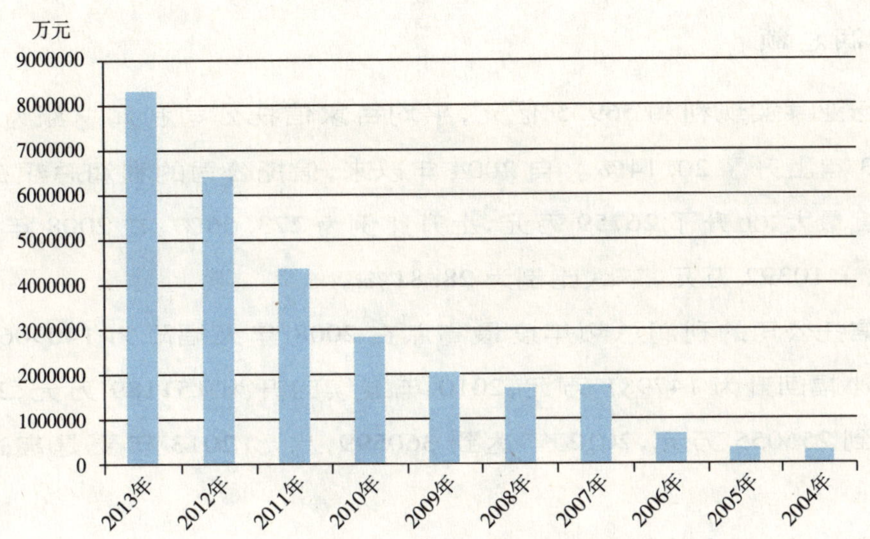

图2－12　信托公司历年营业收入变动

年则增加到16家，2011年增加到27家，2012年达到了47家，2013年则达到56家。

从营业收入增幅来看，2014年有3家公司增幅在1倍以上，营业收入增长率前五名的公司为：长城新盛（271.32%）、中泰信托（113.56%）以及陆家嘴信托（103.12%）。

表2－28　营业收入排名前十位的信托公司　　单位：万元

排名	公司简称	营业收入
1	中信信托	547823
2	中融信托	489555
3	平安信托	436304
4	中诚信托	306503
5	华润信托	275394
6	长安国信	232909
7	重庆国信	206915
8	兴业信托	204845
9	四川信托	204460
10	外贸信托	202969

利润总额

信托行业共实现利润 569.5 亿元，平均每家信托公司利润总额为 83745 万元，比 2013 年上升了 20.14%。自 2004 年以来，信托公司的利润总额在 2007 年的上升幅度最大，上升了 26759 万元，上升比例为 273.66%；在 2008 年下跌幅度最大，下跌了 10392 万元，下跌比例为 28.81%。

单个信托公司的利润总额年度最高点在 2008 年大幅降为 140906 万元，在 2009 年则小幅回升为 147981 万元，2010 年继续回升为 151189 万元，2011 年则大幅上升到 256055 万元，2012 年达到 360599 万元，2013 年更是高达 418591 万元。

2004 年以来，各个信托公司的利润总额差异度的最大取值出现在 2004 年，变异系数为 1.49，2005 年和 2006 年两年变异系数下降之后，2007 年变异系数增长为 1.29，之后逐年下降，2011 年达到 0.97，2012 年达到 0.86，2013 年取得历史最低值 0.84。这表明，2007 年以来信托公司之间的利润总额差异度在逐渐缩小。

表 2－29　信托公司利润总额统计分析表

项目＼年份	2009	2010	2011	2012	2013
平均值（万元）	26001	30892	46889	67931	83745
均值增长额度（万元）	3769	8850	15734	21207	14041
公司数目	57	64	63	66	68
利润总额为负的公司数	1	0	0	0	0
最大值（万元）	147981	151180	256055	360599	418591
最小值（万元）	－14444	1313	841	1658	232
标准差（万元）	30354	36006	45706	58741	70218
变异系数	1.07	1.00	0.97	0.86	0.84

图 2－13 表明，2009 年以来，净利润与利润总额在绝对值上的差距逐年增大，但是，净利润占利润总额的比例保持在 0.80～0.85。到 2010 年该比值达到 0.81，2011 年小幅下降到 0.78，2013 年维持在 0.78。从图 2－14 来看，2007 年

以来，信托公司之间利润总额的变异系数与净利润的变异系数基本呈逐年下降的趋势。而且，两个指标变异系数之间的距离越来越小，到2010年信托公司利润总额分布的离散程度与净利润分布的离散程度基本相同，分别是1.00和1.01，到了2011年两个数据都是0.97。

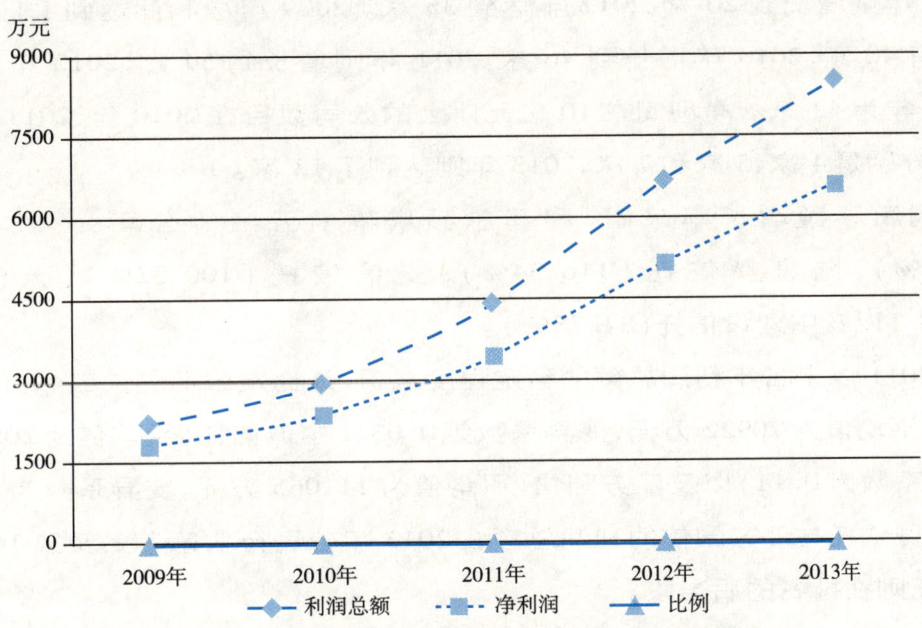

图2－13　信托公司利润总额与净利润平均值比较

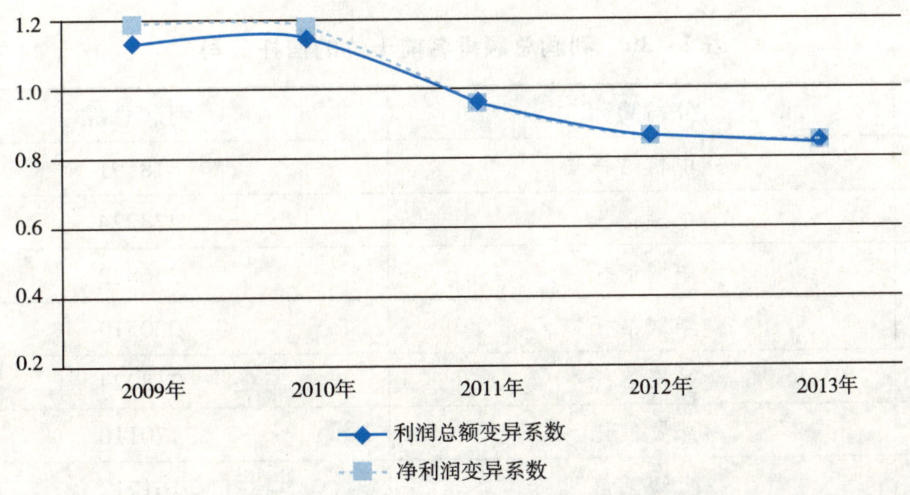

图2－14　信托公司利润总额与净利润变异系数的比较

从利润总额排名来看，利润总额最大的信托公司前五名为：中信信托（418591万元）、中融信托（278224万元）、中诚信托（236822万元）、华润信托

(220519 万元)以及平安信托(218224 万元)。与 2013 年相比,前五名公司的组成没有发生变化,只不过内部排名略有变化。净利润排名前五名与利润总额前五名相同。

同时,2009 年利润总额达到 5 亿元以上的公司有 9 家,而 2010 年增长到 13 家,2011 年则增长到 20 家,2012 年达到 35 家。2009 年净利润达到 1 亿元以上的公司有 40 家,2010 年增长到 46 家,2011 年则增长到 54 家,2012 年达到 63 家,2013 年为 42 家。净利润在 10 亿元以上的公司数目在 2010 年、2011 年以及 2012 年分别是 4 家、5 家和 7 家,2013 年则达到了 13 家。

从利润总额增长率来看,利润总额增幅前五名的公司为:长城新盛(359.96%)、陆家嘴信托(116.34%)、安信信托(100.32%)、天津信托(96.45%)以及中建设信托(84.78%)。

从 2011 以来各年利润总额的稳定程度来看,最稳定公司的前三名分别是新华信托(平均值为 70922 万元,变异系数为 0.03)、中诚信托(平均值为 208709 万元,变异系数为 0.11)以及江苏国信(平均值为 111065 万元,变异系数为 0.11)。其中,中诚信托与江苏国信的利润总额在 2013 年分居行业第 3 名及第 14 名,而新华信托则在排名的后半段。

另外,利润总额波动程度最大的前三家公司分别是甘肃信托(变异系数为 0.70)、方正信托(变异系数为 0.64)以及西藏信托(变异系数为 0.62)。

表 2-30　利润总额排名前十位的信托公司　　单位:万元

排名	公司简称	利润总额
1	中信信托	418591
2	中融信托	278224
3	中诚信托	236822
4	华润信托	220519
5	平安信托	218224
6	外贸信托	170110
7	上海国信	161712
8	华信信托	152116
9	重庆国信	147580
10	兴业信托	146146

4.4 信托公司投资能力持续增加

从信托功能来看，2014年融资类信托占比继续下降，首次降到了40%以下，为33.65%，相比历史上的最高占比即2010年的59.01%，降幅高达25.36个百分点；相比2013年年末的47.76%，降幅达14.11个百分点。与此同时，投资类信托和事务管理类信托的占比则稳步提升。2014年投资类信托占比为33.70%，相比历史上的最低占比即2010年的23.87%，增幅高达9.83个百分点；相比2013年年末的32.54%，提升1.16个百分点。2014年事务管理类信托占比为32.65%，首次突破了30%，相比历史上最低占比即2011年的12.75%，增幅高达19.90个百分点；相比2013年年末的19.70%，提升12.95个百分点。由此可见，2014年融资信托一枝独秀的局面已经得到根本扭转，融资信托、投资信托和事务管理信托“三分天下”的格局得以形成。

此前信托业融资信托业务一枝独秀的发展模式，是由当时的市场需求结构决定的。一是主流融资市场（银行信贷市场和资本市场）因金融压抑而难以满足融资需求，高质量的私募融资需求巨大，由此催生了信托业以私募融资信托为主导的业务模式；二是资本市场因长期低迷而难以满足投资者的收益风险偏好，由此催生了信托业融资信托业务以具有固定收益为特征的非标准化债权资产为主的配置模式。但是，自2013年后，信托业融资信托业务模式所依赖的市场需求结构开始发生巨大的变化。一方面，主流融资市场的融资功能因金融压抑因素逐步消除而日益扩大，私募融资市场开始萎缩，信托业私募融资信托业务模式的市场发生动摇；另一方面，资本市场开始走出低迷局势而转向长期趋好，赚钱效应日益显现，加上高净值客户个性化资产配置的财富管理需求日益强烈，信托业固定收益特征的非标准融资信托业务已难以满足投资者多元化的理财需求，客观上要求信托业谋新、谋变。

2014年，信托业务功能“三分天下”局面的形成，正是信托业适应理财市场需求结构变化、主动谋求转型的结果。在降低融资信托业务的同时，加大了具有浮动收益特征的权益性产品的开发，如现金流管理业务、私募基金合作业务、私募股权投资信托业务、基金化房地产信托业务、资产证券化业务以及受托境外理财业务等资产管理产品均有明显的发展；与此同时，以事务管理驱动的服务信托业务，比如土地信托、消费信托、年金信托、养老信托、公益信托等也均有显著发展。信托功能的多元化，对于信托业的转型发展具有重大意义。一是融资信托的大幅度下降，在微观上适应了私募融资市场萎缩的变化，在宏观上消除了长期笼罩在信托业头上的"影子银行"阴影；二是投资信托和事务管理信托的稳步提升，微观上适应了投资者的多元化资产管理需求和高净值客户的财富管理需求，宏观上预示了信托业转型发展的根本方向。

表2-31　近四年信托资产功能统计

单位：万亿元

功能 年份	融资类		投资类		事务管理类	
	规模	占比（%）	规模	占比（%）	规模	占比（%）
2013	4.70	33.65	4.71	33.70	4.56	32.65
2012	3.65	48.87	2.68	35.84	1.14	15.28
2011	2.48	51.44	1.72	35.81	0.61	12.75
2010	1.79	59.01	0.73	23.87	0.52	17.11

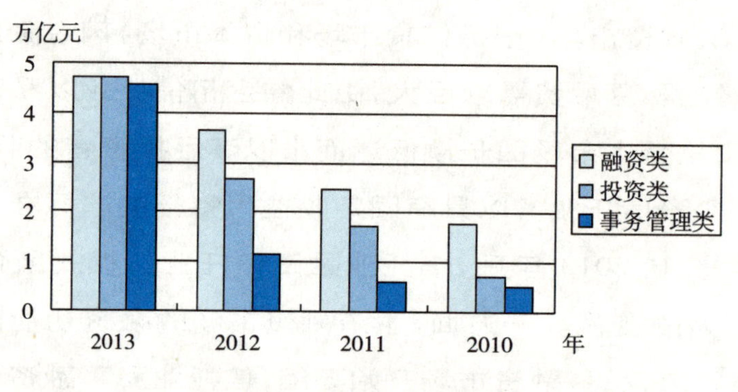

图2-15　信托资产功能变动

4.5　风险增大下的整体风险可控

2014年，因经济下行传导，信托行业个案信托项目风险事件虽然有所增加，但继续保持了平稳运行，整体风险可控，守住了不发生区域性、系统性风险的底线。截至2014年年末，有369笔项目存在风险隐患，涉及资金781亿元，占比0.56%，低于银行业不良水平，相比2014年二季度末风险项目金额917亿元、占比0.73%，余额和比例均有所下降。信托业系统风险可控，得益于三道风险防线的不断构筑。

首先，固有资本实力增厚。与信托资产增速放缓的情况相反，2014年信托行业固有资本的增速明显加快。2014 年年末，信托业实收资本为 1386.52 亿元（平均每家信托公司达 20.39 亿元），相比 2013 年年末的 1116.55 亿元，增加 269.97 亿元，同比增长 24.18%，较 2013 年年末 13.93% 的同比增长率，提高了 10.25 个百分点。在实收资本增加的推动下，2014 年信托业的所有者权益增加到 3196.22 亿元，较 2013 年年末的 2555.18 亿元，同比增长 25.09%；与此同时，2014 年年末信托业的固有资产规模则增加到 3586.02 亿元，相比 2013 年年末的 2871.41 亿元，同比增长 24.89%。信托公司固有实力的不断增强，反映了信托业未雨绸缪、主动增加迎接挑战的筹码，并借此不断增强风险抵御能力，为业务转型奠定资本基础。

其次，风险处置能力增强。当个案信托项目出现风险特别是流动性风险时，通常有两种解决方式：一种是简单的"刚性兑付"，另一种是市场化的处置。以往的个案信托风险，信托公司较多地采用了"刚性兑付"策略，这也是信托业招致诟病的原因之一。然而，这种情况在 2014 年有了明显的改变，更多的信托风险事件开始采用市场化风险处置方式，并且效果良好，这反映了信托业风险处置能力的提升。通过并购、重组、法律追索、处置等不同方式，对信托项目风险进行市场化处置，原本就是信托业尽职管理的题中应有之义，既能提升信托业作为受托人的主动管理能力，又能逐步弱化"刚性兑付"，推进行业成熟，从根本上防范信托业的风险。

最后，行业稳定机制建立。2014 年，银监会推进信托业"八项机制"建设，即"公司治理机制、产品登记制度、分类经营机制、资本约束机制、社会责任机制、恢复与处置机制、行业稳定机制和监管评价机制"。"八项机制"的每一项均能提升信托业的风险控制能力，特别是 2014 年年底以"信托业保障基金"及其管理公司成立为标志的"行业稳定机制"的建立，更是将信托业的风险控制机制从公司层面提升到了行业层面，借此可以有效防范信托业的系统性风险。

虽然转型中的信托业单体产品风险增大，但是信托产品之间风险隔离的制度安排以及信托业雄厚的整体资本实力、风险处置能力的整体增强、行业稳定机制的建立，都是信托业控制整体风险、不引发系统性风险的根本抓手。

信托公司净资本分析

面对不可预期的风险经济环境，风险控制是信托公司价值创造的保障。《信托公司净资本管理办法》（2010）第五条规定，"信托公司应当根据自身资产结构和业务开展情况，建立动态的净资本管理机制，确保净资本等各项风险控制指标符合规定标准”。第十条规定，“信托公司计算净资本时，应当将不同科目中核算的同类资产合并计算，按照资产的属性统一进行风险调整”。净资本管理既能控制“小马拉大车”中出现的管理能力与风控能力不相匹配的问题，也能防止个别公司为追逐眼前利益而恶意“违规超载”的现象，同时更有引导信托公司尽快实现从“广种薄收”“以量取胜”片面追求规模的粗放式经营模式，向“精耕细作”、提升业务科技含量和产品附加值内涵发展的经营模式升级转型的深层考量和战略意图。

根据2014年信托公司公开披露的信息，披露净资本值的43家公司此项风险控制指标均达标，最低值也在9亿元以上。其中最高的是平安信托129亿元，第二位为华润信托，连续两年位列第一、第二位。披露公司平均净资本35亿元。另规定净资本不得低于各项风险资本之和的100%，净资本不得低于净资产的40%。披露公司这两项指标均达标，表明信托公司各项业务的风险资本有相应的净资本来支撑。其中，华信信托和民生信托净资本是风险资本的三倍，排名第一、第二位，净资产占净资本比重最高的是五矿信托(97.8%)，其次是民生信托(93.71%)。

按照净资本监管政策的要求，信托公司未来应将平衡风险与收益、有效分配净资本资源、正确引导业务发展方向作为工作重点。

表2-32 信托公司风险控制指标排名

指标 排名	2013年净资本(万元)	2012年净资本(万元)	2013年净资本/各项业务风险资本之和(%)	2012年净资本/各项业务风险资本之和(万元)	2013年净资本/净资产(%)	2012年净资本/净资产(%)
第一名	平安信托(1293667)	平安信托(1241162)	华信信托(377.37)	长城新盛(996.81)	五矿信托(97.8)	外贸信托(94.25)
第二名	华润信托(942027)	华润信托(855829.9)	民生信托(346.53)	国民信托(604.55)	民生信托(93.71)	交银国信(93.70)
第三名	中融信托(694800)	中诚信托(720200)	国联信托(288.32)	华信信托(403.15)	华信信托(91.76)	长城新盛(92.01)

表 2-33　净资本排名前十名的信托公司　　单位：万元

排名	公司简称	净资本
1	平安信托	1293667
2	华润信托	942027
3	中融信托	694800
4	中诚信托	691600
5	中信信托	685438
6	江苏国信	600500
7	华信信托	539374
8	上海国信	532100
9	建信信托	514713
10	外贸信托	462525

不良资产分析

从整体来看，信托行业自营业务平均不良资产规模为 3900 万元，较上年增加 1427 万元，不良资产总体规模也从 16 亿元增加到 26 亿元，不良资产规模反弹较大。但不良资产规模缩减的公司数目增加，不良资产规模最大值 64232 比上年有所下降，变异系数从 3.91 降为 2.62，大幅降低，表明公司间差异显著缩小。

表 2-34　信托公司不良资产规模统计分析

项目＼年份	2009	2010	2011	2012	2013
合计（万元）	155962	161283	204747	163199	265181
平均值（万元）	3183	2987	3357	2473	3900
平均值增长幅度（万元）	-2089	-196	370	-884	1427
平均值增长率（%）	-39.62	-6.15	12.39	-26.33	36.59
公司数目	49	52	64	66	68
不良资产缩减的公司数	28	20	21	11	13
最大值（万元）	32600	37300	103484	70731	64232

续表

项目＼年份	2009	2010	2011	2012	2013
最小值（万元）	0	0	0	0	0
标准差（万元）	5909	7074	14087	9679	10208
变异系数	1.86	2.37	4.20	3.91	2.62

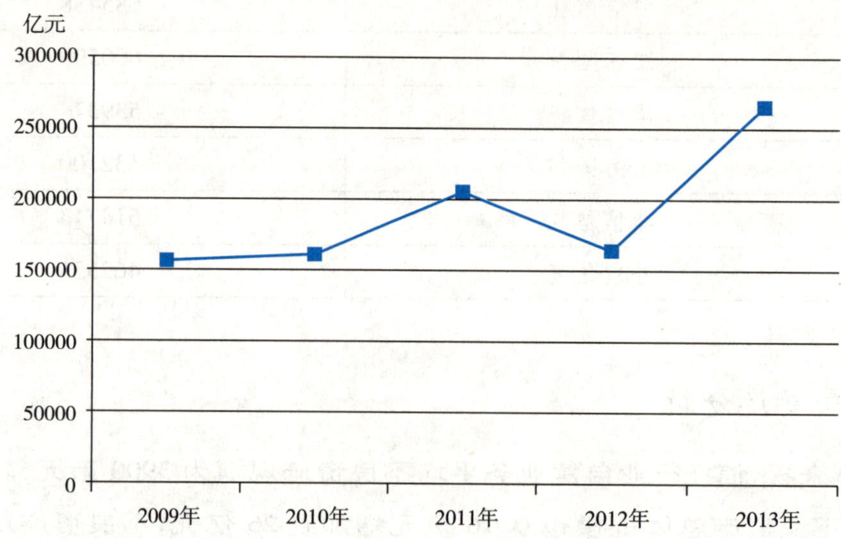

图2-16　信托公司不良资产规模变动趋势

从不良资产率来看，68家公司平均不良资产率为0.05%，低至历史最低水平。不良资产率最大值也降至55.82%，呈逐年下降趋势。14家公司的不良资产率低于上一年度。与不良资产规模类似，不良资产率的公司间差异显著缩小，变异系数低至历史最低水平3.46。总体来看，虽然信托公司自营不良资产的规模在上升，但是所占总资本的比重是在逐年下降的，自营资产质量显著提升。

表2-35　信托公司不良资产率统计分析

项目＼年份	2009	2010	2011	2012	2013
平均值（%）	2.44	1.89	2.23	1.3	0.05
平均值增长率（%）	-1.60	-0.54	0.34	-0.93	-1.25
公司数目（家）	49	54	64	66	68

续表

项目 \ 年份	2009	2010	2011	2012	2013
不良资产率缩减的公司数	24	20	22	7	14
最大值（%）	93.63	79.51	83.47	80.29	55.82
最小值（%）	0.00	0.00	0.00	0.00	0.00
标准差（%）	16.63	11.91	11.35	10.18	7.57
变异系数	6.82	6.29	5.08	7.83	3.46

从不良资产规模的分布区间来看，亿元以上不良资产公司为7家（占全部信托公司数的10.29%），而上年只有2家。进入不良资产亿元规模的公司有：金谷信托、长安国信、五矿信托、新华信托、平安信托、中泰信托和中信信托，合计不良资产占到总额的75.97%。1/10的公司产生了3/4的不良资产，而且规模都是在亿元以上，资产风险极大增加。

表2－36 信托公司不良资产规模分布

不良资产规模区间	亿元及以上区间	0～亿元区间	0元	总计
2013年公司数目（占比）	7（10.29%）	21（30.88%）	40（58.82%）	68
2012年公司数目（占比）	2（3.03%）	26（39.39%）	38（57.58%）	66
2013年不良资产规模合计（占比）	201469万元（75.97%）	63712万元（24.03%）	0	265181万元
2012年不良资产规模合计（占比）	106148万元（65.04%）	57051万元（34.96%）	0	163199万元

从信托公司不良资产规模增幅来看，不良资产规模缩减较大的公司为中信信托，在上年缩减3亿元的基础上，继续缩减6500万元，其次是山西国信和华润信托。不良资产率缩减最多的是中泰信托（缩减54.77%），其次是西部信托和华能贵诚。

表 2－37　不良资产缩减前五名

排名＼指标	不良资产规模缩减前五名（2013 年）	不良资产规模缩减前五名（2012 年）	不良资产率缩减前五名（2013 年）	不良资产率缩减前五名（2012 年）
第一名	中信信托（－6500 万元）	中信信托（－32752 万元）	中泰信托（－54.77%）	新时代（－13.57%）
第二名	山西国信（－3999 万元）	山东国信（－10549 万元）	西部信托（－18.27%）	中信信托（－8.53%）
第三名	华润信托（－1734 万元）	中泰信托（－1884 万元）	华能贵诚（－3.31%）	西部信托（－5.82%）
第四名	中江国信（－1408 万元）	平安信托（－1177 万元）	山西信托（－2.37%）	中泰信托（－3.18%）
第五名	英大信托（－1063 万元）	天津信托（－722 万元）	山东信托（－0.89%）	山东国信（－3.03%）

从不良资产的构成来看，按照银监会要求，我国信托公司资产质量实行五级分类管理，次级、可疑和损失类资产即不良资产直接反映了信托公司资产的质量和安全程度。信托公司正常类资产平均 762 亿元，占全部资产的 99.86%，而次级、可疑和损失类不良资产总计 26 亿元，占资产总额的 2.19%。

表 2－38　信托公司资产类别

资产类别	正常	关注	次级	可疑	损失	不良资产合计
合计（万元）	518702836	484352	71661	80102	113418	265181
平均（万元）	7627983	7123	1054	1178	1668	3900
占比（%）	99.86	0.09	0.01	0.02	0.02	2.19

5. 信托公司人力资源分析

5.1　信托机构从业人员不断增加

2014 年公开披露信息显示，信托行业从业人员的整体规模为 14233 人，在上年万人规模的基础上继续增长 21.14%，信托行业急速壮大。平均每家信托公司拥有员工 212 人，具体在披露的 68 家公司中，仅 4 家公司出现人员递减或不增的情况，另有3家公司去年未披露人员信息，其余61家公司均出现增幅。信托行业人员的变异系数仍在1左右，行业分布差距逐步缩小。

表2-39 信托公司从业人员规模的统计分析

项目＼年份	2009	2010	2011	2012	2013
总数（人）	5400	7067	9209	11523	14233
平均值（人）	104	133	149	175	212
平均值增长幅度（人）	10	29	15	26	37
平均值增长率（%）	10.47	28.40	11.39	17.45	21.14
公司数目	54	57	64	66	68
从业人员增加的公司数	39	36	62	58	61
最大值（人）	589	973	1151	1221	1620
最小值（人）	19	40	32	20	41
标准差（人）	80.98	156.68	164.16	179.41	221.48
变异系数	0.77	1.18	1.11	1.02	1.04

各信托公司中，从业人员的规模分布以1000人以下的中小型信托公司为主，人员规模前三位仍为中融信托、平安信托和新华信托。中融信托经过近几年的扩张，已经成为拥有员工1620人的大型信托机构，排在第二位的平安信托与其尚有700多人的差距，这两家超大型信托公司员工合计2500余人，占整个行业人员数量的比例为17.75%。而且在增员排名中，中融信托仍然排在第一位，全年增加员工数量399人。增员百人以上的信托公司除了中融信托外，还有长安信托、华能信托、兴业信托等三家公司。

表2-40 员工人数排名前十的信托公司

排名	公司简称	员工人数
1	中融信托	1620
2	平安信托	906
3	新华信托	646
4	中信信托	488

续表

排名	公司简称	员工人数
5	长安国信	436
6	四川信托	432
7	兴业信托	344
8	外贸信托	311
9	华润信托	299
10	华宝信托	282

表2－41　增员人数排名前十的信托公司

排名	公司简称	增员人数
1	中融信托	399
2	长安国信	116
3	华能贵诚	113
4	兴业信托	109
5	四川信托	99
6	外贸信托	76
7	新华信托	68
8	平安信托	68
9	中泰信托	65
10	五矿信托	63

表2－42　信托公司从业人员规模前三名　　单位：人

排名＼年度	2013年	2012年	2011年
第一名	中融信托(1620)	中融信托(1221)	中融信托(1151)
第二名	平安信托(906)	平安信托(838)	平安信托(740)
第三名	新华信托(646)	新华信托(578)	中信信托(368)

表 2-43 信托公司从业人员规模增幅前三名 单位：人

排名＼年度	2013 年	2012 年	2011 年
第一名	中融信托(399)	新华信托(221)	中融信托(363)
第二名	长安国信(116)	四川信托(105)	新华信托(117)
第三名	华能贵诚(113)	长安信托(99)	中信信托(94)

5.2 信托机构从业人员呈现年轻化趋势

信托公司从业人员年龄，平均为 35 岁，较上年年轻 0.72 岁。从业人员最大年龄为 42 岁，最小年龄 31.51 岁，行业内分布几乎不存在差异化，整体呈现年轻化态势。

表 2-44 信托公司从业人员年龄的统计分析

项目＼年份	2009	2010	2011	2012	2013
平均值(岁)	36.63	36.58	35.96	35.72	35
平均值增长幅度(岁)	0.03	-0.05	-0.62	0.23	-0.72
平均值增长率(%)	0.08	-0.14	-0.02	0.64	-2.02
公司数目	18	22	20	24	17
最大值(岁)	41	41	41	41	42
最小值(岁)	31	30	32.31	32.33	31.51
标准差(岁)	3.16	3.01	2.23	2.43	2.65
变异系数	0.09	0.08	0.06	0.07	0.08

平均年龄最小的是兴业信托（31.51 岁），浙江金汇和新华信托分排二、三位，各年度从业人员年龄变化不大。2013 年从业人员平均年龄最大的是山西信托（42 岁），其次为中铁信托（38.70 岁）和华宸信托（38 岁）。

表 2－45　信托公司从业人员年龄最小的前三名　单位：岁

年度 排名	2013	2012	2011
第一名	兴业信托(31.51)	兴业信托(32.33)	大业信托(32)
第二名	浙商金汇(32.00)	新华信托(32.34)	新华信托(32.31)
第三名	新华信托(32.73)	云南信托(33)	兴业信托(32.44)

表 2－46　人员平均年龄排名前十位的信托公司

排名	公司简称	平均年龄
1	兴业信托	31.51
2	浙商金汇	32.00
3	新华信托	32.73
4	工商信托	33.50
5	湖南信托	33.69
6	大业信托	33.80
7	云南国信	34.00
8	方正信托	34.00
9	上海信托	34.50
10	兴业信托	31.51

5.3　信托机构岗位分布分析

在信托公司人员岗位分布中，高管人员平均人数为 9 人，占 4.18%；自营人员平均为 11 人，占 4.96%；信托业务人员平均 131 人，占 61.61%；其余为其他人员。高管人数最多的是新华信托（23 人），人数最少的为万向信托（4 人）；自营人员人数最多的为平安信托（117 人），五矿信托和万向信托人数最少（0 人）；中融信托的信托业务人员达到 1045 人，居行业首位，西藏信托最低为 19 人。

表 2－47 信托公司从业人员岗位分布统计分析

项目 \ 岗位	高管	自营	信托
平均值(人)	9	11	131
占比(%)	4.18	4.96	61.61
公司数目	67	54	54
最大值(人)	23	117	1045
最小值(人)	4	0	19
标准差(人)	3.65	16.88	162.89
变异系数	0.41	1.54	1.24

信托业务人员是信托公司的主力。从信托业务人员的统计分析来看，信托业务人员的平均人数为131人，较上一年大幅度增加1.52%，达到全部人员的61.61%。信托人员的行业内分布不均情况稍有缓解，变异系数继续降低至1.24。

表 2－48 信托公司信托业务人员的统计分析

项目 \ 年份	2009	2010	2011	2012	2013
平均值(人)	58.61	87.94	92	105	131
占比(%)	45.90	49.05	49.68	50.98	61.61
占比增幅(%)	8.47	3.15	0.63	1.3	1.52
最大值(人)	414	764	743	784	1045
最小值(人)	15	14	6	7	19
标准差(人)	83.20	150.56	126.46	132.14	162.89
变异系数	1.42	1.71	1.37	1.26	1.24

5.4 信托机构人员学历分析

近几年，信托公司从业人员的学历水平有大幅提高，博士学历人员的绝对数量持续上升，平均每家公司5人，各公司分布不均的情况有所缓解；与博士学历人员情况不同，硕士学历从业人员持续大幅增加，成为各信托公司的主力军，但各公司间差异较大。高学历人员（包括硕士和博士两个层次）的平均人数由2007年的23.8人激增至2013年的102人，所占比例也由28.16%增加到47.85%。

表2-49 信托公司从业人员学历统计分析

项目	年份	2008	2009	2010	2011	2012	2013
披露公司数目		48	47	53	64	66	68
博士	平均值(人)	2	2.37	3.09	5	4	5
	占比(%)	2.13	2.80	2.32	3.15	2.46	2.30
	占比增长幅度(%)	0.39	0.67	-0.48	0.83	-0.69	-0.16
	最大值	10.71	11.11	8.06	60	19	18
	最小值	0.00	0.00	0.00	0.00	0.00	0.00
	标准差	2.32	2.68	2.00	7.97	3.83	4.14
	变异系数	1.09	0.96	0.86	1.71	0.96	0.83
硕士	平均值(人)	28	36	44.09	57	74	97
	占比(%)	29.79	42.59	33.07	38.67	42.12	45.56
	占比增长幅度(%)	3.37	12.80	-9.52	5.6	3.45	3.44
	最大值	59.02	84.21	62.50	349	508	745
	最小值	0.00	0.00	7.81	2	3	9
	标准差	12.63	19.18	12.84	60.83	78.67	104.35
	变异系数	0.42	0.45	0.39	1.07	1.06	1.08
本科	平均值(人)	45	50	59.23	69	76.29	93
	占比(%)	47.87	59.15	44.42	46.74	43.70	43.80
	占比增长幅度(%)	0.29	11.2	-14.73	2.32	3.04	0.10
	最大值	69.81	184.29	75.00	642	599	757
	最小值	18.52	19.23	16.37	15	9	10
	标准差	10.70	28.48	11.14	87.17	88.21	103
	变异系数	0.22	0.48	0.25	1.27	1.16	1.11

续表

项目 \ 年份		2008	2009	2010	2011	2012	2013
高学历	平均值（人）	38	38.37	47.19	62	78	102
	占比（%）	40.43	45.39	35.39	41.82	44.59	47.85
	占比增长幅度（%）	12.27	4.97	-10.00	6.43	2.77	3.26
	最大值	63.93	91.73	65.91	355	514	757
	最小值	0.00	0.00	7.81	3	6	10
	标准差	13.82	21.00	13.88	63.10	80.89	23.42
	变异系数	0.34	0.46	0.39	1.02	1.04	0.23

具体到各家信托公司，博士学历人员最多的是平安信托（18人），其次为新华信托（15人），博士学历人员占比最高的是长城新盛（8.77%，5人）；硕士学历人员最多的是中融信托（745人），其次是平安信托（400人），硕士占比最高的为大业信托（66.33%）；综合博士和硕士高学历人员，中融信托人数最多（757人），百瑞信托的比例最高（70.93%）。

表2-50　信托公司人力资源学历分布排名前三名

排名 \ 学历	博士规模（人）	博士占比（%）	硕士规模（人）	硕士占比（%）	高学历规模（人）	高学历占比（%）
第一名	平安信托（18）	长城新盛（8.77）	中融信托（745）	大业信托（66.33）	中融信托（757）	百瑞信托（70.93）
第二名	新华信托（15）	国联信托（8.77）	平安信托（400）	百瑞信托（63.95）	平安信托（418）	大业信托（68.42）
第三名	中信信托（14）	百瑞信托（6.98）	中信信托（291）	民生信托（63.95）	中信信托（305）	中海信托（66.37）

第三章

集合资金信托产品

1. 2014 年集合资金信托产品发行概况

根据信托业协会最新发布的数据，截至 2014 年年末，全行业新增集合资金信托项目 13656 个，相比 2013 的 6436 个，环比增长 112%；2014 年新增集合资金信托资金规模 1.57 万亿元，相比 2013 年的 1.30 亿元，环比增长 20.77%。

2014 年新增集合资金信托中投向基础产业的集合信托资金 1981 亿元，投向房地产领域的集合信托资金 3079 亿元，投向股票领域的集合信托资金 1004 亿元，投向基金领域的集合信托资金 311 亿元，投向债券领域的集合信托资金 313 亿元，投向金融机构领域的集合信托资金 3190 亿元，投向工商企业的集合信托资金 3148 亿元。

集合资金信托发行增速放缓有两方面原因：一方面是弱经济周期和强市场竞争对信托业传统融资信托业务的冲击效应明显加大；另一方面是旧增长方式的萎缩速度与新增长方式的培育速度之间的“时间落差”，即新业务培育需要一个过程，其培育速度目前尚滞后于旧业务萎缩速度。如何加快转型进程，是信托业未来发展的核心挑战。

1.1 2014 年集合资金信托产品发行概况

据信托公司公开披露信息统计，2014 年全年，全国累计共 68 家信托公司发行集合资金信托产品 9527 只，募集信托资金共计 12217 亿元，平均每只产品的规模为 12824 万元，平均期限约 1.55 年，平均年化预期收益率约为 9%。与 2013 年相比，产品数量大幅上升，募集规模小幅增长，纵观近几年的集合资金信托产品发行情况，数量与规模的增速在经历了 2010—2012 年三年的跨越式增长后，近两年年增速渐缓。

2014 年集合资金信托产品数量较 2013 年增长 66.35%，募集规模增长 11.26%，单支信托产品的平均规模降低 33.12%；产品平均期限小幅上涨，产品平均年化预期收益率 9%，较 2013 年的 8.8% 有小幅上涨。

从月度数据来看，2014 年集合资金信托产品在发行数量与规模方面仍然延

中国信托业发展报告

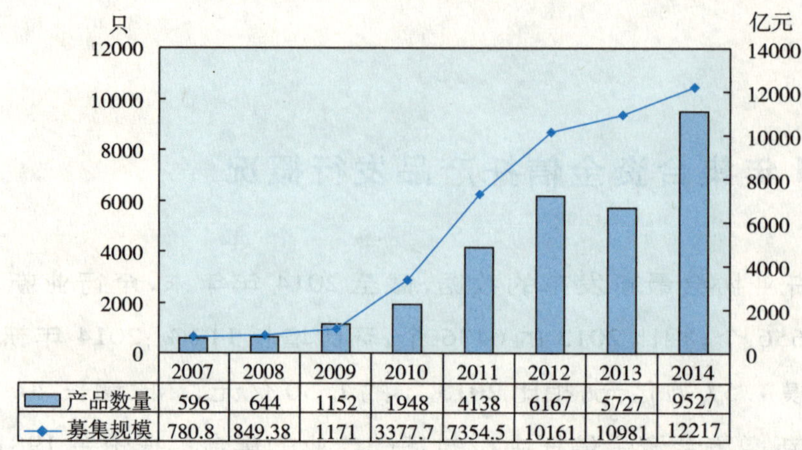

图 3-1　2007—2014 年国内集合资金信托产品发行数量及募集规模统计

续了以往波动的趋势。1、2 月节假日效应明显，3 月开始呈现反弹，随后由于信托公司对发行市场态度谨慎又出现了回落。下半年受到监管力度从紧以及外部竞争等因素影响，市场发行情况呈现下降趋势，至年末各公司进入冲刺阶段，提高了产品发行速度，产品发行与数量于 11 月又达到了较高水平。

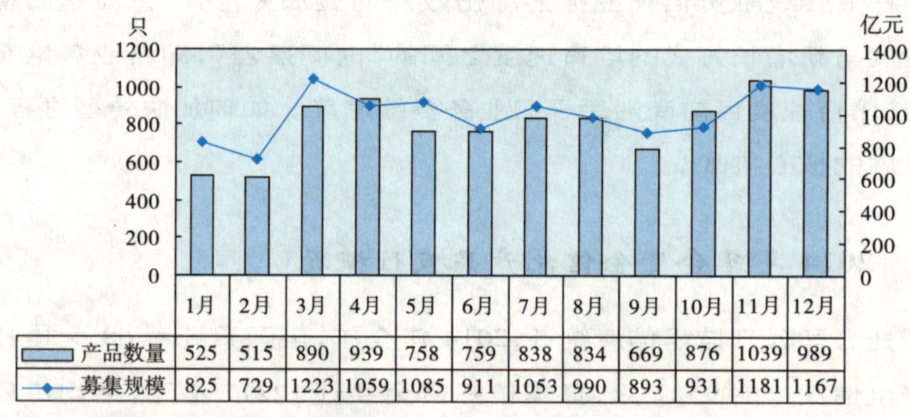

图 3-2　2014 年集合资金信托产品发行数量及规模统计

1.2　信托产品的资金运用方式

根据信托业协会披露信息，截至 2014 年年末，贷款运用方式信托资金余额 5.27 万亿元，占比 40.24%；交易性金融资产投资信托资金余额 1.66 万亿元，占比 12.71%；可供出售及持有至到期投资信托资金余额 2.81 万亿元，占比 21.56%；长期股权投资信托资金余额 1.10 万亿元，占比 8.47%；租赁运用方式信托资金余额0.06万亿元，占比0.05%；买入返售运用方式信托资金余额0.38万亿元，占比2.91%；存放同业运用方式信托资金余额1.02万亿元，占比7.82%；其他运用方式信托资金余额7.88万亿元，占比6.05%。

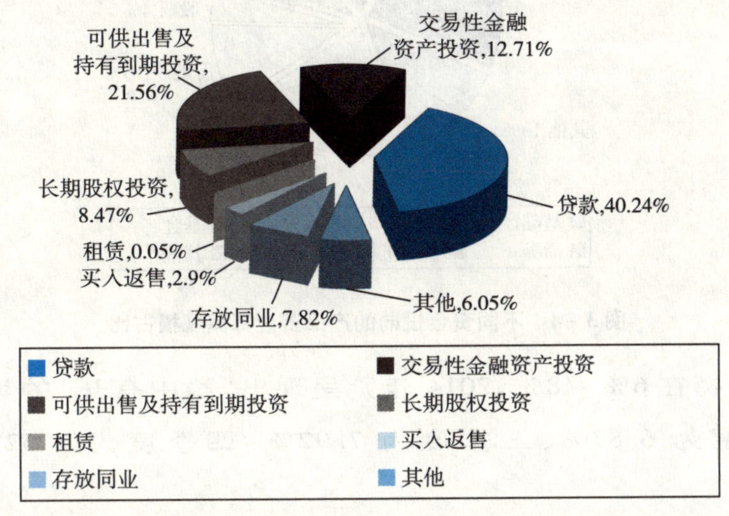

图3-3 不同资金运用方式的资金募集规模占比

1.3 信托产品的资金投向

根据信托业协会披露信息，截至2014年年末，投向基础产业领域的信托资金余额2.77万亿元，占比21.24%；投向房地产领域的信托资金余额1.31万亿元，占比10.04%；投向证券市场（股票）的信托资金余额0.52万亿元，占比4.23%；投向证券市场（基金）的信托资金余额0.14万亿元，占比1.09%；投向证券市场（债券）的信托资金余额1.15万亿元，占比8.86%；投向金融机构的信托资金余额2.27万亿元，占比17.39%；投向工商企业的信托资金余额3.13万亿元，占比24.03%；投向其他领域的信托资金余额1.71万亿元，占比13.13%。

1.4 信托产品的收益率与信托报酬率

与信托公司经营效益增速下滑的情况相反，2014年，信托业给受益人实现的信托收益却稳中有升。就已清算信托项目为受益人实现的信托收益总额而言，据银监会统计，2014年，信托行业共为受益人实现4506亿元的收益，相比2013年的2944亿元，增加了1562亿元，增幅达53.06%，远高于信托业自身业绩的增幅；就已清算信托项目为受益人实现的年化综合实际收益率而言，近年来一直比

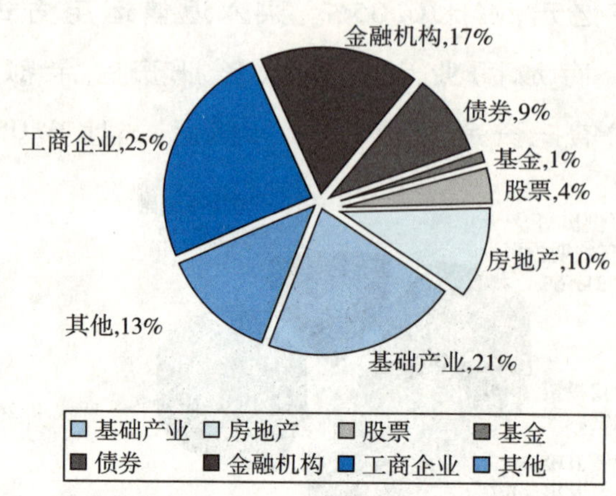

图3-4 不同资金投向的产品资金募集规模占比

较平稳,大致保持在6%~8%,2014年则呈现出"稳中有升"的势头:一季度为6.44%、二季度为6.87%、三季度为7.92%、四季度为7.52%,全年平均达7.19%。

相比之下,信托公司实现的平均年化综合信托报酬率则呈现出持续下降的势头:2013年一季度为0.85%,二季度为0.78%,三季度为0.76%,四季度为0.71%;2014年一季度为0.54%,二季度为0.62%,三季度为0.55%,四季度为0.51%,全年平均为0.56%(以上数据取每季度末最后一个月的数值为样本)。2014年平均信托报酬率仅占当年平均信托收益率的7.79%,换言之,信托行业每为受益人创造100元收益,信托报酬仅取7.79元。"沧海之水,只取一瓢饮",正是信托的文化精髓所在。

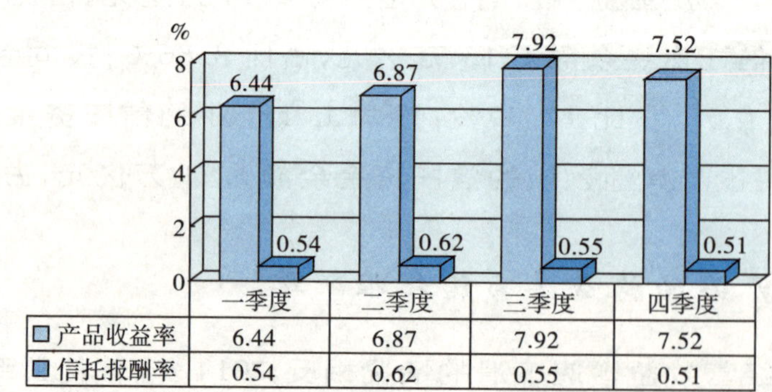

图3-5 信托产品收益率与信托报酬率对比

在信托公司业绩下滑之时,信托产品受益人的收益额和收益率却"稳中有升",此乃信托业之"本"。这说明在信托公司自身利益与受益人利益有冲突时,信托公司作为受托人恪守了信托的本质，忠实于受益人的最大利益，以受益人利益为先，表明信托业作为专业的信托机构在经营理念上已经整体成熟，受益人利益为先、为大的信托文化已经根植于信托行业。本着这一经营理念，信托业转型发展中所遇到的挑战和困难都只是暂时的，增长方式的转变只是时间问题，这也正是我们对信托业能够跨越不同历史阶段获得长期发展的根本信心所在。

2014 年一季度清算的信托产品平均年化综合收益率为 6.44%，低于 2013 年全年的 7.40%，但仍处于近年来 6.30% ~7.50% 的平稳波动区间，这一收益率在理财市场上也处于较高水平。在近期经济下行压力较大、资本市场低迷的背景下，实现这样的收益率实属不易。其中一个重要原因是在市场竞争压力加大、利率市场化加速的环境下，信托公司为适应市场发展需求，主动让利于客户，正因为这样，2014 年一季度已清算的信托产品平均年化综合信托报酬率为 0.44%，环比下降 0.27% 个百分点，降幅达到 38.02%。

1.5　信托产品的结构

根据信托业协会发布的数据，2014 年信托业集合资金信托余额 4.29 万亿元，占比 30.70%，单一资金信托余额 8.75 万亿元，占比 62.58%，二者合计占比 93.28%；管理财产信托余额 0.94 万亿元，占比仅为 6.72%。

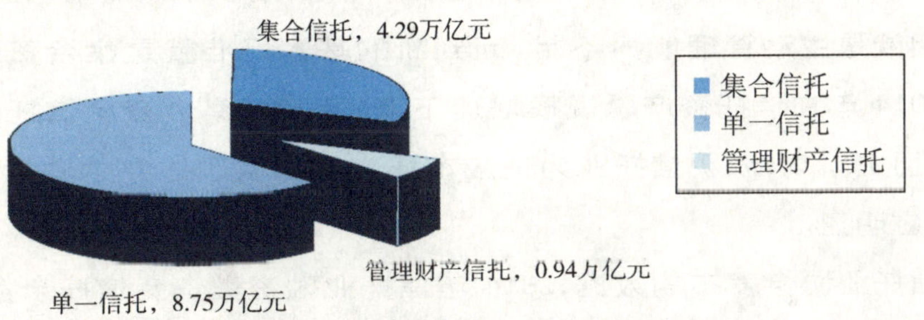

图 3-6　信托产品结构图 1

从信托财产来源看，2014 年仍然以资金信托为主、财产信托为辅。2014 年年末，资金信托规模为 13.04 万亿元，占比为 93.28%；管理财产信托规模为 0.94 万亿元，占比为 6.72%。这反映出我国目前的主要信托财产类型仍然为资金，非资金类的信托财产尚较少。

原因主要有三个：首先，目前我国非资金类财产主要属于生活资料（如住房）和生产资料（如股权、固定资产等），其信托需求尚未被充分挖掘和引导。其次，存在制度障碍，有较强信托需求的非资金类财产，如不动产、股权、应收账款等，由于信托财产过户制度、信托财产登记制度以及信托税收制度等不健全，阻碍了其进入信托市场，信托需求被抑制。近年来，财产信托占比一直徘徊在3%～7%（2010年的占比为4.86%，2011年为3.55%，2012年为6.50%，2013年为5.49%，2014年为6.72%）。再次，目前财产信托类的信托产品供给严重不足，信托公司财产类信托的创新和转型速度明显滞后。不过，随着制度不断健全和金融创新不断推进，预计财产信托的比例将逐步提高。

从资金信托的客户结构方面看，"单一大客户驱动的单一资金信托＋合格投资者驱动的集合资金信托＋银行理财客户驱动的银信合作单一资金信托"构成的"三足鼎立"局面继续呈现。2014年，单一大客户驱动的单一资金信托占比40.44%，集合资金信托占比30.70%，银信合作单一资金信托占比22.14%。特别值得一提的是，2014年集合资金信托占比有了明显的提升，相比2013年年末的24.90%，同比增幅提高了5.80个百分点；从历史数据来看，2014年集合资金信托的占比还创了历史新高。集合资金信托占比最高的年份是2011年，为28.25%，以后的年度一直在20%～26%波动，2014年度占比首次突破了30%。与此同时，2014年度单一大客户驱动的单一资金信托占比有明显下降，较2013年年末49.59%的占比，下降了9.15个百分点；而银信合作单一资金信托占比则较2013年年末20.03%的占比，仅有小幅上升。长期以来，信托业招致诟病的一个主要原因就是主动管理能力不足，而判断的基本标准就是集合资金信托的比例不高。2014年在信托资产总规模增速下滑的同时，集合资金信托比例却加速提升，并创历史新高，表明信托业为适应市场变化加快了提升主动管理能力的步伐，转型效应明显。

根据信托业协会发布的数据，2014年信托业融资类资金信托余额4.70万亿元，占比33.65%；投资类资金信托余额4.71万亿元，占比33.70%；事务管理类信托余额4.56万亿元，占比32.65%。

从信托功能方面来看，2014年融资类信托占比继续下降，首次降到了40%以下，为33.65%，相比历史上的最高占比即2010年的59.01%，降幅高达25.36个百分点；相比2013年年末47.76%的占比，降幅达14.11个百分点。与此同时，投资类信托和事务管理类信托的占比则稳步提升。2014年投资类信托占比为33.70%，相比历史上的最低占比即2010年的23.87%，增幅高达9.83个百分点；相比2013年年末32.54%的占比，提升1.16个百分点。2014年事务管理类

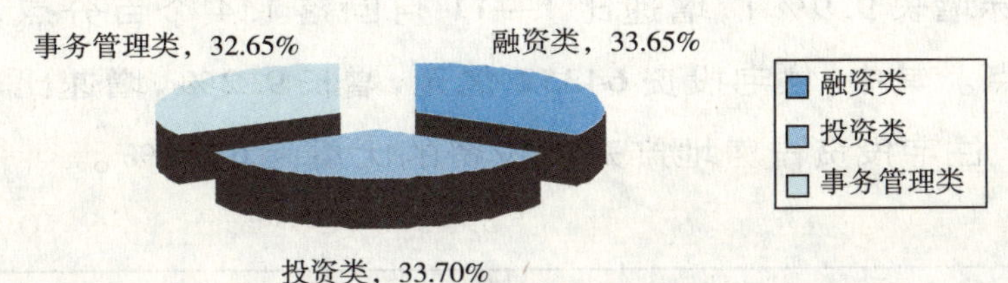

图3-7　信托产品结构图2

信托占比为32.65%，首次突破了30%，相比历史上最低占比即2011年的12.75%，增幅高达19.90个百分点；相比2013年年末19.70%的占比，提升12.95个百分点。由此可见，自2014年以来，过去融资信托一枝独秀的局面已经得到根本扭转，融资信托、投资信托和事务管理信托"三分天下"的格局得以形成。

2. 房地产信托产品及业务发展概况

2.1　整体概况

2014年房地产市场降温明显，政府正试图让房地产回归市场，限购限贷政策逐步退出。《不动产登记暂行条例》将从2015年3月1日起施行，标志着不动产统一登记制度正式建立。在"分类调控"原则的主导下，自下而上的"救市"措施频出，超过市场预期，但也在情理之中。前期"微刺激"的边际效应递减，经济下行压力与日俱增，稳定住房消费旨在防止房地产市场进一步下滑，刺激房地产市场以保经济增速。预计在放松限贷之后仍会有稳增长的政策跟进，信贷环境将维持宽松。

2014年房地产市场政策环境相对宽松，中央政府和地方政府双管齐下，遥相呼应。整体来看，房地产政策内容和导向的出台明显表现为四个阶段：第一阶段，3月全国"两会"提出"分类调控"，赋予地方政府更多自主权；第二阶段，中央相继以"央五条"、定向降准等手段"微刺激"以保障自住购房信贷需求；第三阶段，地方政府自6月起相继出台各类"救市"政策，手段多样化、纵深化，随之实行三年的限购体系土崩瓦解；第四阶段，中央放松限贷，并随之降息，意在稳定整体经济，房地产市场无疑也受益匪浅。

2014年，全国房地产开发投资95036亿元，比2013年名义增长10.5%（扣除价格因素实际增长9.9%），增速比1—11月回落1.4个百分点，比2013年回落9.3个百分点。其中，住宅投资64352亿元，增长9.2%，增速比1—11月回落1.3个百分点。住宅投资占房地产开发投资的比重为67.7%。

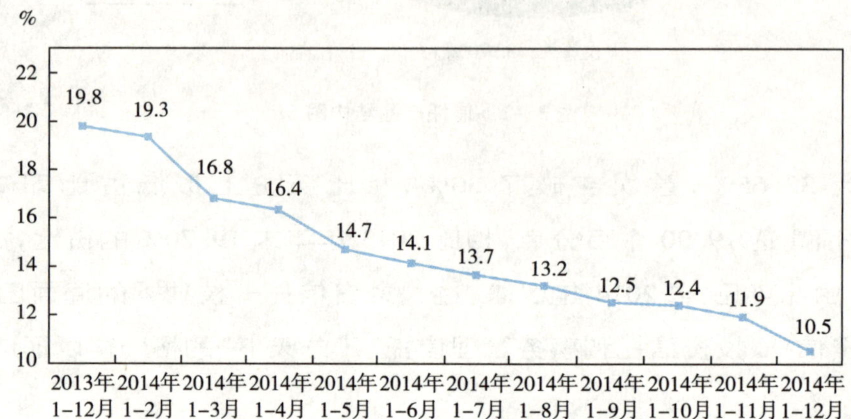

图3-8　全国房地产开发投资增速

2014年，房地产开发企业房屋施工面积726482万平方米，比2013年增长9.2%，增速比1—11月回落0.9个百分点，其中，住宅施工面积515096万平方米，增长5.9%。房屋新开工面积179592万平方米，下降10.7%，降幅扩大1.7个百分点，其中，住宅新开工面积124877万平方米，下降14.4%。房屋竣工面积107459万平方米，增长5.9%，增速回落2.2个百分点，其中，住宅竣工面积80868万平方米，增长2.7%。

2014年，房地产开发企业土地购置面积33383万平方米，比2013年下降14.0%，降幅比1—11月收窄0.5个百分点；土地成交价款10020亿元，增长1.0%，1—11月为下降0.1%。

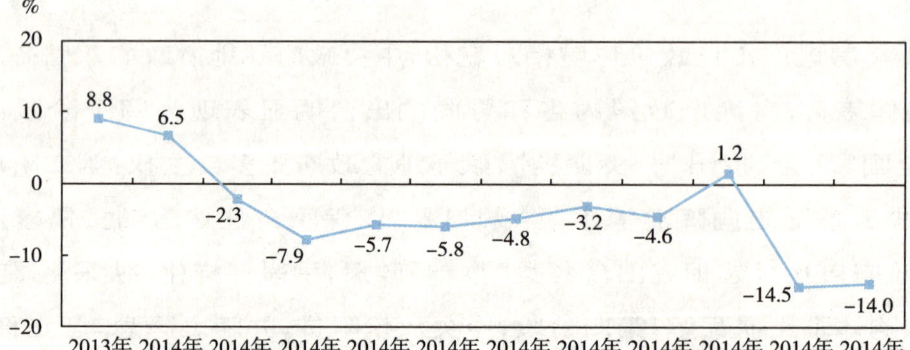

图3-9　全国房地产开发企业土地购置面积增速

2014年，商品房销售面积120649万平方米，比2013年下降7.6%，降幅比1—11月收窄0.6个百分点，2013年为增长17.3%，其中，住宅销售面积下降9.1%，办公楼销售面积下降13.4%，商业营业用房销售面积增长7.2%。商品房销售额76292亿元，下降6.3%，降幅比1—11月收窄1.5个百分点，2013年为增长26.3%，其中，住宅销售额下降7.8%，办公楼销售额下降21.4%，商业营业用房销售额增长7.6%。

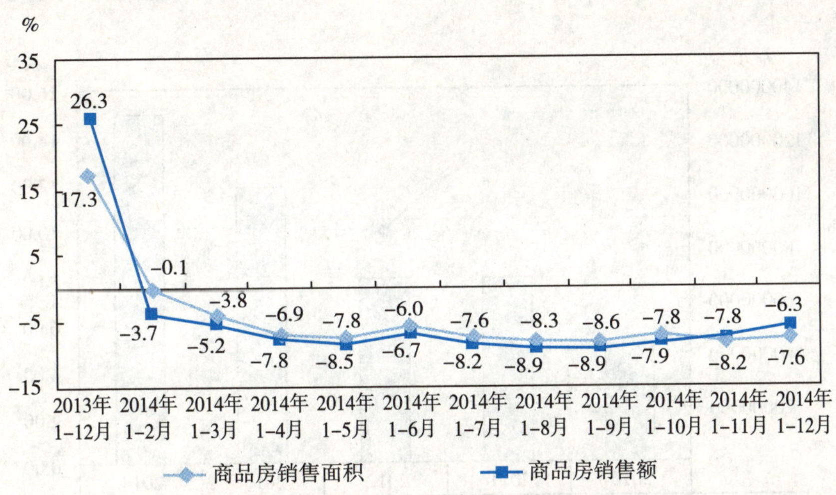

图3-10　全国商品房销售面积及销售额增速

2014年，房地产开发企业到位资金121991亿元，比2013年下降0.1%，1—11月为增长0.6%，2013年为增长26.5%。其中，国内贷款21243亿元，增长8.0%；利用外资639亿元，增长19.7%；自筹资金50420亿元，增长6.3%；其他资金49690亿元，下降8.8%。在其他资金中，定金及预收款30238亿元，下降12.4%；个人按揭贷款13665亿元，下降2.6%。

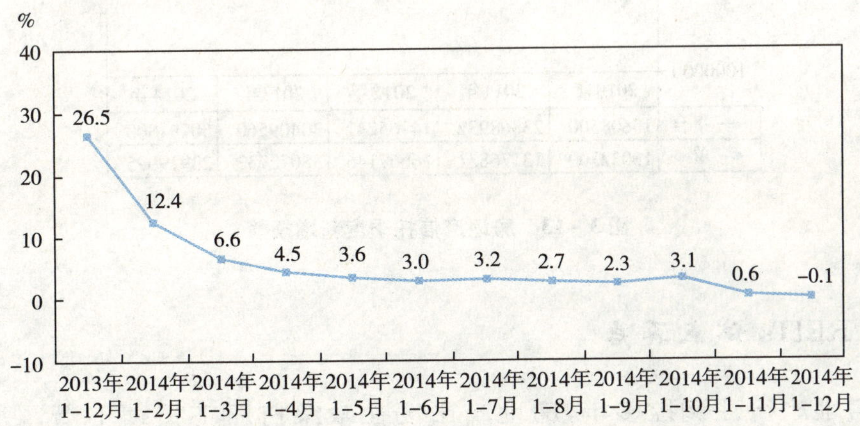

图3-11　全国房地产开发企业本年到位资金增速

2.2 房地产信托产品发行情况

根据信托业协会发布的数据，2014 年年末，房地产信托余额为 1.31 万亿元，相比 2013 年年末增长 26.68%；房地产信托余额占比为 10.04%，与 2013 年年末的 10.03% 持平。2014 年新增房地产信托资金 0.55 万亿元，其中集合类房地产信托 0.31 万亿元，占比 56.36%，单一类房地产信托 0.24 万亿元，占比 43.64%。

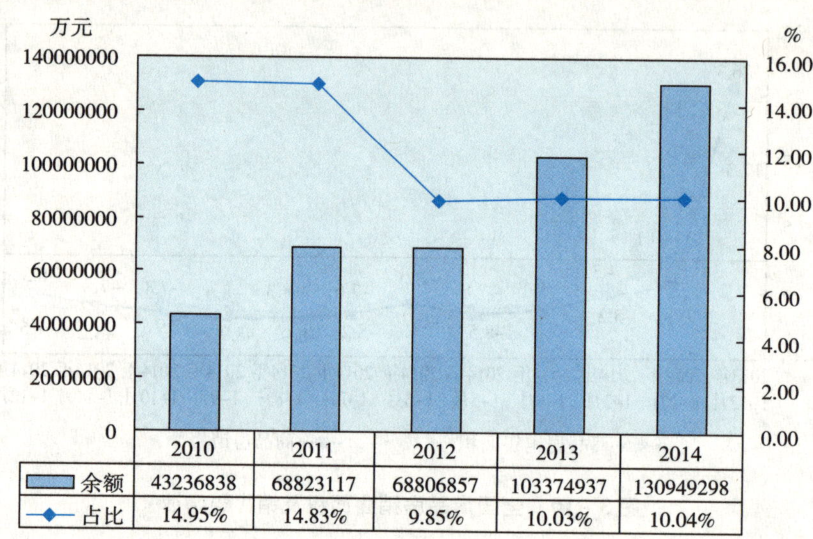

图 3-12 房地产信托近年存量变动

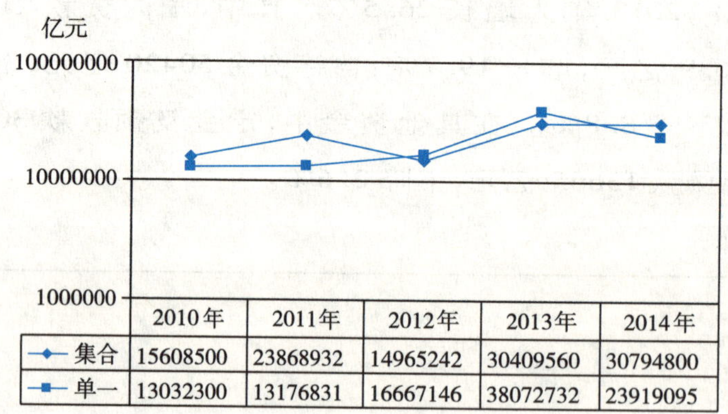

图 3-13 房地产信托季度新增规模

2.3 REITs 试点再启

我国房地产行业调控多年，房地产市场在政策打压下持续下滑，银行业在房地产方面的资金风险有所显现。虽然银行一再地调整涉房资金的结构，但房地产相关资金占比仍高达50%左右，一旦出现风险，银行的连锁反应不堪想象。因此，决策层面决定启动直接融资，减少间接融资，利用市场证券化来化解风险。

暂停近7年的房地产投资信托基金（REITs）终于在2014年上半年开启试点，房地产行业将迎来直接融资时代。2014年年初，证监会批复中信证券推出首单真正权益型类REITs产品，苏宁以11家门店为基础推出REITs产品实现13亿元的税后净收益。随后，中央也给予肯定。9月30日，央行发布《中国银行业监督管理委员会关于进一步做好住房金融服务工作的通知》，其中提出了将积极稳妥开展REITs试点工作。2015年1月14日，住建部发布了《关于加快培育和发展住房租赁市场的指导意见》，更是明确了建立多种渠道发展租赁市场，推进REITs试点。住房和城乡建设部初步确定了北京、上海、广州、深圳四个特大城市REITs试点方向，试点范围初步定于租赁性保障房，包括公共租赁住房、廉租房。目前，北上广深四市初步方案已上交住建部，正在进行最后的定夺与细化。住建部此次试点范围初步定于租赁性保障房，持有型商业不在其中。其目的便是通过已建成的保障房资产证券化，盘活存量资产，提供后续建设资金，也可以使地方政府在保障房建设管理中承担的“无限责任”变为“有限责任”，有效解决租赁型保障房资金短板。

对于REITs的热情各金融机构从未减弱，从目前REITs推进的实际情况来看，券商主导的在交易所协议转让的REITs产品仍较为领先，而信托公司版的REITs迟迟没有推出。税收制度模糊、项目收益率较低和投资周期长等都阻碍了信托公司推进REITs。

2014年年初，中国证监会批复《关于核准中信证券股份有限公司设立中信启航专项资产管理计划的批复》，同意中信证券设立中信启航产品，这被认为是国内首只股权型REITs产品。该产品是中信证券通过旗下非公募基金全资子公司，以不低于50.4亿元的价格，接收持有北京、深圳两地中信证券大厦房地产产权的两家全资子公司的全部股权，并对此进行证券化。5月21日，该产品在深交所综合协议交易平台挂牌转让，采取分级证券化并在深交所流通，五年后将公募上市。中信启航的模式是先设立项目公司，通过持有项目公司股权来间接持有房地产资产，所以其还不能算是真正意义上的REITs由于券商版本的REITs，券商专项计划的风险隔离机制尚不完善，因此在法律层面还略有不足。

在探索实践中，“分业经营、分业监管”的体制使得REITs在国内的探索实践中形成两种模式，即“银行间版”REITs和“交易所版”REITs。所谓“银行间版”

REITs，主要是抵押型 REITs，即由信托公司担任受托机构，受托机构向银监会申请信托发行，获得批准后，经受托人申请，中国人民银行核准，信托单位可以在全国银行间市场发行，发行信托单位应采用承销方式；"交易所版"REITs，主要是权益型 REITs，即由投行主导，类似于房地产公司上市，只是主营业务收入主要来源于物业资产出租收入。2009 年，央行联合银监会、证监会等 11 部委成立"REIT试点管理协调小组"，并于 11 月制定《银行间债券市场房地产信托受益券发行管理办法》，规定 REITs 将由依法设立的信托公司作为受托机构，通过在银行间债券市场公开发售房地产信托受益券的方式设立房地产信托投资基金，信托基金采用结构化的方式，投向已经使用且具有稳定现金流的房地产物业。

"银行间版"REITs 则是一波三折，2009 年上海信托曾计划对这一业务进行尝试，并在当年完成研究设计、监管沟通、客户拜访和项目储备等大量前期工作，多次向监管机构递交了专题报告，基本完成了产品方案，物业资产池也基本选定，不过，最终该业务未能成型。2012 年 8 月，天津债权版 REITs 登陆银行间市场，并受到市场热捧。不过，此后便没有该类产品面市。

来自中国信托业协会的统计显示，截至 2014 年年末，全行业存续的基金化房地产信托规模达 119.39 亿元，占信托资产比例为 0.09%。相比 REITs，基金化房地产信托更倾向投资于房地产的开发阶段，并通过房地产销售来退出，投资标的既包括住宅地产，也包括商业地产。这一模式是信托公司在 REITs 政策尚未明确前的有益尝试和积极探索，可以成为信托业的"准 REITs"业务。

与券商相比，信托公司在 REITs 方面应能发挥更大作用。2009 年上海市浦东新区的 REITs 方案，也设计为由信托公司发行物业资产受益权凭证的方式。信托所特有的风险隔离功能将成为信托公司开展 REITs 的制度优势，同时，信托公司对房地产项目参与比较多，积累了大量的客户资源与项目经验，在从事 REITs 业务方面具有先发优势。但是，信托公司开展 REITs 业务的最大阻碍在于缺少产品流通和交易的平台，未来如果建立全国性的信托产品交易平台，会有助于信托公司推进此类业务。

2.4 房地产创新产品

中信信托引入社会资本助力自住商品房建设

虽然近几年房地产市场低迷不振，但北上广深等一线城市普通群众的住房需求还是很大，为此，北京市从 2013 年下半年开始陆续推出自住型商品房。中信信托抓住这一重要战略机遇，于 2014 年 5 月与首创置业股份有限公司合作发起设立了“平谷自住房”基金，用于支持北京平谷悦泇汇自住型商品房项目。该项目依托有限合伙基金的模式，聚集社会公众资金，用于自住型商品房建设，既响应了国家政策号召，又给当地居民带来了实惠，真正做到了“取之于民、回报于民”。悦泇汇项目于 2014 年 12 月 12 日正式启动选房活动。经过近 4 天的选房活动，项目成交率超过 99%，为实现投资者利益提供了坚实的保障。除悦泇汇项目外，中信信托与首创置业合作的有限合伙基金还投资了重庆光和城、嘉陵厂等项目，目前各项目运行指标均优于预期。新合作模式为中信信托探索全面主动管理房地产业务提供了有益借鉴。

■ 上海信托探索房企融资新途径

2014 年 10 月，上海信托以参股上市公司子公司增资的方法，创新了对房地产企业的融资模式。具体交易模式为上市公司华发股份下属子公司上海铧发创盛置业有限公司拟吸收上海国际信托有限公司为新股东，上海信托向上海铧发增资 0.9 亿元，并同时向上海铧发提供 16.1 亿元股东借款。华发股份同时向上海铧发增资 9.9 亿元，其中 0.9 亿元作为注册资本，其余 9 亿元作为资本公积。增资完成后上海铧发注册资本增加至 1.9 亿元，华发股份持有 52.63% 的股权，上海信托持有 47.37% 的股权。

上海铧发创盛置业有限公司于 2014 年 7 月成立，经营范围为房地产开发经营。虽然华发股份对上海铧发创盛置业有限公司的增资额比上海信托高出 9 亿元，但双方本次增资所占股权比例却相同，条件是上海信托同时向上海铧发提供 16.1 亿元股东借款。现阶段，信托产品主要有两种模式：一种是信托投资公司直接对房地产项目投资，另一种模式是债权融资。本次华发股份子公司的融资引入上海信托就是一种类似债权融资的变通方式，华发股份向信托公司低息借款融资，并低价让信托公司持股作为额外回报。这样做的好处是上市公司可以迅速获得所需资金而尽量少付出利息成本，而信托公司则可以以更小的投入获得更大的回报，但相应的风险也会增加。

■ 中信控股哈尔滨谷交所，土地流转信托再升级

日前，中信信托以旗下子公司中信信诚资产管理公司的名义增资入股哈尔

滨谷物交易所，与黑龙江省兰西县人民政府、黑龙江省农业科学院、哈尔滨谷物交易所有限公司共建兰西土地信托化综合改革试验区，创新升级土地流转信托原有模式。本次增资入股后，中信信诚成为哈尔滨谷物交易所控股股东，占股60%，注册资本增为2.5亿元人民币。中信信托将以哈尔滨谷物交易所构建产品交易和生产要素两个平台，推动土地信托化的发展。

此次合作拟以兰西县为土地信托化综合改革的试点，从土地流转信托入手，建构一种新型的生产关系，引入金融、科技和市场等资源，实现土地流通的“理念性、事业性、利益性”三个层次目标，妥善维护农民利益，支持新型农业经营主体发展，促进粮食产业链的整合升级，提升我国粮食产业综合竞争力。本次土地信托化综合改革涉及土地面积约300万亩，是国内目前面积最大的土地流转信托。

该产品涉及多方利益主体，交易结构设计宗旨为：政府指导，即政府积极发挥组织、引导与帮扶作用，为农业发展、土地流转、金融下乡等提供政策优惠；农户参与，即始终坚持“农民自主自愿”的原则，鼓励农户参与现代化、科技化、信托化的农业发展；金融支持，即通过信托机制引入资管计划、信托计划、银行贷款等多种金融工具服务于粮食生产链，并打造国内最大的专门服务“三农”的互联网金融平台；科技提升，即依托黑龙江省农业科学院强大的科研能力，在土壤检测、农资农药、种养方案、品种遴选等方面提供成果、技术和人才支撑；市场服务，即以哈尔滨谷物交易所现有粮食现货交易系统和4000余家企业会员为基础，为大宗粮食和绿色农产品搭建稳定的销售渠道。

黑龙江省是我国粮食产出量、商品量第一大省，是全国率先开展现代农业综合配套改革试验的地区，现已全面启动“两大平原”现代农业综合配套改革试验工作。本次四方协商同意在兰西县开展全方位合作，共建“兰西土地信托化综合改革试验区”，研究整县推进土地信托化综合改革实验，促进现代化大农业建设，为提升我国粮食产业综合竞争力提供有益理论和实践探索。各方将按照“资本+市场+科技+土地”的资源整合和改革模式，以中信集团和中信信托强大的金融服务能力和资源整合能力为中心，以哈尔滨谷物交易所粮食现货交易平台为出口，以黑龙江省农科院的科技优势为支撑，以兰西县300万亩土地为载体，以土地经营权信托、土地经营权入股、土地经营权托管等多种方式进行适度规模经营，通过订单引导种植，打造粮食产品交易平台和生产要素集合平台，并通过综合金融服务实现两个平台的紧密衔接和互动，重新塑造粮食产业链条及其各环节的利益分配机制，期望构造出一种全新的农业生产关系。

产品交易平台将开展现货交易、订单收益权交易等与农产品相关的金融产品交易等；生产要素平台将联合黑龙江省农科院组建以“粮食生产供应链要素整合和生产指挥调度”为核心能力的粮食生产全程社会化服务型企业，整合种植主体、土地、农机、农技、农资、仓储、金融、保险等粮食生产链全要素。

同时，中信信托、哈尔滨谷物交易所和黑龙江省农业科学院还将共同建设“新型农业职业经理人商学院”和“养老护理职业培训学院，”提升农民的生产组织管理能力和市场开拓能力，并为因解放土地而释放出的农村中青年妇女劳动力提供培训，为我国进一步发展养老产业提供人力资源保障。

3. 工商企业信托产品

3.1　市场概况

据中国信托业协会公布的最新统计数据，截至2014年年末，工商企业类信托资金余额3.13万亿元，同比增长7.93%，占比24.03%，比2013年的28.14%降低14.61%。2014年新增工商企业类信托资金1.72万亿元，其中集合类工商企业信托资金0.31万亿元，占比18.02%，单一类1.41万亿元，占比81.98%。

从图3－14中可以看出，投资于工商企业方向的信托资金比例自2010年开始逐渐增加，特别是2012年增幅加大，但到了2013年实现投资比例28.14%的高点后，2014年又回落至24.03%。在我国房地产市场持续低迷的情况下，投向工商企业的信托资金比例渐增，是国家政策鼓励和市场行情双重因素共同作用的结果。但2014年证券市场走出了多年的熊市，逐渐活跃起来，明显的赚钱效应分流了部分信托资金。

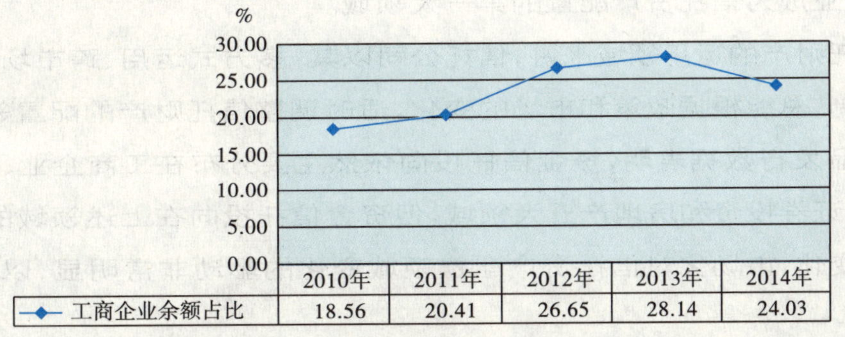

图3－14　工商企业信托资金余额占比趋势

3.2 市场化驱动因素影响下工商企业方向成为信托资金第一配置领域

实践表明，市场需求变化对信托业务结构和模式的影响至关重要。回顾2008—2012年信托业的高速增长，当时市场需求结构的变化起到了决定性的作用。一是主流融资市场（银行信贷市场和资本市场）因金融压抑而难以满足融资需求，高质量的私募融资需求巨大，由此催生了信托业私募融资信托为主导的业务模式；二是金融同业理财（特别是银行）因跨界经营的限制而难以满足其理财需求，由此形成了信托业以通道型单一资金信托（银行主导）为主的业务模式；三是资本市场因长期低迷而难以满足投资者的收益风险偏好，由此催生了信托业类信贷为主的业务模式。但是，自2013年后，信托业发展所依赖的市场需求结构开始发生巨大的变化。一是主流融资市场因压制因素逐步消除而日益扩大其融资功能，私募融资市场开始萎缩，信托业私募融资信托的业务模式发生动摇；二是银信合作业务不断规范和金融业跨界经营限制逐步放松，信托业以银信合作业务为主导的通道型单一资金信托业务模式基础开始瓦解；三是资本市场开始走出低迷局势而转向长期趋好，赚钱效应日益显现，信托业类信贷业务开始受到冲击。

市场需求的上述变化，使信托业原来的主导业务模式受到了巨大挑战，迫使信托业不断挖掘信托制度的市场空间，加快转型创新步伐。特别是2014年4月中国银监会发布了《关于信托公司风险监管的指导意见》（银监办发〔2014〕99号文），明确提出了信托业转型发展的总体要求，并指明了转型发展的具体方向。在市场压力和政策引导的双重推动下，信托业的业务结构开始朝着更加符合信托本源和符合市场需求变化的方向进行优化。

2014年信托产品发行的数据表明，信托业务的结构优化呈现明显提速的迹象，工商企业成为信托资产配置的第一大领域。

从信托财产的运用领域来讲，信托公司以其“多方式运用、跨市场配置”的灵活经营体制，总能根据政策和市场的变化，适时调整信托财产的配置领域。2014年信托产品发行数据表明，资金信托投向依然主要分布在工商企业、基础产业、金融机构、证券投资和房地产五大领域，但资金信托投向在上述领域的占比有较大程度的变化，市场化对信托资产配置领域变化的驱动非常明显，以2014年三季度为例：

一是工商企业。三季度，工商企业仍是资金信托的第一大配置领域，规模为

3.15 万亿元，占比为 25.82%。但是，占比下降趋势明显，相比 2013 年年末 28.14%的占比，下降了 2.32 个百分点；相比 2014 年二季度末 27.36%的占比，下降了 1.54 个百分点。特别是在规模上，三季度首次出现了负增长。二季度规模为 3.22 万亿元，三季度为 3.15 万亿元，减少了 0.07 万亿元。显然，受经济下行的影响，信托业对工商企业的资金运用开始偏向谨慎。

二是基础产业。三季度，基础产业仍是资金信托的第二大配置领域，规模为 2.66 万亿元，占比为 21.80%。但是与工商企业一样，占比也呈下降趋势，规模也出现负增长。相比 2013 年年末 25.25%的占比，下降了 3.45 个百分点；相比 2014 年二季度末 23.10%的占比，下降了 1.3 个百分点；相比 2014 年二季度末 2.72 万亿元的规模，减少了 0.06 万亿元。资金信托对基础产业配置的减少，与基础产业过度投资、地方债务风险显现有密不可分的关系。可以预见，2014 年国务院出台的关于地方政府债务融资方式和存量债务管理方式改变的政策，将进一步压缩信托业对基础产业的投资，信托公司对政信合作业务也将更加审慎。

三是金融机构。金融机构是资金信托的第三大配置领域。三季度，资金信托对金融机构的投资规模为 1.92 万亿元，占比为 15.73%。与资金信托对工商企业和基础产业的配置减少趋势不同，资金信托对金融机构的配置则呈现上升趋势。相比 2013 年年末 12.00%的占比，提升了 3.73 个百分点；相比 2014 年二季度末 13.93%的占比，提升了 1.8 个百分点。资金信托对金融机构投资的增加，主要源于信托业强化金融协同、金融业投资波动不大和回报稳定等市场因素。

四是证券投资。证券投资是资金信托的第四大配置领域。三季度末，规模为 1.74 万亿元，占比 14.27%。与金融机构一样，2014 年以来资金信托对证券投资的配置一直呈现上升趋势。相比 2013 年年末 10.55%的占比，上升 3.72 个百分点；相比 2014 年二季度 12.75%的占比，提升了 1.52 个百分点。资金信托对证券投资占比的提升，主要源于资本市场投资价值的显现以及投资多元化资产配置需求等市场因素。

五是房地产。房地产是资金信托的第五大配置领域。三季度规模为 1.27 万亿元，占比为 10.38%。与其他领域的配置不同，资金信托对房地产的配置近年来一直表现比较平稳。相比 2013 年年末 10.03%的占比，小幅上升了 0.35 个百分点；相比 2014 年二季度末 10.72%的占比，小幅下降了 0.34 个百分点。资金信托对房地产配置的上述特点，与房地产市场的短期波动平稳、中长期风险暴露增加的特点有关。随着2014年二季度开始暴露的房地产行业风险，预计今后资金信托投向房地产领域或将更为谨慎。

3.3 主要创新产品与案例

开拓农业、林业信托新疆域

继土地流转信托大热之后，信托公司开始探寻与农业领域的合作，开发相关农业信托产品，万向信托在农业经营收益权以及林地信托方面的探索非常具有代表意义。

（1）"天然臻品1号"农业经营收益权信托

万向信托设计的"万向信托—天然臻品1号经营收益权信托计划"，是全国首单农业经营收益权信托。合作方为万向信托、丽水蓝城农业发展有限公司（以下简称"蓝城农业"）和庆元县绿合果蔬专业合作社（以下简称"庆元绿合"）。

具体交易模式为：庆元绿合按照蓝城农业的技术标准、生产标准、储运标准，并采用蓝城农业指定的供货商提供的农药、化肥等投入品。蓝城农业每年向庆元绿合收购农产品，并通过信托受益权质押解决庆元绿合融资缺少担保物的问题，使之顺利获得前期投入所需要的资金支持。在该信托计划下，庆元绿合可获取蓝城农业提供的优质投入品及先进技术支持，享有销售保障及浮动收益，很好地化解了其无资金、无技术、无市场的"三无困境"。

天然臻品1号经营收益权信托计划，为"科技＋信托＋品牌＋金融＋保险＋合作社"的农业产业发展新模式的落地实践提供了有效的金融保障，破除了合作社在规模生产、标准制定、品牌宣传等方面所面临的瓶颈，有效解决了技术风险、市场风险、诚信风险等难题，并对自然风险有了抵御手段。目前，农业保险、银行质押融资等工作也在有序推进。

合作过程中，浙江省农业科学院及院士工作站、丽水市农业科学研究院、庆元县农业技术综合服务站实现三级联动，负责提供技术保障和农户培训工作。同时，"万向信托—天然臻品1号经营收益权信托计划"通过政府、企业、科技、金融的四方合作，充分发挥万向信托的金融服务优势、绿城集团的品牌资源和市场资源优势、浙江省农科院的科研实力和科技人才优势以及丽水生态精品农业产业特色优势，通过全资源统筹、系统化分类、产业化配套、板块化提升，探索现代农业发展新路径和新模式，走出一条生产标准化、产品精品化、经营产业化、发展绿色化的生态精品农业发展道路，引领现代农业、农村产业革命，引导金融、社会资本与农业产业相结合，最终实现政府放心、市民安心、农民开心、企业称心。

该项目完成后，万向信托将在当地继续发挥农产品经营收益权信托的强大功能，在更大范围内发展特色种植基地，持续为生态精品农业提供金融服务。同时，该产品也是信托公司切实服务三农、服务实体经济的典型案例。

(2)"绿色摇篮1号"林地信托产品

2014年7月万向信托推出林地信托产品——绿色摇篮1号。绿色摇篮1号由当地政府作为委托人，以当地公益林收益权作为信托财产，以当地村民作为受益人，在不改变公益林的所有权、承包权、使用权及管护权的前提下设立信托计划。此次试点项目涉及林地规模3.8万亩，龙泉市水塔村112户村民参与了这次信托项目。

该信托产品的交易结构为：浙江省龙泉市住龙镇人民政府将水塔村3.8万亩生态公益林地未来一定期限内的预期现金收益作为信托财产，集中委托万向信托进行管理，由万向信托公司发放标准的信托受益凭证。在该信托产品中，当地政府作为委托人、当地林农作为受益人、当地公益林收益权作为信托财产。根据信托计划，万向信托向村民发放信托受益权凭证，排他性地收取补偿基金的支付收入。在财政向信托计划支付补偿基金后，万向信托将扣除1‰管理费后的补偿基金作为信托收益在5个工作日内分配给村民。本次信托计划成立后，林农可以获得受益权凭证，并且可以将受益权凭证作为质押物，由合作社做担保向银行借款，进行投资。

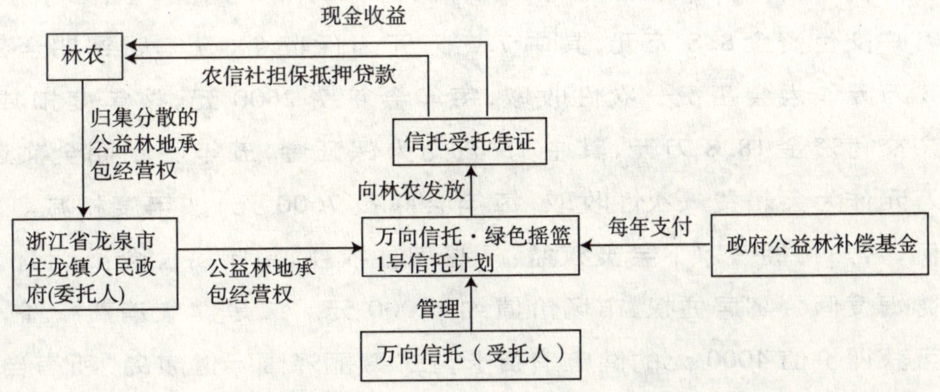

图3-15　万向信托·绿色摇篮1号集合信托计划结构

受公益林政策制约，公益林既不能抵押，也不能流转，林农的生产经营活动受到严格限制，每年只能依靠政府对公益林的补偿，收入微薄。信托利用制度优势参与到公益林林地之中，盘活资产，真正给林农带来了实惠。

林地信托对于农民的意义在于，农民承包经营的公益林地经过确权，委托给信托公司获得相应受益凭证，当地农信社在此基础上为林农担保，林农可以更加便捷地获得银行贷款，既解决了公益林地流动性差、存量变现难问题，也为林农创业、增收创造了条件。

林地信托对于信托公司的意义在于，2014 年信托公司面对房产信托、矿产信托领域的重创，亟须寻找新的利润增长点。公益林地每年有相对固定的政府补贴收入，且交易结构相对简单，也有信托公司对商品林受益权进行过探索，但与土地流转信托面临同样的问题，即确权登记、价值评估和信托公司的退出机制还须进一步完善。

探索消费信托新平台

中信信托无疑是消费信托领域的先行者。从 2013 年 12 月至今，中信信托已推出的消费信托产品包括：业内首款消费信托产品"中信·消费信托嘉丽泽国际健康度假产品系列信托项目"、首单互联网消费信托"百发有戏"、移动互联网平台上推出的"一千零一夜"产品、"海洋旅游包"等。此外，主打消费金融的"中信宝"消费信托互联网平台正式推出，覆盖养老、旅游、家电、酒店等多个领域。

(1)"嘉丽泽健康度假"消费信托

2014 年 1 月 17 日，"中信·消费信托嘉丽泽健康度假产品系列信托项目"正式通过招商银行对外发售。嘉丽泽项目分为 H 和 G 两类，期限均为五年，H 类产品客户交付资金 8.8 万元，其中 7.5 万元为保证金，五年后到期全额返还，另外 1.3 万元作为会籍费一次性收取，每年会籍费 2600 元，按年度扣减。G 类产品客户交付资金 18.8 万元，其中 15 万元为保证金，五年后到期全额返还，另外 3.8 万元作为会籍费一次性收取，每年会籍费 7600 元，按年度扣减。以 H 类产品为例，客户将拥有以下会员权益：一是居住权益，每年每位会员拥有 14 天五星级温德姆度假公寓居住权，市场价值约 12000 元。二是健康消费权益，每年每位会员可获得价值 4000 元的健康消费卡，在"嘉丽泽国际健康岛"所有自营项目中进行消费。三是投资权益，即原价优先购房权，是指会员可按照参与该产品时点的市场价格和条件，在产品有效期内的任一时点选择购买指定房屋。

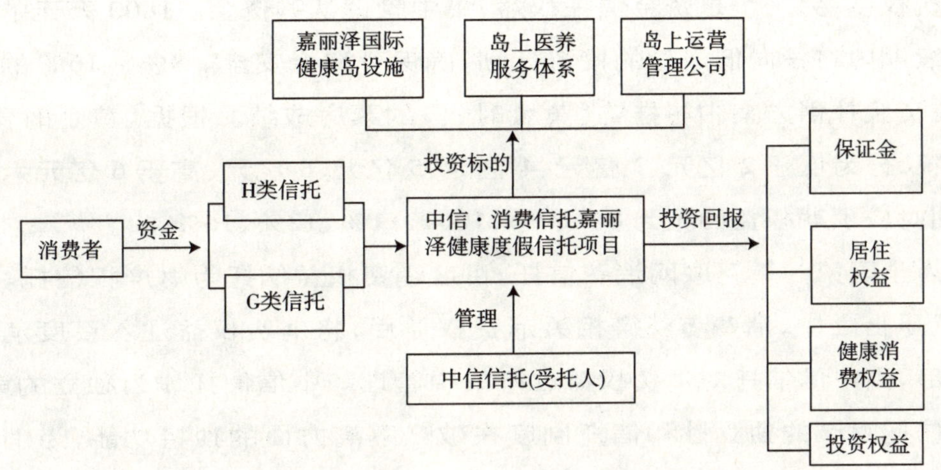

图3－16 中信·消费信托嘉丽泽健康度假产品系列信托项目结构图

此款消费信托产品，从消费端而言，相当于打造了一张具有消费功能的“虚拟另类信用卡”；从产业端而言，即构建了一个金融化的销售渠道，在这一过程中，预付购买消费权益产生的沉淀资金也能够被进一步合理利用，除此之外，还可以联动其他针对产业方的投融资项目，进一步促进形成产业链金融的闭循环。消费信托产品以消费投资为切入点进入普通客户视野，不仅丰富了普通投资者的理财方式、提升了投资者生活质量，而且直接连接了产业链前端融资需求与后端消费需求，也为信托公司开展业务积累了客户与资源。

消费信托对于信托公司回归本源业务、探索创新业务模式无疑是一次突破性的尝试，但也需要很多配套项目联动实现，操作困难极大，因此需要信托公司极高的创新能力做支撑。

（2）“百发有戏”互联网消费信托

2014 年 9 月，中信信托与百度金融、中影股份联合推出中国首单互联网消费信托计划“百发有戏”。这是一款挂钩影视娱乐业并具有众筹特点的互联网理财产品，主打“消费众筹＋电影＋信托”的理念。首期产品最低起购门槛为 10 元，认购者不仅可享受“百发有戏”提供的与影片相关的消费特权，还有望获得 8%～16% 的权益回报。消费特权包括享受看电影优惠特权、与主演通电话、共进晚餐、领取道具和戏服、当群众演员、获得主演录制的感谢视频等。作为全国首单互联网消费信托，该项目“消费众筹＋电影＋信托”的商业模式或将成为互联网金融的新范本。

该消费信托其实嵌套了两部分信托计划：一个是单一事务管理类信托，集中管理消费权益；另一个是资金信托权益，集中管理认购资金。1800万元的募集资金在存续期内将投向低风险的投资计划，确保了资金安全。8%～16%的权益回报，即在资金补偿方案中将挂钩《黄金时代》的票房成绩。根据《黄金时代》电影票房情况，分为低于2亿元、3亿元、4亿元、5亿元、6亿元、高于6亿元六个票房档，分别对应预期权益回报为8%、9%、10%、11%、12%、16%。

作为全国第一单互联网消费信托，百度消费权益信托为财产权信托。在"百发有戏"平台之中，消费者获得相关消费权益后，将消费权益注入百度消费权益信托项目，由中信信托对消费权益进行集中管理。中信信托作为独立的第三方，将发挥信托财产的独立性和信托制度在破产隔离方面的独特功能，为消费众筹项目增信，同时进行监督管理，确保资金专项运用，间接实现了对上端消费权益的保障性监控。

在消费权益信托中，信托财产为消费权益，产生于消费者和消费券发行人通过合同关系确定的某种商品的消费和服务约定，即消费券。消费券广泛存在于人们生活中，其商业实质是一种"团购+预售"的销售模式。百度平台拟发行的电子消费券即一种消费权益的电子化凭证，凭借此消费券，消费者可享有某一消费专项下的消费权益。

中信信托作为专业金融机构，可以对消费信托项目进行审慎审查，完善信息披露、提高项目透明度、增加项目安全性，从而增强消费信托平台对项目资质和信用的审查能力。更为重要的是，通过消费信托的设立，中信信托对消费权益的集中管理也将提升消费者群体的集体维权能力，切实保护消费者的消费权益。

"百发有戏"互联网消费信托借鉴了我国台湾地区"预收款信托"的理念和做法，创新地将消费权益纳入信托范围内，开创了基于传统消费众筹、立足大众消费服务的互联网消费信托。在我国台湾地区，为了保护消费者权益，地方政府通过法律法规的形式，要求把"款项预收，消费延迟"的消费商业模式（如健身卡、美容卡、预售礼券、餐饮预存卡等）的预收款项交付信托，由信托作为独立第三方增信、管理并监督资金运用，预防收款方因经营不善破产倒闭或发生信用风险损害公众利益。

预收账款信托有四点优势：一是以法律法规的形式做强制约束；二是出于公益目的，核心是维护缴纳预收款的消费者的合法权益；三是收受预收款的企业多与公众利益密切相关；四是信托作为独立第三方为预收款金额增信并监督管理。

互联网消费信托的初衷和意义是出于集体维权、公众权益管理和保护的理念，尤其是面对互联网预售消费券这种新型的预收款项延迟消费，信托的作用更为重要。互联网金融的实质是金融，金融离不开监管，在信托模式下的互联网金融自然也被纳入了监管之中，这也是将信托引入互联网金融的重要意义所在。

消费权益平台充分发挥了信托的制度优势，结合了中信信托作为金融信用中介和百度在互联网领域作为信息中介的特质，形成优势互补。在平台模式中，百度充分发挥了作为信息中介的技术优势，海量的数据交互和用户信息登记等可以轻松完成，而中信信托作为信用中介的金融机构，可以维护消费权益的落实并监督项目资金的运用。

4. 基础设施类产品

4.1 发展现状

根据中国信托业协会最新公布的数据，截至 2014 年年末，全行业基础设施类信托资金余额 2.77 万亿元，同比增长 6.54%，占信托资金规模的 21.24%，同比减少 4.01 个百分点，基础设施已经成为除工商企业类信托资金外第二大类的信托资产。

2014 年共发行基础设施类信托产品 36612 个，新增基础设施类信托产品规模 1.23 万亿元，占全年新增信托产品规模的 20.95%。其中集合类基础设施信托产品规模 0.20 万亿元，占比 16.26%，单一类基础设施信托产品规模 1.03 万亿元，占比 83.74%。

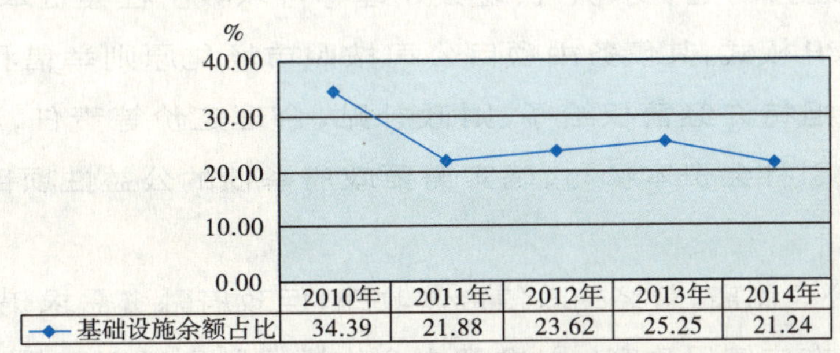

	2010年	2011年	2012年	2013年	2014年
基础设施余额占比	34.39	21.88	23.62	25.25	21.24

图 3－17 基础设施类信托资金余额占比趋势

从图 3－17 可以看出，基础设施类信托曾经是信托资金配置的重点领域，从 2011 年开始基础设施类信托资金规模占比逐渐下降，由 2010 年以前的三分之一强降低至目前的四分之一到五分之一强。2011—2014 年，基础设施类信托资金余额所占比例在 21%～26%，始终没能上到 30% 的水平。

4.2 未来基础设施信托的主流融资模式将转向 PPP

近几年来，除了房地产行业整体受到政策调控外，政信合作业务也一直处在风口浪尖，监管部门风险提示性文件不断下发。2012 年年底，四部委联合下发《关于制止地方政府违法违规融资行为的通知》（“463 号文”），规定地方政府不得以国有资产为其他单位或企业融资进行抵押或质押，不得为其他单位或企业融资提供担保。2014 年 10 月 6 日，国务院下发《关于加强地方政府性债务管理的意见》（“43 号文”），规定地方政府举债只能通过发行债券的方式。这意味着目前地方政府大量依赖的银行贷款和信托融资等渠道将大幅萎缩，融资需求将大量转向债券发行。对于信托公司而，言曾经大行其道的与政府平台公司合作的融资类基础设施信托业务必将出现大幅收缩。

“43 号文”中提到，要明确划清政府与企业界限，政府债务只能通过政府及其部门举借，不得通过企事业单位等举借。同时，明确表示“剥离融资平台公司政府融资职能，融资平台公司不得新增政府债务。”城投公司作为地方财政融资主体的模式将被打破。未来地方政府举债主要采取政府债券方式，分为一般市政债和收入市政债。通过融资平台对接的政信合作业务是信托业务中一个重要的部分，平台剥离后，政信业务现在的操作模式也面临终结。

以前主要通过融资平台公司融资建设的项目，规范后主要有三个渠道：

一是商业房地产开发等经营性项目，要与政府脱钩，完全推向市场，债务转化为一般企业债务；二是供水供气、垃圾处理等可以吸引社会资本参与的公益性项目，将推广 PPP 模式，其债务由项目公司按照市场化原则举借和偿还，政府按照事先约定，承担特许经营权给予、财政补贴、合理定价等责任，不承担偿债责任；三是难以吸引社会资本参与、确实需要政府举债的公益性项目，由政府发行债券融资。

虽然平台公司剥离，曾经的政信合作收缩，但政府融资需求仍在，“43 号文”中也同时提出“推广使用政府与社会资本合作模式”，财政部随后下发了“351 号文”“76 号文”，采取摸清家底、分类处置、疏堵结合、规范管理的方式，对地方政府的融资行为提出了全面、系统的要求。文件中明确提出，将 PPP 模式作为基础设施投融资的创新方向。由此，未来政信的主流融资模式或由现在的 BT 转向 PPP。

PPP 模式是一种基础设施建设的新模式，指政府与企业及金融机构之间为了合作建设城市基础设施项目，或为提供某种公共服务，彼此之间合作开发并共担风险、共享收益的建设模式。

PPP 适用的项目主要是投资规模较大、需求较为稳定、长期合同关系较清楚的项目，如供水、供电、通信、轨道交通、公路基建等适合采用。目前，各地政府推出的 PPP 合作项目，主要涉及城市供水、供暖、供气、污水和垃圾处理、地下综合管廊、轨道交通、交通工程、保障性安居工程、医疗和养老服务设施、生态园林、生态环保、水利工程、健康养老、城乡建设、文化产业、旅游产业等。

PPP 业务的成败，关键是市场化运作，建立政府与市场主体的“利益共享”机制，政府必须守信、敢于向市场让利。开展 PPP 业务，除合作项目选择外，还涉及地方政府与国企、信托公司、其他社会资本等合作主体以及宏观政策提供的保障环境。在政信业务转型时期，信托公司应重点推进可确认政府债务的政信财产权业务，择优介入地方国企及转型平台公司的市场化融资项目；同时，试点并择优推进与发达地区政府合作、项目盈利前景良好、合作方案合理、信托安全边际高的 PPP 项目，积累经验，根据国内政策成熟情况，再择机规模化推广。

4.3　PPP 创新产品与案例

2014 年 6 月，五矿信托设计了一款标准意义的 PPP 项目，该项目的设计方案符合标准有 PPP 合作模式：该模式的两个核心要点：一是投资标的物为需要特许经营的政府公共项目，二是政府在其中承担有限责任。

该项目的合作方是五矿信托、抚顺沈抚新城管委会和中建一局（集团）有限公司。具体交易流程为：由五矿信托、沈抚新城管委会、中建一局共同注资成立项目公司，注册资本在 10 亿元左右，其中五矿信托为项目公司控股方，投资标的为包括河道治理、土地平整、环境绿化等在内的综合性片区建设项目。政府按约定承担特许经营权、合理定价、财政补贴等相关责任，但不对债务进行兜底。信托公司作为委托人，所扮演的角色类似于该 PPP 项目的“服务总包商”，将整个项目的建设周期，按不同环节进行切割，选择本身就有很强资信优势的建设商予以分包，并形成一个无缝的完整闭环。每一个“分包商”都只对自己完成的局部工程建设目标负责，包括工期及工程质量等。如若未达成目标，则需要承担较大的违约责任。

这类运作模式是通过切割工程不同环节，以"无缝闭环"来控制整体风险的，每一个环节承担的是工程的局部目标，也将约定很高的违约责任，在这方面，谈判可达到的极限条件是：建设方一旦出现违约，将无条件对信托计划进行流动性支持。因为在选择建设方时都选择了较高资信水平的主体，出现局部建设目标不达预期的可能性不大，而一旦有例外发生，也有能力承担较高的赔偿责任。

5. 家族财富管理创新业务

《胡润财富报告》的调查显示，目前中国千万富豪人数达到105万人，平均年龄为38岁；亿万富豪人数达6.45万人，平均年龄为40岁，年龄在45岁以上的约占一半。这标志着在未来5～10年，国内将有大量的企业家和成功人士面临财富和企业的传承问题。

从2012年下半年开始，平安信托、招商银行、歌斐资产、中信信托等机构陆续启动了家族信托管理业务。2013年9月中旬，国际家族基金协会（IFOA）在考察了中国家族基金市场仅半年之后，就正式在北京设立了中国地区办公室。各金融机构在家族财富管理领域的竞争开始显现。

与此同时，国内的高净值人士也纷纷开始与私人银行或信托机构接触，咨询家族信托业务，希望通过家族信托实现财富的传承和保障，市场需求也日益明显。

随着信托转型的深入，以及越来越多的机构涉足家族信托，一些领先的信托公司也加入了此类业务的尝试与探索。但目前的家族信托业务在很大程度上还是依赖银行资源，鉴于这种现实情况，短期内联合商业银行的私人银行部门来开展业务是一种可行以及现实的路径。随着相关操作逐渐步入成熟，尽可能多地发挥信托独有的制度和管理优势、培育目标客户，才是更加利于长远发展的选择。

5.1 信托公司主导型家族信托

根据约定，该类产品信托委托人与信托公司共同管理这笔资产。委托人可通过指定继承人为受益人的方式来实现财产继承。保护家族财富传承是该产品的功能之一。

在产品存续期间，可以根据委托人的意愿和特殊情况定制产品，还可以根据委托人的实际情况和风险偏好来调整资产配置方式和运作策略。在受益人设置及信托财产的分配上，此类信托可设置其他受益人，可中途变更，也可限制受益人权利。

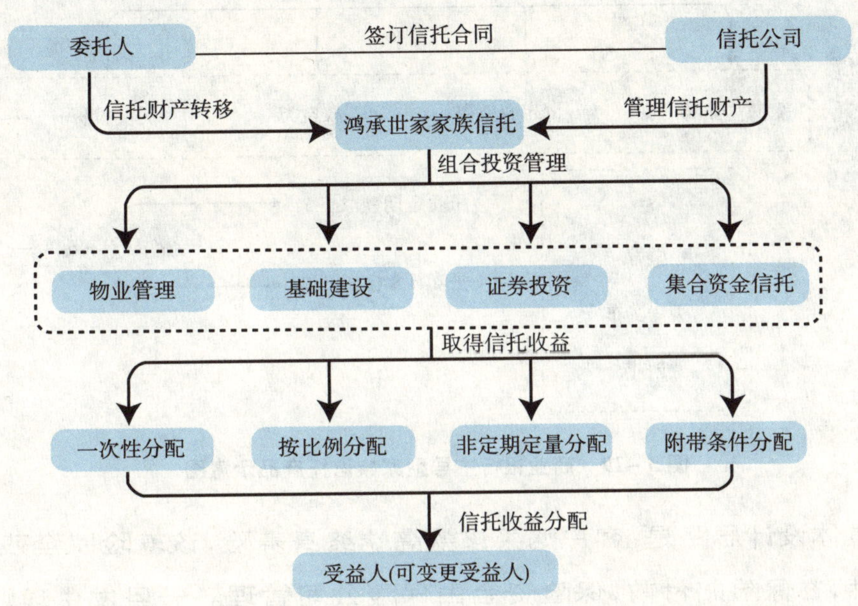

图3－18 信托公司主导型家族信托产品示意图

5.2 商业银行主导型家族信托产品

该类产品期限通常设定为30～50年（跨代），为不可撤销的信托。受益人为委托人的子女，此家族信托基金的所得受益分为一定比例的定期与最终分配两种形式，设立的信托主要为现金资产，借此信托基金形式妥善安排传承财富。委托人的子女便可定期领取薪金，遇到婚嫁、买房买车、创业、医疗等大事，也都可以从信托基金中支付。

该家族信托中的税务筹划包括运用信托、离岸公司等工具进行的家族跨境投资税务规划、大股东企业上市税务规划、移民和财富传承的税务规划；法律咨询包括家庭关系中的婚姻资产保全、家族基金设立、境外资产保全等。

5.3 人寿保险信托型家族财富管理信托

该类产品通常嵌套一款高端定制终身寿险产品，兼具资产管理和事务管理

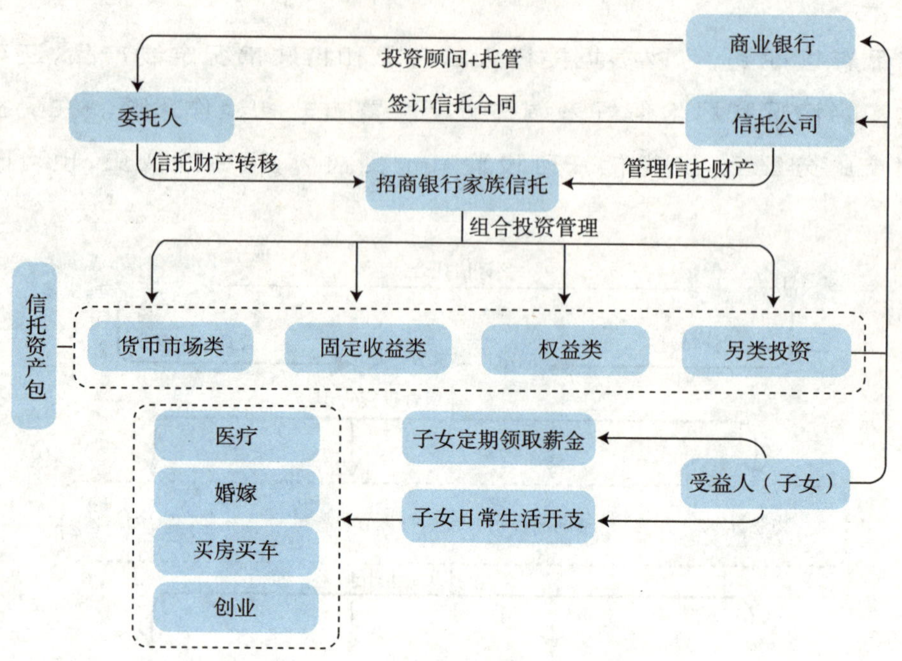

图 3－19　商业银行主导型家族信托产品示意图

的功能。具体设计思路是：客户购买该款高端终身寿险，该寿险以全残或者死亡为给付条件，在保险赔付前，保险资金由保险公司管理。一旦发生理赔事项，客户有三种可选方案：第一，一次性领取保险金，这与传统寿险产品的给付方式相同；第二，按约定分期领取保险金；第三，保险理赔金按约定转入信托公司，成为信托资金，信托公司根据当初与客户签订的信托协议，继续保险公司履行受托义务。

6. 2015 年信托产品转型趋势展望

2013 年以来，在经济下行和竞争加剧的双重挑战下，信托业结束了自 2008 年以来的高速增长阶段，步入了转型发展的阶段。2014 年 4 月 8 日，银监会办公厅发布的《关于信托公司风险监管的指导意见》（银监办发〔2014〕99 号）明确提出了信托业转型发展的目标和路径：改造信贷类集合资金信托业务模式，研究推出债券型信托直接融资工具；大力发展真正的股权投资，支持符合条件的信托公司设立直接投资专业子公司；鼓励开展并购业务，积极参与企业并购重组，推动产业转型；积极发展资产管理等收费型业务，鼓励开展信贷资产证券化等业务，提高资产证券化业务的附加值；探索家族财富管理，为客户量身定制资产管理方案；完善公益信托制度，大力发展公益信托，推动信托公司履行社会责任。来自监管政策的压力和竞争环境的变化，使信托业再一次站在了业务转型的十字路口。

2014 年 9 月 30 日，央行发布《中国银行业监督管理委员会关于进一步做好住房金融服务工作的通知》，其中明确提出了将积极稳妥开展 **REITs** 试点工作。随后，住建部发布了《关于加快培育和发展住房租赁市场的指导意见》，更是明确了建立多种渠道发展租赁市场，进一步推进 **REITs** 试点的方向。北京、上海、广州、深圳四个特大城市 **REITs** 试点方案已进入最后的定夺与细化阶段。房地产行业直接融资时代即将到来，信托公司更应未雨绸缪，积极做好各方面准备工作，争取在 **REITs** 试点业务中抢得先机，占领更多的市场份额。

可以预见，2015 年必定是信托产品的转型创新年。信托公司应尽快按照“99 号文”的转型导向，根据自身特点和资源优势，确定重点领域或行业为主要投资标的，并据此配置相关人力资源和专业结构，在某一两个领域逐渐形成专属优势，同时彻底摒弃传统的项目融资贷款业务模式，全面采用基金产品的设计原理和运作、管理流程，实现产品的标准化、品牌化、系列化，真正实现投资风险的市场化、投资方向的组合化、投资管理分工的专业化，从而构建起全新、立体、多元的信托产品体系和模式。并积极探索建立产品的流动性机制，在时机成熟和政策允许的条件下，最终实现产品的凭证化和上市交易、流通。

第四章

泛资管市场2014：变局与乱局

1. 2014 年资管市场基本现状

2014 年，我国资产管理行业进入迅速发展时期，出现各类金融机构诸侯割据的新格局——从信托公司的独霸江湖，到信托、券商资产与银行理财产品的三足鼎立，再到基金子公司、保险公司及私募基金的介入，迎来大资管时代。2014 年一季度中国资管市场总体规模继续保持高速增长，主要资管机构规模超过 50 万亿元，较 2013 年年底增长 22.3%，市场需求旺盛。从资管机构竞争格局来看，银行业增速提高，资管规模独领风骚；信托业增速放缓，资管规模位居第二；保险业增速略有下降，资管规模位居第三；基金业资管规模出现负增长，证券业增速明显放缓，规模分列第四、第五。

1.1　商业银行理财业务独占鳌头

自 2013 年开始，银行理财市场快速发展，理财产品发行量及规模大幅增长。然而，由于收益率持续走低，互联网金融崛起，股价疯长，2014 年银行理财规模有所萎缩。12 月，银行理财“年末效应”凸显，收益率明显回升，各种高收益理财产品纷纷涌现。不过，收益翘尾现象难以持续。总体来看，银行理财产品主要有以下现状特征：

第一，理财规模稳中有降。2014 年前三个季度银行理财规模为 30.01 万亿元，预计全年规模有望突破 40 万亿元，相对于 2013 年的 56.43 万亿元，下滑程度比较明显。具体有以下两方面的原因：

首先，从 2014 年 7 月底开始，中国股市开始回暖，11 月 21 日央行宣布非对称降息之后股价更是一飞冲天，上证指数全年大涨 52.87%，成为全球第二大股市，股价飙升吸引大批投资者涌入，银行理财产品吸引力减退。股市的回暖分流了资金，使得银行理财业务规模稳中有降。

其次，互联网金融继续高速发展，各种新兴理财产品层出不穷，P2P、票据理财、互联网保险理财等产品收益率都要高于银行理财产品。与银行理财比较而言，各种互联网理财产品则具有超高的流动性优势，除了稳定之外，银行理财产品优势逐渐下降。

不过银行理财产品规模下降幅度不会很大，毕竟其客户群基础庞大，安全性高，对于风险厌恶者来说，银行理财产品仍是最佳理财工具。

第二，收益率有所下滑。自2014年1月开始，银行理财产品收益率直线下降，1月平均预期收益率达到5.76%，然而到了11月，收益率险些跌破5%，12月银行揽储压力之下，产品收益率出现翘尾现象，不过受资金面宽松影响，收益率难以持续回升。主要原因如下：过去一年市场资金面比较宽裕，央行降息之后继续增加资金流动性，而且在利率市场化的趋势下，银行理财产品收益率也顺势下滑。另外，2014年9月，银监会、财政部、人民银行三部委联合下发《关于加强商业银行存款偏离度管理有关事项的通知》（236号文），银监会新设月末存款偏离度指标，一年两次超标银行监管评级将降级。银行月末集中发售高收益理财产品的行为不再可取，整体收益率也有所下降。

除了以上特征，理财产品将向净值型转型。2014年12月4日，银监会下发《商业银行理财业务监督管理办法（征求意见稿）》（以下简称《办法》），要求预期收益率型产品投资的非标债权资产应按照“实质重于形式”的要求回表核算，商业银行必须将预期收益率型产品管理费收入的50%计提风险准备金，其他产品（净值型产品、项目融资类产品、结构性产品等）为10%，同时，允许净值型产品的30%投资于非标债权资产，且无须回表核算。

一旦《办法》正式实施，将意味着银行发行预期收益型理财产品的成本将上升，继而影响预期收益率，银行发行此类产品的积极性将下降，从而促使理财产品向净值型转型。对于客户来说，净值型产品没有具体的投资期限及预期收益，不确定性增加，短期内可能难以接受，需要一定的适应时间。

1.2 信托公司资管业务面临转型

2014年一季度信托资管规模增速大幅放缓，较2013年年底增长7.5%，远低于2013年46%的同比增速，告别了两位数的增长。伴随宏观经济增速的放缓和部分行业（如矿产）的显著下滑，信托业行业风险事件不断曝出。

中国信托业协会统计数据显示，2014年四季度末，信托业管理的信托资产总规模为13.98万亿元。2014年二季度末，信托业管理的信托资产总规模为12.48万亿元。较一季度环比增长6.40%，较2013年年末增长14.40%，但较5月下降了0.24万亿元，首次出现月度负增长；与上一年同期26.56%的增幅相比，下降了12.16个百分点。就季度环比增速而言，2013年开始呈现放缓势头，前三个季度环比增速连续下降，四季度环比增速为7.66%，小幅回升0.5个百分点。2014年前两个季度信托资产环比增速延续放缓势头：一季度为7.52%，较2013年四季度下降0.14个百分点；二季度为6.40%，较一季度回落1.12个百分点。

受银监会《信托公司净资本管理办法》的约束，信托公司要扩大业务规模，必须要有对应的净资本实力。在此背景下，各家信托公司也纷纷增资扩股。2014年二季度末，信托业固有资产总规模3058.57亿元，相比2013年年末的2871.41亿元，增加6.52%；平均每家固有资产44.98亿元，与上年末平均每家42.23亿元相比，增加了2.75亿元，增幅为6.51%。二季度末，全行业实收资本总额为1188.66亿元，与上年末的1116.55亿元相比，增加6.46%；平均每家实收资本为17.48亿元，与上年末平均每家16.42亿元相比，增加了1.06亿元，增幅为6.46%。

在转型方面，信托公司已经成效初显。在银监会"99号文"发布以后，信托公司的功能定位进一步明确，即定位于为高端客户提供资产管理和财富管理的现代信托机构和资产管理机构。因此，信托公司的转型以客户的高端化为基础。据统计，截至2014年9月末存续的12.95万亿元信托资产中，以个人合格投资者为主导的集合资金信托为3.77万亿元，占比29.13%；以机构客户为主导的单一资金信托为8.42万亿元，占比65.01%，居于首位；管理财产信托为7.59万亿元，占比5.86%。从信托资产的来源上可以看出，信托资产的上述投资者结构，以机构为主导、以个人合格投资者为辅助，信托客户的高端化结构已经初步显现。

1.3 证券公司资管业务探索创新

继2013年超越公募基金的资产管理规模后，2014年券商资管业务又实现爆发式增长。证券业协会数据显示，2014年上半年，全国117家证券公司的受托管理资金总额达到6.82万亿元，远远超过2013年全年5.2万亿元的规模。在资管规模扩张之际，新发产品数量也在提速。根据Wind数据，2014年前11个月，券商新发资管产品1730只，发行份额914.06亿份，平均每只产品0.53亿份。这一趋势在2012年资管新政发布后就已凸显，2012年下半年券商资管产品发行数量191只，累计份额763.68亿份；2013年券商新发产品数量激增至2008只，总计发行 2012 亿份。

1.4 基金公司资管业务多点开花，模式粗放

2014 年一季度，在货币基金、非公募和子公司三驾马车合力拉动下，基金及其子公司管理规模快速增长，一季度末成功突破 6 万亿元大关。不过，在 6 万亿之后，基金及子公司发展仍面临重重挑战，规模增长速度可能放缓。据中国基金业协会 4 月底发布的统计数据，截至 2014 年一季度末，我国公募基金管理规模已达 34707.34 亿元，非公募资产规模 12657.83 亿元，而证监会 4 月 25 日公布的基金子公司一季度末管理规模为 1.38 万亿元，这样，截至 2014 年一季度末，基金及其子公司合计管理资产规模已达 61165 亿元。而在 2012 年年底，基金公司管理的公募和非公募资产规模为 36225.52 亿元。

基金业总管理规模不断逼近其他资管机构规模。据保监会公布的统计数据，截至 2014 年一季度末，保险业总资产和资金运用余额分别为 89458.74 亿元和 82228.33 亿元；而来自信托业协会公布的数据显示，截至 2014 年三季度末，全国 68 家信托公司管理的信托资产规模 12.95 万亿元。显然，基金及子公司规模与保险资管和信托的规模差距在不断缩小。与此同时，券商资管规模也大幅增长，根据证券业协会网站公布的信息，截至 2013 年年底，券商资管受托管理资金本金总额 5.20 万亿元，比 2012 年的 1.89 万亿元大幅增长 1.75 倍，平均单季度增加约 8300 亿元，按照这一增长速度推算，2014 年一季度末券商资管规模可能也达到 6 万亿元。

公募业务：货币基金是最强引擎

公募基金管理规模由 2013 年年底的 30020.71 亿元增长到 2014 年一季度末的 34707.34 亿元，增幅达到 15.6%，主要拉动力量来自货币基金。根据基金业协会公布的数据，截至 2014 年一季度末，110 只货币基金合计净值规模达 14577.92 亿元，占公募基金规模的 42%，分别较 2013 年年底和 2012 年年底增加 7099 亿元和 8860.64 亿元，而 2014 年一季度其他各类基金全线净赎回。不过，从 3 月数据来看，货币基金这一强力引擎的动力快速减弱，整个 3 月，货币基金规模仅增加了 344.13 亿元，远低于 1 月的 2056.52 亿元和 2 月的 4701.37 亿元。如果货币基金不再吃香，公募规模的增长将重新变得缓慢或者停滞不前，甚至由于新股开闸，货币基金可能会被分流，公募规模因此存在短时间内快速缩水的

可能。

■ 非公募业务：年初增长出现波动

包括社保基金、企业年金和普通的特定客户资产管理计划（简称专户）在内的非公募资产，自2013年以来规模持续增长，虽然官方未公布这三大非公募资产具体规模，但由于社保基金和企业年金历来增长稳定，投向二级市场的普通专户很可能成为非公募资产中增长最快的类别。根据基金业协会的统计，截至2014年一季度末，基金公司管理的非公募资产规模为12657.83亿元，比2013年年底增加465.44亿元，增幅为3.8%，而在2013年全年，非公募资产规模由年初的7564.52亿元快速增加到年底的12192.39亿元，全年增加4628.87亿元，增幅为61%，平均每月新增规模达386亿元。在2014年一季度，非公募资产增长出现波折，1月甚至缩水765.58亿元，好在2月和3月分别增加677.07亿元和553.95亿元，实现一季度规模总体小幅增长。值得注意的是，不少基金公司专户规模过度依赖于通道类专户，未来这类专户增长的快慢将会对非公募规模的增长造成很大影响。

■ 子公司业务：高增长难再续

作为将基金业管理规模拉上6万亿元高峰的最大功臣，基金子公司经历了快速跑马圈地的过程，从2012年四季度首批公司成立到2013年三季度末，基金子公司做到了4600亿元的规模，而在2013年四季度到2014年一季度短短半年的时间里，子公司规模加速膨胀，已经突破万亿。据证监会2014年4月25日公布的信息，截至2014年3月底，共67家基金管理公司成立了子公司，其中60家子公司开展了专项资管业务，管理账户4186个，管理资产1.38万亿元。实际上，截至2013年年底，一些基金如招商、民生加银和平安大华等公司的子公司管理规模便突破1000亿元大关，成立仅半年的兴业基金旗下兴业财富管理规模便逼近500亿元，一些小基金旗下子公司的管理规模也轻松突破百亿元。但管理层近期收紧了子公司业务资格的审批，这势必影响子公司规模的增长步伐，而类信托业务面临的市场变局也削弱了子公司业务的增长动力，2014上半年高增长态势或很难再续。

1.5　保险公司资管业务不断实现突破

在保险业“新国十条”政策红利的影响下，2014年，保险投资业务通过业务创新，参与实体经济和金融市场运行，发挥长期资金的独特优势。目前已成为投资领域最广阔的金融行业之一，不仅在促进股票市场、债券市场长期稳定发展方面发挥了重要作用，还为国家重点投资项目和民生项目建设提供了重要的资金支持。

保监会最新统计数据显示，截至 2014 年 11 月末，保险资产规模达到 98318.90 亿元，资金运用余额为 89478.79 亿元，资产规模跨越 10 万亿元大关指日可待。2014 年，保险业资金运用市场化改革大踏步前进。这一年，保险业在大资管前提下屡屡创新，大胆突破，坚持市场化、专业化、产品化、国际化方向，谋求在中国乃至国际市场资产管理领域占据一席之地，步入全新的发展阶段。尤其在保险业"新国十条"政策红利的影响下，2014 年，保险投资业务通过业务创新，参与实体经济和金融市场运行，发挥长期资金的独特优势。目前已成为投资领域最广阔的金融行业之一，不仅在促进股票市场、债券市场长期稳定发展方面发挥了重要作用，还为国家重点投资项目和民生项目建设提供了重要的资金支持。

2014 年，保监会进一步推动保险资金运用市场化改革，真正做到"放开前端、管住后端"。一系列保险投资新政为保险资金开展资产配置提供了更多的基础投资工具，从传统公开市场投资拓展到基础设施、股权、不动产等另类投资和境外投资、金融衍生品交易领域，使保险公司开展真正意义上的资产配置成为可能。2014 年以来，保监会先后发布《关于加强和改进保险资金运用比例监管的通知》《保险资产风险五级分类指引》《保险资金运用管理暂行办法》《保险公司资金运用信息披露准则第 1 号：关联交易》《保险资金投资集合资金信托计划（查询信托产品）有关事项的通知》和《关于保险资金投资优先股有关事项的通知》等监管举措，对保险投资管理的监管比例和监管方式进行重大改革，重新定义和划分五大类资产，形成多层次比例监管框架；通过对保险机构投资资产进行风险分类和评估，引导保险机构加强全面资产风险管理工作，改进保险资金使用效率，提升资产质量；优化资产配置结构，防范保险资金运用风险，提高保险资金运用效率。

2014 年 12 月 15 日保监会发布《关于保险资金投资创业投资基金有关事项的通知》，允许保险资金投资创投、支持创业企业和小微企业健康发展，这是年底前保险资金运用领域的又一次拓宽。根据测算，此举为小微企业间接提供了近 2000 亿元增量资金。8 月出台的保险业"新国十条"对"鼓励保险资金采取多种方式，支持新型城镇化、重大基础设施建设和棚户区改造等，支持股票、债券市场长期稳定发展”和“大力发展出口信用、境外投资”等进行的政策引导，也赋予了保险业新的定位。截至11月底，保险资金运用资产配置不断优化，另类投资对收益的贡献逐步增大。其中，银行存款24906.73亿元，占比27.84%；债券35958.78亿元，占比40.19%；股票和证券投资基金9555.49亿元，占比10.68%；其他投资19057.79亿元，占比21.29%。

此外，保险资管产品化进程加快。2014年，保险新政的逐一落地，进一步扩大了险资投资另类产品的范围，从保险资产管理公司发行产品扩展至商业银行、证券公司和信托公司发行的金融产品，包括银行理财产品、信贷资产支持证券、专项资产管理计划和集合资金信托计划等。数据显示，截至2014年10月底，保险资产管理机构发行的各类资产管理产品累计规模超过1.1万亿元，占总资产的11%左右，增长迅速。2014年以来，保险新政的颁布更促进了险企加快创新产品和创新渠道的投资力度，特别是债权投资计划、股权投资计划、创新类金融产品、投资性房地产等的投资。作为保险资金另类投资重要渠道之一的债权投资计划，2014年1—6月，新增债权投资计划注册规模达到1480亿元。

从2014年上市险企三季报数据来看，中国太保在固定收益类的债权计划、理财产品、其他固定收益等类别上的投资增长最快；新华保险加大了集合资金信托计划、基础设施及不动产投资计划、项目资产支持计划和专项资产管理计划等高收益非标资产配置力度，2014年非标资产投资409.97亿元。其中占比最高的为集合资金信托计划，占非标资产投资总额的49%。中国人寿尽管在另类投资占比相对较低，但却对于“新国十条”中新开放的夹层基金等更为关注。在积极支持保险资金“走出去”的同时，风险也被纳入监管者视线中。目前保监会正在抓紧落地“偿二代”工作，在给保险资金海外投资松绑的同时，监管规则环境的有效接轨，将会更好地服务保险资金“走出去”。

在金融业混业经营的大背景下，保险资金“走出去”实现国际化配置，既符合国家整体发展战略，也符合自身发展需要，实乃大势所趋。按照大类监管要求，保险资金境外投资占比可达到10%。数据显示，截至2014年11月底，中国保险业海外投资总额达到159.9亿美元（折合人民币约1240亿元），占保险业总资产的1.26%。然而保险资金“走出去”才刚刚开始，截至目前，我国在海外设立的保险机构和保险资产管理公司大概有31家。

1.6 私募基金与期货公司资管业务奋起直追

截至2014年11月末,已完成登记的私募基金管理机构4856家,管理私募基金6787只,管理规模19597.9亿元,私募基金行业从业人员85504人。已备案私募基金中,私募证券投资基金3163只,规模3882.2亿元;股权投资基金2544只,规模12046.9亿元;创业投资基金665只,规模1440.7亿元;其他类型基金415只,规模2228.1亿元。已登记私募基金管理机构中,按管理资产规模划分,管理资产规模100亿元以上的30家,50亿~100亿元的有36家,20亿~50亿元的有146家,10亿~20亿元的有162家。

虽然期货资管规模在2014年发展迅猛,但受限于《期货公司资产管理业务试点办法》中"一对一"的规定,截至2013年10月,期货公司资管规模尚不足百亿元,而证券公司资产管理规模已经超过6万亿元。

2014年12月,业内期待已久的期货公司资管"一对多"业务开闸。中期协对外发布《期货公司资产管理业务管理规则(试行)》,放开了"一对多"资产管理业务,打破了"一对一"的业务限制。该规则除了放开"一对多"之外,将资产管理业务由行政许可改为登记备案,由中期协制定自律规则实行自律管理。

2. 变化与特征

伴随着中国经济的转型,泛资管市场也呈现出一些新的变化和新的特征:

第一,资产管理行业资产端所挤压明显。地方债务清理、部分行业产能过剩及地产市场调控等对资产管理行业资产端产生明显的挤压。降低全社会尤其是各级地方政府的融资成本是2014年全年的政策基调之一,地方债务的清理、剥离融资平台的政府融资功能和大力推进地方债也使得具有潜在政府信用担保的高息资产要逐渐退出历史舞台。基于此,资产管理行业的下一波发展亟须一个更为合理的、有益于经济转型升级的投融资模式与之相配合。这个过程将推动产生巨大的产业投资机会;同时在新型城镇化推进的过程中,创新政府融资模式、推广资产证券化等新模式的过程将会促进资产管理行业新格局的形成。

第二,刚性兑付的打破催生了资管行业的避险情绪。叠加监管层对影子银行体系加强了监管和风险控制，并有意破除银行信用背书和“刚性兑付”等，这将使此前占据中国资产管理行业大半规模的银行理财及类信托等产品原有的相较于其他资产管理产品的明显优势逐步丧失，业务模式面临重大调整。在此过程中，一方面此前过度依赖单一类信托业务模式的机构逐步陷入困境之中，另一方面，不少银行资产管理部门和类信托资产管理机构积极开展创新，以求在行业重构的过程中突出重围，在新的版图形成之时求得先机。

从中国资产管理行业的总体变化可以看出，过去的牌照红利逐渐消失。此前数年的资产管理行业发展史，在某种程度上可以被看作是资产管理各个子行业通过开展不同的业务模式在不同时期的经济社会环境下力量此消彼长的过程。但是自2014年起，资产管理行业之间的壁垒逐渐消除，综合化经营趋势依旧在持续，监管层对于不同类型机构的监管要求逐渐走向统一。此后的资产管理行业里依靠牌照所带来的业务模式优势，即靠天吃饭情形将逐渐减少，决定资产管理行业内企业胜负的将更多的是战略、定位、创新、公司治理制度等因素。

第三，违约事件打破刚性兑付。在信用风险与金融创新并存的新资管市场环境中，风险管理能力和创新能力的重要性更加凸显。信托、债券等兑付违约事件在市场规律推动下出现，对中国的资管市场打破“刚性对付”具有重要意义，这在一定程度上反映出前期国内外共同刺激政策推动下大幅加杠杆的金融体系在资管市场上进入风险去化期，不同部门在加杠杆与去杠杆之间拉锯争持，全市场风险溢价水平也呈现更大的波动。同时，为了积极盘活存量，监管机构也在分类有序、多层次地推进金融创新步伐。譬如资产证券化事后备案和负面清单制的加速落地，为证券、基金等资产管理机构打开崭新的创新空间。“刚性兑付”的打破对资管市场具有警示作用，促进资产管理行业的创新与市场化，可以降低金融体系的结构性风险。

第四，资管牌照放开，行政管制与市场化竞争并行。伴随着各类资管牌照放开，资管行业准入门槛已大幅降低，资产管理行业市场化竞争的趋势不可逆转。在中国资产管理行业起步阶段，政府为了快速建立起较为规范的资产管理市场，加大了对资管行业的监管约束，资产管理机构的牌照价值也因其稀有性而被放大，从而导致一些资产管理机构的运作方式带着浓厚的行政色彩。经过十余年的发展，中国资产管理市场规模已超过40万亿元，各类机构主体在竞争中逐步形成了一套初步的市场规则。这一系列的市场化实践，为大资管领域下一步的市场化改革提供了有益的经验和借鉴。因此，监管机构及时转变监管方式，以更市场化的角色定位服务市场，不仅可以提高金融监管的有效性，也能进一步激发市场活力，提升资产管理市场的运行效率。

第五，中国金融市场的内外开放为资管市场的发展提供了土壤。对内而言，利率市场化已呼之欲出，在市场化定价的条件下创新资产管理工具，发展适应利率市场化浪潮的资产管理模式尤为重要。对外而言，随着离岸人民币市场的设立和发展，跨境人民币跨境结算和双向使用规模不断扩大，人民币国际化进程正在加速。因此，中国金融体系内外的双向开放格局，推动了资产管理行业创新的市场化。

第六，互联网金融对传统资产管理模式造成冲击，并促进传统资管行业的变化。从全球市场来看，单独的互联网金融机构很难在市场上赢得持续的竞争力。欧美等海外发达经济体的互联网金融是在金融体系竞争充分、市场管制较为宽松的环境下成长起来的，而中国当前金融环境下成长起来的互联网金融，还具有冲击原有金融管制、促进金融体系竞争的“搅局者”的作用。随着互联网金融对资产管理产业链渗透与融合的进程加速，互联网金融开始从销售端逐步切入资产管理产品的研发、研究决策、组合投资等环节。对于资产管理行业而言，这意味着从募集到投资整个流程中的各个环节将会变得更加高效率和低成本。

3. 问题与风险

3.1 无序竞争，政出多门

居民财富增长和理财需求是我国资产管理市场快速增长的基础，近年来的监管政策调整旨在打破垄断，创造有利于竞争和保护投资者利益的市场环境。各机构都在发挥各自优势，培育专业投资管理能力和开发丰富的投资产品。资管市场的竞争也更加激烈。大数据、互联网金融、沪港通的来临等因素的累积，使得当前中国的资产管理行业迎来新一轮的激烈竞争。

自2012年5月以来，中国的资产管理行业就已经迎来了一轮监管放松、业务创新的浪潮。在这一轮浪潮中，中国资产管理行业在扩大投资范围、降低投资门槛，以及减少相关限制等方面，均打破了银行、保险公司、信托公司、证券公司、期货公司、证投基金管理公司之间的竞争壁垒，使得资产管理行业进入进一步的竞争、创新、混业经营的大资管时代。如今，随着余额宝等新型理财产品的出现，小额投资让“资产管理”这个以前被认为是有钱人的专属领域开始大众化、平民化，老百姓的散钱、小钱也可通过资产管理实现财富化。

资管市场的激烈竞争主要体现在以下方面：

第一，互联网金融产品大行其道。互联网金融呈现出规模大、速度快的态势。目前，央行已共计发放269家第三方支付牌照，有上百家企业参与了互联网金融。但是随着互联网金融产品的发展，一些金融风险也开始显露。互联网平台的产品以低成本、高回报率吸引客户，但是这种模式也存在着较高的风险。

第二，保险资产管理公司等机构通过受托资格参与市场竞争。商业银行通过遍布城乡的网点、理财经理和银行信誉掌握了我国超过90%的金融资源，是银行理财业务资金源源不断的源泉。商业银行理财产品配置到股票和非上市公司股权，甚至受让信贷资产都需要委托给信托公司等机构进行投资运用，这是银信理财合作与银行理财业务同步增长的关键原因。而随着证券公司、基金公司、保险资产管理公司的特定资产管理业务受托资格的明确，它们将一同与信托公司竞争，共同受托银行理财业务的资金运用和投资管理职能。同时，信托公司、证券公司、基金公司、保险公司很大一部分的业务都是通过银行渠道进行销售的，因此，商业银行的渠道是所有金融机构开展资产管理业务的关键合作伙伴，其中以私人银行客户需求为导向的资产管理业务竞争尤其激烈。

第三，私募股权（PE）投资基金迅速发展高端理财。国家发改委是私人股权投资基金的主要监管者，采取备案制形式，通过加强信息披露等方式对其营业行为进行监管。根据投中集团的不完全统计，截至2011年，我国已经有超过400支股权投资基金在国家发改委或各省（市）发改委完成备案。尽管PE投资具有高风险特征，但其高收益的诱惑吸引了一部分富裕人士的投资眼球。随着我国投资者不断成熟、风险和回报正比意识进一步确立，一批基金管理人逐渐形成良好的声誉，PE投资基金正在成为富有人士和长期投资资金的重要投资方式。

第四，信托公司总体规模扩大，但创新不足。信托是可以跨越货币市场、证券市场和实业市场的金融机构，投资标的广泛，可以利用其经营范围广，投资组合选择大的特点，谋求投资者收益来源的多样化。但随着资管市场的放开，信托公司的许多制度优势逐渐消失。

在监管措施不断加强、银行代理渠道受限、第三方理财机构代理被堵等多重压力的共同作用下，2014年信托业交出了一份还算不错的成绩单。截至2014年四季度，信托资产规模达 13.98 万亿元，其中集合资金信托规模 4.29 万亿元，新成立集合资金信托规模的稳步增长有效地抑制了单一资金信托受限对行业规模的影响，显示了 2014 年信托公司在产品销售能力及主动管理能力方面的稳步增强。不过，从资金运用领域细分数据来看，受房地产业低迷、地方融资平台剥离政府融资职能、银监会规范同业业务等影响，截至 2014 年四季度末，信贷资产、同业存放、基础产业、房地产的新增信托资产均较 2013 年同期出现大幅下滑。这折射出信托资产规模虽然总体在扩大，但信托公司在产品创新、业务转型方面的能力依然较弱，养老信托、林地信托、土地流转信托、消费信托、资产证券化等领域虽有尝试，但尚未形成可复制的商业模式。

信托业的发展与中国经济整体运行情况保持一致，也正进入“新常态”——增速下滑、结构调整、创新驱动。在大资管时代，券商、基金、保险等过去与信托业不存在直接竞争关系的金融部门，可以通过资产管理计划或子公司等方式与信托业形成正面竞争，尤其是通道类业务领域，信托业原有的制度红利逐渐消失，原有的市场份额将被逐渐蚕食。随着货币稳中偏松、传统融资方式恢复、市场融资成本下降，信托公司面临的融资需求会降低、风险会增大。因此，在经历了 2014 年信托风险泡沫的挤压之后，信托公司应顺应经济“新常态”下的产业结构调整，整合银行、证券、私募等各种资源，在“三农”、新型城镇化等政策导向下大力拓展并购重组业务，探索土地流转、资产证券化等信托新模式，充分利用信托“全牌照”的制度优势，有效发挥信托经营业务范围广、产品设计灵活、融资速度快等独特优势，为实体经济发展提供综合金融服务。

第五，基金子公司大力拓展通道业务。基金在理财业务上起步早、专业性强，目前已经形成了较大的业务规模，拥有股票基金、债券基金、货币市场基金、保本基金等较为完整和成熟的产品群，能够投资于除期货、外汇外的大部分国内金融产品。

基金子公司尚处于监管空白期，大多数基金子公司都开展了专项资产管理业务。这项业务主要由帮助银行信贷出表的通道业务组成，投向则以房地产项目和地方政府融资平台项目为主，也有部分主动管理的资产管理业务，多以被动管理的形式开展。

在通道与创新之间，基金子公司以一年 1 万亿元的扩张步伐，成为近两年资产管理行业中发展速度最快的一个分支。相比于受监管约束越来越多的信托公司，基金子公司一方面拥有“全牌照”、投资范围无限制的优势；另一方面处于监管的空窗期，规则灵活，注册资金只要2000万元，且无净资本的约束。这使得基金子公司一诞生就迅速成为融资业务的“新宠”，业务迅速膨胀，短短几个月多家基金子公司业务规模就已迈过百亿元大关，至2013年年底，个别银行背景的基金子公司更是出现了规模过千亿元的巨无霸。基金子公司与信托公司相比，在操作优势方面，基金子公司投资者人数要求300万元以下的自然人投资者不得超过200人，而信托公司300万元以下的自然人投资者不得超过50人；在投资限制方面，基金子公司不受限制而信托公司无法在银信合作中投资票据资产；在效率审批方面，基金子公司无须审批，而信托公司投资于地产类项目需要事前审批；在净资本约束方面，基金子公司无净资本约束，发行集合资金信托计划占用净资本监管约束限制较少，而监管部门对信托公司开展地产、政信合作等监管较严；在投研能力方面，基金子公司依托母公司的投研团队，投资经验丰富。虽然基金子公司很多业务和信托类似，但由于人才和经验问题，基金子公司的项目质量通常都比信托差，风险杠杆高的主要还是集中在固定收益这块。

3.2　产品雷同，同质化问题严重

许多资管产品在起步阶段都是通过银行通道业务进行销售的，这主要与银行在我国金融体系中的地位有关。但是银行通道业务盈利模式的单一化导致很多资管产品呈现出同质化问题，资产管理本身的特性并不突出。各类资管产品的本质是相同的，只是发行的主体不同。

3.3　产品缺乏科技含量，附加值低

资管产品大多是缺乏科技含量的通道业务，附加值低。虽然市场上有很多产品创新，但是有些创新属于伪创新，也是有监管套利的行为。在过去几年里，中国资产管理市场发展得最快，创新非常活跃，可以说各种产品层出不穷，市场非常有活力，但是我们也不得不看到当前有一些所谓的创新产品，并不是真正的创新，它没有本质上改变或者调整产品的风险，也没有创造一种新的交易形式。很多创新其实从本质上来说，更多的是规避监管，通过不同的产品外壳把不能做的业务包装成为可以做的业务，把监管严的市场腾挪到监管不严的市场，这样进行监管套利的伪创新在一定时期还是比较多的，当然现在这些套利行为得到了一些遏制和规范。出现这样一些问题，根本原因是不同的财富市场主体没有享

有同样的法律地位，再加上国内的资产行业监管分合、制度设计并不统一，而资产管理和财富管理常常是跨市场的，这样就使得机构有机会进行跨市场、跨监管的套利行为。一些创新只是在没有科技含量的通道上进行创新，没有对产品进行真正的创新。

3.4 业态多元，存在监管空白地带

资管业务现有的监管制度环境缺乏统一的规划和设计，也缺乏有效的协调，可能会影响金融协作和创新。监管机构不断地在金融领域推出推行市场化的改革，放松监管，市场非常繁荣，也推动了金融机构混业经营趋势的加速（基金子公司的发展更加显示了监管部门的政策放松，基金子公司尚存在监管空白，这也是基金子公司大力发展的主要原因）。金融机构从事本质上相似的资产管理和财富管理业务，但是由于监管制度的环境还缺乏统一的规划和设计，分业经营和分业监管的现实也会导致监管碎片化和行政化。另外，由于缺乏统一有效的协调，在各个金融机构合作的过程中，监管部门出台的相应政策也往往不一定能够考虑到非管辖的金融机构的经营行为。有的时候这就不利于创新，也不容易控制风险，同时，还会降低市场的效率。

解决监管机构协调的问题需要规范执法和建立健全的监督体系。在分业经营和分业监管体系下出现了监管的短板，需要研究新形势下如何协调监管事项，在机构监管基础上如何引入功能监管的机制。明晰各监管机构的职责、监管边界以及在交叉地段的监管办公和监管的协作，明确监管机构之间的移交程序、磋商程序、执行程序等问题虽是细节的问题，但是关系很大。

市场主体监管不公、政府监管边界不明导致的监管不足和监管过度这两个共存的问题都需要落实依法治国的精神。即通过修订法律解决问题，同时，也需要在执法过程中规范执法，健全监督体系。

3.5 营销环节不规范，投资者信息不对称

随着我国资管市场的发展，可以开展资管业务的公司都在进行产品营销，进而扩大规模，但是银行依然是各种资管产品营销的主要渠道。银行在资管产品的营销环节中只是承担类似“推介人”的角色，完全不参与法律关系也不担任投资顾问等角色，至多只担任资管产品的推介方和保管行，银行也不承担任何兑付

责任，其获取收益的主要方式是收取高额的保管费、咨询费、服务费等。客户往往会误以为资管产品是银行的，所以当发生不可兑付的情况时就会发生客户与银行及资管公司之间的冲突，对银行及资管公司的信誉都会造成负面影响。

3.6　违约事件频发，兑付风险问题凸显

2014 年信托产品规模已超过 10 万亿元，成为我国第二大金融产业。近几年，随着国家经济增速中枢下行等新形势出现，企业资信质量有所下降，而信托业前期高速扩张，覆盖的企业过多，其兑付的违约风险事件逐渐频发。个别信托公司产品已经开始打破信托“刚性兑付”的惯例。此外，素有“零违约”纪录的债券市场随着“11 超日债”公告无法按时偿付利息的发布，其“零违约”的历史宣告结束。随着中小企业私募债兑付高峰的来临，实质性违约数量将逐步增加。由于我国正处于“三期叠加”的关键时期，杠杆积累过高，同时债券市场扩容明显，我国信用产品打破“刚性兑付”，市场机制逐步主导违约风险将是我国信用市场的发展趋势。

4. 竞争与合作

大数据、互联网金融、沪港通的来临等因素的累积，使得当前中国的资产管理行业迎来新一轮竞争发展的繁荣时期。而就在过去的两年多时间里，自 2012 年 5 月以来，中国的资产管理行业就已经迎来了一轮监管放松、业务创新的浪潮。在这一轮浪潮中，中国资产管理行业在扩大投资范围、降低投资门槛，以及减少相关限制等方面，均打破了银行、保险公司、信托公司、证券公司、期货公司、证投基金管理公司之间的竞争壁垒，使得资产管理行业进入了进一步的竞争、创新、混业经营的大资管时代。如今，随着余额宝等新型理财产品的出现，小额投资让“资产管理”这个以前被认为是有钱人的专属领域开始大众化、平民化，老百姓的散钱、小钱也可通过资产管理实现财富化．门槛降低、大数据及互联网金融等因素，使得中国资产管理行业竞争更加剧烈。与此同时，主流资管机构也意识到，在大资管时代，同业机构合作比以往任何时期都显得更加迫切、必要和具有现实性，2014 年各理财机构之间实际都在探索和构建一种全新的“竞合”关系

与模式

4.1 竞争:程度进一步加剧

第一,放松管制和准入门槛降低,会带来更多数量和类型的机构竞争。2013年6月28日,中国证监会通报修订了《证券公司客户资产管理业务管理办法》(以下简称《管理办法》)《证券公司集合资产管理业务实施细则》(以下简称《集合细则》)有关情况。新基金法的实施进一步扩大了基金公司的业务范围,突出了基金公司在吸引客户资金方面上的优势,并且在准入方面做了大幅度放松。中国期货业协会(以下简称"协会")发布了《期货公司资产管理业务管理规则(试行)》(以下简称《管理规则》)。《管理规则》降低了准入门槛,扩大了试点范围,放开了"一对多"业务,期货公司可以开发更加丰富的资产管理产品,加快拓展业务规模,进一步满足投资者的多元化需求。

第二,互联网金融产品大行其道。互联网金融呈现出规模大、速度快的态势。截至2013年8月,共计发放的250家第三方支付牌照中,有97家企业参与了互联网金融。移动终端处理业务达到19.6亿笔,金额达到1782.91亿元。从P2P平台看,活跃平台大于350家,交易额也大于600亿元。到2013年年末,网络小额贷款放款额达到1722亿元。有47%的人参与了互联网金融投资。互联网金融依托移动支付、云计算、大数据、社交网络及搜索引擎等实现支付、资金融通、信用中介等业务,互联网金融有着自己独特的优势。互联网金融体现出巨大的发展潜力和经济价值,不仅支持了小微企业的发展,还开拓了普通消费者的内需市场,目前有3亿实名制用户建立了互联网信用档案和互联网信用评价体系。

第三,更加开放的政策会带来更加国际化的竞争,竞争包括与国外资产管理公司机构的直接竞争。尽管我国资管行业实现了一个跨越式发展,但由于我国资管行业刚刚起步,与金融发达国家差距依然较大。一是资产管理规模比较小。从公募基金角度讲,这几年我国始终排在全球第十位,但我国经济体量是全球第二位,这是不相称的。二是市场渗透率不足。从公募基金的角度比较,到2013年年底,我国居民储蓄有47万亿元,投资于基金的规模只有3.6万亿元。但是美国有15.2万亿美元的共同基金,居民家庭资产中25%是共同基金,而且美国的基金持有人占人口总数的46%,我国公募基金的持有人占人口的比例仅为5%。三是从专业机构投资者角度看,美国各类养老金采取专业投资,共有5.56万亿美元投资于共同基金、封闭基金等金融产品,我国只有社保基金、企业年金采取专业投资，市场化运作不充分。此外，我国场外衍生品市场为 PE、VC 等私募基金推出的基础市场还不发达。中国资管公司的竞争力与发达国家也存在一定差距。随着开放政策的深入，国内资管公司与国外资管公司的竞争也会更加激烈。

第四，大数据推动大资管。大数据能够有效地提高客户参与度，对客户和潜在客户的信息数据进行挖掘，可以极大地帮助资产管理公司更好地了解客户，整理产品、定价、风险和财务信息，从而让信息流更加顺畅地流向公司领导层和销售部门。以全球云计算市场为例，2011 年的规模是 410 亿美元，据相关预算，到了 2020 年，将增至 2410 亿美元。对于大数据在了解客户需求方面所起的重大作用，零售业一直都有着深刻的理解，这种影响将蔓延到资产管理领域。清科研究中心预计，大数据能够推进大资管，而且大优化。

4.2 合作：序幕已经开启

随着大资管时代的到来，理财市场规模不断扩大，各机构间的“客户争夺战”也日益激烈。为取得互补优势，目前银行与阳光私募、期货公司、券商等机构的合作正在不断深化。阳光期货私募借助银行渠道发行的产品主要是投资风险较小的结构化产品，目前国内已有几家银行开始涉足期货私募主动管理型产品领域。私募基金通过银行渠道获得大量中高端客户，银行则将私募投资作为财富管理业务的重要组成部分。与其他销售渠道相比，银行在专业度、品牌影响力和公信力上更有优势，其客户的可信赖度也较高，同时银行对客户的投资需求有较为深入的了解，能够实现快速、精准的销售。合作发行结构化产品，银行的风险相对较小，能够确保获得固定收益。银行实际上是代销产品，将投顾的产品包装成基金专户产品，再卖给客户。券商也选择了银行等金融机构作为紧密合作的对象。银行在基础资产的供应、信用风险的把控和渠道建设方面有许多优势，但也有所欠缺，即投资能力有待提高，因此需要加强与同业伙伴的合作。

5. 监管与政策

5.1 银行：“127 号文”规范金融机构同业业务

2014 年 5 月 16 日，中国人民银行、银监会、证监会、保监会、外汇局联合印发了《关于规范金融机构同业业务的通知》（银发〔2014〕127 号，下称《通知》）。随后，银监会发布了《通知》的配套文件《关于规范商业银行同业业务治理的通知》（银监办发〔2014〕140 号）。2012 年以来，银行表内非标业务扩张迅速，尤其是买入返售类的非标业务增加明显，导致货币和信用的扩张脱离监管。金融系统 2013 年 6 月爆发了"钱荒"。"127 号文"主要的目的在于约束同业类型的非标业务。

表 4－1 《通知》的主要内容

法条	主要内容
第一条 规定了同业业务类型	主要业务类型包括：同业拆借、同业存款、同业借款、同业代付、买入返售（卖出回购）等同业融资业务和同业投资业务
第五条 叫停三方买入返售	买入返售（卖出回购）是指两家金融机构之间按照协议约定先买入（卖出）金融资产，再按约定价格于到期日将该项金融资产返售（回购）的资金融通行为。买入返售（卖出回购）相关款项在买入返售（卖出回购）金融资产会计科目核算。三方或以上交易对手之间的类似交易不得纳入买入返售或卖出回购业务管理和核算
第七条 限制第三方信用担保	金融机构开展买入返售（卖出回购）和同业投资业务，不得接受和提供任何直接或间接、显性或隐性的第三方金融机构信用担保，国家另有规定的除外
第十条 要求将同业业务置于流动性管理框架之下	金融机构应当合理配置同业业务的资金来源及运用，将同业业务置于流动性管理框架之下，加强期限错配管理，控制好流动性风险
第十二条 要求准确计量风险并计提相应资本与拨备	金融机构同业投资应严格风险审查和资金投向合规性审查，按照"实质重于形式"原则，根据所投资基础资产的性质，准确计量风险并计提相应资本与拨备
第十三条 审慎确定融资期限	金融机构办理同业业务，应当合理审慎确定融资期限。其中，同业借款业务最长期限不得超过三年，其他同业融资业务最长期限不得超过一年，业务到期后不得展期
第十四条 单一对手融出限额和融入总量管理	单家商业银行对单一金融机构法人的不含结算性同业存款的同业融出资金，扣除风险权重为零的资产后的净额，不得超过该银行一级资本的 50%
第十八条 存量业务到期后结清	金融机构于通知发布之日前开展的同业业务，在业务存续期间内向中国人民银行和相关监管部门报告管理状况，业务到期后结清

由表 4－1 可以看出，《通知》对于金融机构的影响是压低其同业业务中的非标规模，提高非标业务的操作难度，将大量游离在体系之外的融资行为压缩回表

内。此措施有利于维护金融系统稳定，但对金融机构的资本充足率和利润有相当程度的影响。

5.2 信托："99号文"开启业务转型的序幕

"99号文"清理资金池、明确通道业务风险责任

2014年4月8日，银监会发布了《关于信托公司风险监管的指导意见》（银监办发〔2014〕99号，下称"99号文"）。出台的目的是为了有效防范、化解信托公司风险，推动信托公司转型发展。

表4-2 "99号文"的主要内容

一、清理资金池	信托公司不得开展非标准化理财资金池等具有影子银行特征的业务。对已开展的非标准化理财资金池业务，要查明情况，摸清底数，形成整改方案，于2014年6月30日前报送监管机构。各信托公司要结合自身实际，循序渐进、积极稳妥推进资金池业务清理工作
二、信托公司通道业务要明确风险责任	金融机构之间的交叉产品和合作业务，必须以合同形式明确项目的风险责任承担主体，提供通道的一方为项目事务风险的管理主体，厘清权利义务，并由风险承担主体的行业归口监管部门负责监督管理，切实落实风险防控责任。进一步加强业务现场检查，防止以抽屉协议的形式规避监管
三、明确信托机构六大业务转型方向	改造信贷类集合资金信托业务模式，研究推出债权型信托直接融资工具。大力发展真正的股权投资，支持符合条件的信托公司设立直接投资专业子公司。鼓励开展并购业务，积极参与企业并购重组，推动产业转型。积极发展资产管理等收费型业务，鼓励开展信贷资产证券化和企业资产证券化业务，提高资产证券化业务的附加值。探索家族财富管理，为客户量身定制资产管理方案。完善公益信托制度，大力发展公益信托，推动信托公司履行社会责任

"99号文"主要有以下影响：银信合作的通道业务之前基本通过抽屉协议（一般由两部分组成，一部分在合同上规定好交易结构，另一部分是交易结构背后，有类似反担保协议）来做，"99号文"将其摆到明面上，将隐性担保变为显性担保。抽屉协议某种程度上就是规避监管，如果通道业务的风险责任承担主体明确后，抽屉协议存在的必要性就会下降，根据监管变化，未来不排除银行通道业务会更多转向券商、基金子公司。

《信托业保障基金管理办法》促进信托业持续健康发展

酝酿多时的《信托业保障基金管理办法》（以下简称《办法》），2014 年 12 月 12 日由中国银监会与财政部共同制定并发布实施。《办法》的出台实施，对未来信托业持续健康发展以及信托公司业务模式转型和风控机制的构建，都将发挥重要的影响。

《办法》是以市场机制和市场化原则为信托业构建的风险缓释机制和风险处置机制。保障基金的认购对象、功能定位、管理架构、运用对象、运用原则、监督管理都体现出其按照市场规则运作、借助市场手段管控的指导思想，保障基金公司将会在保障基金的整体运作和管理中发挥核心平台作用。同时，《办法》的出台实施，也与此前业已运行的证券业、保险业和银行业的保障机制紧密对接，形成了我国目前一个比较完整的金融行业保障和风险处置体系。

表 4－3 《信托业保障基金管理办法》的主要内容

法条	修订内容
第二章　保障基金公司和基金理事会	
第五条	信托业风险处置应按照卖者尽责、买者自负的原则，发挥市场机制的决定性作用，防范道德风险。在信托公司履职尽责的前提下，信托产品发生的价值损失，由投资者自行负担
第三章　保障基金的筹集和管理	
第十三条	（一）依据本办法第十四条筹集的资金； （二）使用保障基金获得的净收益； （三）国内外其他机构、组织和个人的捐赠； （四）国务院银行业监督管理机构和财政部批准的其他来源
第十四条	保障基金现行认购执行下列统一标准，条件成熟后再依据信托公司风险状况实行差别认购标准： （一）信托公司按净资产余额的 1% 认购，每年 4 月底前以上年度末的净资产余额为基数动态调整； （二）资金信托按新发行金额的 1% 认购，其中：属于购买标准化产品的投资性资金信托的，由信托公司认购；属于融资性资金信托的，由融资者认购。在每个资金信托产品发行结束时，缴入信托公司基金专户，由信托公司按季向保障基金公司集中划缴； （三）新设立的财产信托按信托公司收取报酬的 5% 计算，由信托公司认购

续表

法条	修订内容
	第四章　保障基金的使用
第十九条	具备下列情形之一的，保障基金公司可以使用保障基金： （一）信托公司因资不抵债，在实施恢复与处置计划后，仍需重组的； （二）信托公司依法进入破产程序，并进行重整的； （三）信托公司因违法违规经营，被责令关闭、撤销的； （四）信托公司因临时资金周转困难，需要提供短期流动性支持的； （五）需要使用保障基金的其他情形
	第五章　保障基金的分配和清算
第二十四条	保障基金收入扣除日常支出后，净收益率高于国家一年期存款基准利率的，按照国家一年期存款基准利率向信托公司、融资者等认购人分配收益，剩余部分计入基金余额。净收益率低于国家一年期存款基准利率时，由保障基金公司提出收益分配方案并报基金理事会审议

第五条特别强调“信托业风险处置应按照卖者尽责、买者自负的原则，发挥市场机制的决定性作用，防范道德风险。在信托公司履职尽责的前提下，信托产品发生的价值损失，由投资者自行负担。”该条款再次说明保障基金是信托风险的最后一道保护线，这就意味着没有“刚性兑付”。第十三条主要对保障基金的来源进行了阐述。

第十四条对信托公司的认购标准进行了规定，如果《办法》中的认购比例真实落地，则会使目前信托公司业务中占有相当地位的银信“通道”业务受到“毁灭性”打击。目前信托公司的通道业务通常都占到其管理的信托资产规模的50%以上，而其信托报酬则往往只有3‰~5‰，伴随基金子公司和券商资管公司对该类业务的激烈争夺和竞争，更是达到万分之几的历史最低水平。因此如果要求信托公司按照1%的比例认缴保障基金的话，其潜台词则是叫停信托公司的通道业务。

第十九条规定了保障基金公司可以使用保障基金的情形，由规定可见，任何把保障基金看作信托公司“兜底”资金的做法，都是对《办法》严重的误读和误判。银监会公开表明，保障基金对信托公司的救助，必须坚持市场原则，不是无成本的救助，更不是对信托公司及其股东的逆向激励。单体项目和单体机构的风险，原则上按照“债务重组—外部接盘—履行恢复与处置计划—动用保障基金”的顺序进行风险处置。而一旦保障基金介入后，将对信托公司原股东和高管依法依规追责，必要时实施市场退出。因此，此规定绝非意味着信托公司兑付不了就可以依靠保障基金，更不是鼓励信托企业去冒风险。

5.3　基金：子公司风险亟待防控

2014 年 4 月底，证监会印发《关于进一步加强基金管理公司及子公司从事特定客户资产管理业务风险管理的通知》（证办发〔2014〕26 号，下称“26 号文”）。一年半时间，基金子公司管理资产规模达到 1.38 万亿元，在总规模冲上万亿大关之时，监管部门已注意到基金子公司疯狂生长的风险，督促子公司强化合规风控管理，为狂飙的基金子公司“踩刹车”。“26 号文”的主要内容是：①不得开展资金池业务；②不得通过“一对多”专户开展通道业务；③通道业务要在合同上明确风险承担主体和通道功能主体；④完善激励约束机制；⑤强化母公司管控；⑥自 2014 年 5 月 1 日起，对基金管理公司及其子公司专户业务实施备案管理，监测分析专户业务相关风险；⑦引导新设立的基金管理公司优先开展公募基金业务，对于基金管理公司成立不满一年或者其管理的公募基金规模低于 50 亿元的，中国证监会将暂缓审核其设立子公司的申请。

由于之前证监会调整了专项资产管理业务，适度扩大了基金公司的投资管理范围，对于基金特定客户资产管理业务采取适度监管方式。当时，信托、券商资管都面临着政策限制，而基金子公司的投资限制较少，就成了融资方和其他金融机构的宠儿。得益于宽松的政策，基金子公司开展了更迎合市场的项目，同时吸引了大量人才。基金子公司狂飙突进的时代已经结束了，未来基金子公司的业务监管将会明显强化，相比之下信托的制度优势和监管优势将被削弱。

5.4　保险：市场领域拓展

《关于保险资金投资集合资金信托计划有关事项的通知（征求意见稿）》

2014 年 4 月 22 日，保监会下发《关于保险资金投资集合资金信托计划有关事项的通知（征求意见稿）》（以下简称《通知》）。截至 2013 年年末，保险资金投资信托计划的规模已达 1442.9 亿元，占保险资金总资产的 1.9%，占集合信托计划总规模约 5%。包含信托在内的另类投资已逐渐成为险资提高投资收益率的重要支柱，须明确该类业务标准，指导保险资金投资业务的开展。①保险资金投资的集合资金信托计划，基础资产限于融资类资产和风险可控的非上市权益类资产。不得投资单一信托，不得投资基础资产属于国家明令禁止行业或产业的信托计划。②明确了作为受托人的信托公司的具体门槛，2013 年年末经审计的净资产不低于 30 亿元人民币等条件。③保险机构投资集合资金信托计划，存在以下情形之一的，应当于投资后 15 个工作日内向中国保监会报告。其中包括：基础资产涉及的不动产等项目不在直辖市、省会城市、计划单列市等具有明显区位优势的地域，且融资主体或者担保主体信用等级低于 AAA 级；基础资产所属融资主体为县级政府融资平台，且融资主体或者担保主体信用等级低于 AAA 级；《通知》对该类业务标准的明确有利于控制保险资金的风险。未来，"信保合作"有望增强，信托公司则会在项目中优中选优以达到规定的对接险资的标准。

5.5　券商：创新仍为主基调

专项资管业务被叫停，拓宽集合资产管理计划投资范围

2014 年 2 月 25 日，证监会官网公告，取消三项行政审批项目，其中，券商专项资管业务被取消，与此同时证监会审批也相应取消。券商资管业务类型减少，资产证券化业务被取消，仅剩下小集合和定向资管计划。

《关于进一步推进证券经营机构创新发展的意见》

中国证监会 2014 年 5 月 13 日发布《关于进一步推进证券经营机构创新发展的意见》，提出"拓宽集合资产管理计划投资范围，允许投资于未通过证券交易所转让的股权、债权及其他财产权利。"券商定向资管的业务规模目前八成以上都是通道业务，此前的大集合也因新《基金法》的施行被叫停，当下的集合资管计划受到推广难度大、投资范围窄的限制，开展困难，操作上也基本是嵌套集合信托或基金子公司专项计划，再以委托贷款的形式投放至融资项目。虽然资金和项目均来自券商但却依然依赖信托和基金子公司的通道，且存在合规隐患。此次新政策导向的到来也许"正是时候"。但是，监管层对修改券商资管业务相关办法的创新任务并未给出明确的时间进度，集合资管计划投资范围的正式"扩容"道路仍旧漫长。

5.6 期货：探索拓展新业务领域

中国期货业协会（以下简称协会）发布了《期货公司资产管理业务管理规则（试行）》（以下简称《管理规则》），自2014年12月15日起实施。

表4－4 《期货公司资产管理业务管理规则（试行）》的主要内容

目的	内容
降低准入门槛，扩大试点范围	（1）申请登记时期货公司净资本不低于人民币1亿元，最近一次期货公司分类监管评级不低于C类C级，较《期货公司资产管理业务试点办法》大为降低。（2）放开了"一对多"业务，期货公司可以开发更加丰富的资产管理产品，加快拓展业务规模，进一步满足投资者的多元化需求
强化事中、事后监管	（1）明确了期货公司开展资管业务的条件，只要符合条件，都依法予以登记备案。（2）在放松管制的同时，重点在产品开发、销售、运作等方面明确了保护投资者合法权益和风险防范控制的监管底线，并强调加强日常检查和自律惩戒力度
加强信息共享与监管协作	（1）资产管理业务作为期货公司的一项业务，应当接受协会的自律管理。同时，按照证监会关于私募产品统一备案和监测的要求，期货公司及其子公司资产管理计划，作为私募性质的产品，需要通过中国证券投资基金业协会私募基金登记备案系统进行备案。（2）协会在中国证监会的指导和监督下，与证监会有关部门、单位以及行业自律组织建立信息共享和监管协作联动机制

《管理规则》共计6章53条，主要包括以下内容：一是规定了制定依据、适用范围、业务类型、展业原则和监督管理等内容；二是规定了登记条件、不同登记主体的登记材料及审查、产品和人员备案等内容；三是规定期货公司或子公司作为资产管理人应尽的职责、合格投资者、投资范围、强制托管、禁止行为等业务规范；四是规定了期货公司或子公司在内部控制方面和风险管理方面的具体要求，切实防范利益冲突和利益输送；五是规定了自律管理的手段、方式等，细化了自律管理措施，强调了监管协作。

《管理规则》是落实《国务院关于进一步促进资本市场健康发展的若干意见》和《关于进一步推进期货经营机构创新发展的意见》的又一项重要举措，充分体现了中国证监会落实简政放权和推进监管转型的精神，将为期货公司的创新发展打开新的空间。

5.7　私募基金：规范和监管须进一步强化

2014 年 8 月 22 日，证监会正式发布《私募投资基金监督管理暂行办法》(以下简称《办法》)。《办法》主要明确了 5 项制度，一是全口径备案制度，二是确立合格投资者制度，三是明确了募资规则，四是规范投资行为等运作规则，五是对不同类别私募基金进行差异化管理。

表 4-5　《私募投资基金监督管理暂行办法》的主要内容

关于私募基金宣传推介方式	第十四条规定，私募基金管理人、私募基金销售机构不得向合格投资者之外的单位和个人募集资金，不得通过报刊、电台、电视、互联网等公众传播媒体或者讲座、报告会、分析会和布告、传单、手机短信、微信、博客和电子邮件等方式，向不特定对象宣传推介
关于禁止固有财产或他人财产和基金财产混同	第二十三条第(一)项规定，私募基金管理人、私募基金托管人、私募基金销售机构及其他私募服务机构及其从业人员从事私募基金业务，不得将其固有财产或者他人财产混同于基金财产从事投资活动
关于私募基金风险评级的规定	第十七条规定，私募基金管理人自行销售或者委托销售机构销售私募基金，应当自行或者委托第三方机构对私募基金进行风险评级，向风险识别能力和风险承担能力相匹配的投资者推介私募基金

2014 年 8 月 21 日，《私募投资基金监督管理暂行办法》(以下简称《办法》)正式发布实施，这意味着多年处于监管模糊地带的私募基金行业进入制度化监管阶段。

证监会官方表示，发布实施《办法》具有两方面重要意义，主要包括：一方面，为贯彻落实《证券投资基金法》《中央编办关于私募股权基金管理职责分工的通知》(中央编办发〔2013〕22 号)《中央编办综合司关于创业投资基金管理职责问题意见的函》(编综函字〔2014〕61 号)和为《国务院关于进一步促进资本市场健康发展的若干意见》(国发〔2014〕17 号)提供操作性管理规则，确立符合私募基金行业运作特点的适度监管制度，促进各类私募投资基金(以下简称私募基金)健康规范发展，保护投资者合法权益；另一方面，为建立健全促进各类私募基金特别是创业投资基金发展的政策体系奠定法律基础，以便于下一步推动财税、工商等部门加快完善私募基金财政、税收和工商登记等相关政策，更好地促进私募基金发展，并发挥其促进多层次资本市场平稳运行、优化资源配置和推进经济结构战略性调整等方面的重要作用。《办法》明确了五项制度安排。

第一，明确了全口径登记备案制度。《办法》要求各类私募基金管理人均应当向基金业协会申请登记；各类私募基金募集完毕，均应当向基金业协会办理备案手续。基金业协会的登记备案，不构成对私募基金管理人投资能力、持续合规情况的认可；不作为对基金财产安全的保证。

第二，确立了合格投资者制度。《办法》从资产规模或收入水平、风险识别能力和风险承担能力、单笔最低认购金额三个方面规定了适度的合格投资者标准。考虑到养老基金等机构投资者和私募基金管理机构及其从业人员等具备专业能力，并能够识别和承担风险，《办法》将其视为合格投资者。为防止变相公开募集，《办法》明确了以合伙企业、契约等非法人形式通过汇集多数投资者资金直接或间接投资于私募基金的，应当穿透核查最终投资者是否为合格投资者，并合并计算投资者人数。但是对依法设立并在基金业协会备案的投资计划，《办法》将其视为单一合格投资者，豁免穿透核查和合并计算投资者人数。

第三，明确了私募基金的募资规则。具体包括：①不得向合格投资者之外的单位和个人募集资金，不得通过公众传播媒体或者讲座、报告会、分析会和布告、传单、短信、微信、博客和电子邮件等方式向不特定对象宣传推介；②不得向投资者承诺资本金不受损失或者承诺最低收益；③要求对投资者的风险识别能力和风险承担能力进行评估，并由投资者书面承诺符合合格投资者条件；④要求私募基金管理机构自行或者委托第三方机构对私募基金进行风险评级，选择向风险识别能力和风险承担能力相匹配的投资者推介私募基金；⑤要求投资者如实填写风险调查问卷，承诺资产或者收入情况；⑥要求投资者确保委托资金来源合法，不得非法汇集他人资金投资私募基金。

第四，提出了规范投资运作作为的有关规则。具体包括：①要求根据或者参照《证券投资基金法》制定并签订基金合同；②根据基金合同约定安排基金托管事项，如不进行托管，应当明确保障私募基金财产安全的制度措施和纠纷解决机制；③提出了坚持专业化管理、建立防范利益冲突和利益输送机制的要求；④列举了私募基金管理人、托管人、销售机构及其他私募机构及其从业人员禁止从事的投资运作行为；⑤要求私募基金管理人如实向投资者披露信息。此外，还在信息报送及重要文件资料保存方面进行了规定。

第五，确立了对不同类别私募基金进行差异化行业自律和监管的制度安排。

主要包括:①要求私募基金在基金业协会办理备案手续时,应当根据基金业协会的规定,明确主要投资方向及根据主要投资方向注明基金类别(结合目前基金业协会已发布的《私募投资基金管理人登记和基金备案办法(试行)》和已在网上公开的登记备案流程,基金类别分为主要投资于公开交易证券的私募证券基金、主要投资于非公开交易股权的私募股权基金、主要投资于艺术品、红酒等特定商品的其他私募基金,其中创业投资基金作为私募股权基金的特殊类别被单独列出);②要求"同一私募基金管理人管理不同类别私募基金的,应当坚持专业化管理原则"。至于具体采取设子公司、事业部还是相对独立管理团队,可由市场自行决定;③对私募股权基金和创业投资基金的管理人机构,不强制其加入基金业协会;对其从业人员,不要求具备基金从业资格。按照《证券投资基金法》,私募证券基金的管理人机构则必须加入基金业协会,其从业人员应当具备基金从业资格;④私募证券基金管理人及其从业人员违反《证券投资基金法》有关规定的,按照《证券投资基金法》有关规定处罚;⑤对创业投资基金,《办法》设专章进行特别规定,强调基金业协会对创业投资基金采取区别于其他私募基金的差异化行业自律,并提供差异化会员服务;中国证监会及其派出机构对创业投资基金采取区别于其他私募基金的差异化监督管理。

6. 信托业应对之策

大资管时代最为鲜明的特征就是资产管理行业原本分业经营、分业监管的格局被打破,横亘在各类资产管理机构之间的制度藩篱渐渐被撤除,银行、券商、保险、基金、信托、私募等机构在几乎平等的制度设计下开展资产管理业务。同质化的公司与产品以及政策的松绑消除了原本属于信托的产品优势及制度红利。

信托公司要想持续健康稳步发展,须充分利用其"跨市场配置"及"多手段运用"的天然优势,注重加强股权投资、资本运作能力,着力提升信托业务的核心竞争力,将自身打造成核心业务突出、资本运作能力强的综合性金融服务机构。

6.1　由"资源推动型"向"专业经营型"转变,创新业务模式

2014年,中国资管行业竞争加剧,房地产、基础设施等领域业务开展受阻,信

托业资产规模环比增速持续下降，预示着信托公司粗放式的、以渠道资源推动业绩增长的时代终结，信托业务将由融资型逐渐向投资型转变，信托公司的主动管理能力、客户吸附及维护能力等将与资产管理规模并重，成为衡量信托公司专业性与资管实力的重要指标。伴随着互联网金融的发展，信托公司的业务模式也开始借助互联网平台进行创新。

6.2 创新差异化产品模式，增强产品竞争力

信托公司产品差异化可以从两大业务方向去挖掘。第一个方向是私募投行方向，其中被动管理型的通道类业务将逐步被银行资管计划、基金子公司和券商资管所替代，而主动管理型的私募投行业务目前是信托公司主要的收入利润来源，并且在融资需求依然庞大、银行风险偏好仍然偏低以及高收益债市场的发展壮大尚需时日的背景下，在中期仍然能够为信托机构带来丰厚的利润。相较于基金子公司和券商资管等其他类信托机构，信托在股东背景和净资本上占有相对优势，并且在融资类私募投行业务上深耕数年，积累了一定的资产获取能力及资源和渠道，未来可以将上述能力禀赋从目前的房地产、政信等少数领域拓展到更广阔的实业中去，降低行业风险集中度。此外，信托在私募投行业务上除了类信贷模式、还可以借鉴美国的公司信托模式，创新类债券模式，作为投资银行和信托受托人，帮助企业发行公司债信托债券，彻底破除“刚性兑付”。

信托公司产品转型的第二个方向是其“受人之托、代人理财”的本源型业务。未来10年是高净值客户数目和规模增长的“黄金10年”，高净值客户财富管理的需求将呈几何级增长的态势。然而，目前国内开展高净值客户的财富管理业务的机构，如银行的私人银行、券商的资产管理部大多尚处在卖产品的初级阶段，客户的投资选择仍然有限。而信托公司具有积累的产品优势，高净值客户资源丰富。

6.3 以客户为出发点，深挖理财需求，加强营销渠道建设

继四大行停止代销信托产品后，“99号文”提出了“防止第三方非金融机构销售风险向信托公司传递”的说法，令信托产品销售渠道受阻。在当前大资管的严峻挑战下，作为财富管理的“正规军”，“99号文”迫使制度上具有天然优势和在服务观念上亟须转型的信托扔掉了银行和三方的代销拐杖，独立走上了借力

财富管理领域进行战略转型的道路。对客户进行多维度的细分，是信托公司提供针对性财富管理方案的基础。通过对客户的多维度细分，信托公司能够建立客户的忠诚度，有效识别潜在客户、甄选服务方案，向目标客户提供有针对性的财富管理策略，从而使客户需求得到有效满足。基于客户需求，也有助于财富管理客户将需求反馈给信托公司，信托公司根据投资需求寻找匹配资产并进行管理，从而可以为财富管理客户量身定制更切合其实际需求的产品，体现出信托横跨货币市场、资本市场和产业市场的制度优势，提升客户体验，增强客户黏性。

6.4 加强人才队伍建设，培育具有综合业务能力的全能人才

由于未来资产管理的发展方向是跨越多个市场，其中包括了商业银行类、证券基金类、信托保险类以及私募，等等，只有打通不同细分金融领域的壁垒，才能有效地完成对资产管理工具的运用，达到理想的收益预期。但目前由于我国金融分业经营的长期存在，我国的金融人才大部分仅仅对某一领域比较精通，无法提供跨领域的金融服务。资产管理行业的竞争要求培育一定数量的跨领域金融“全才”，能够为顾客提供全方位的服务。

在我国目前金融机构人才培养模式当中，受薪酬机制、企业文化氛围的影响，大部分的国有大型金融机构的人员流动程度较低，特别是在一些大型商业银行里，资深员工的流动情况不是特别高，因此造成了不同金融机构之间的技术壁垒。很多证券、基金行业的从业者对商业银行的知识了解较少，而商业银行又缺乏懂证券市场的人才，这样造成一些业务无法顺利开展。只有培育熟悉跨领域资产管理业务的人才，才能更好地促进信托公司加强与其他金融机构的合作，从而促进信托业的发展。

第五章

2014 年信托业法律法规评述

1.2014 年之前的信托业法律法规综述

1.1 “一法三规”体系基本形成

2001 年是中国信托法制划时代的一年。这一年，我国颁行了《信托法》，并确立了其民事信托、营业信托和公益信托共同基本法的地位，也确立了其资产管理行业基本法的地位。该法虽失之粗略，但也明确了信托法的基本原理，例如，信托财产的独立性及信托破产隔离功能、受托人的忠实义务、注意义务[①]和信息披露义务、受托人对受益人的有限责任、受益人的最终风险承担者的法律地位等，成为之后一系列信托相关法律法规的基础。

2001—2002 年，《信托投资公司管理办法》和《信托投资公司集合资金信托计划管理暂行办法》（“旧两规”）相继由人民银行颁布施行，之后在 2007 年《信托公司管理办法》和《信托资公司集合资金信托计划管理办法》（“新两规”）由银监会重新修订颁布。这两个“办法”的法律层级虽然较低，但一定程度上起到了“信托业法”的功能，信托法律体系和监管框架也随之逐步建立完善，信托业开始走上规范化发展的轨道。特别是“新两规”的颁行，使得信托功能定位更清晰，信托主业更加突出。这些规范起到引导信托行业发挥信托制度优势、立足本源业务、提高自主管理能力的作用。

2010 年，银监会颁布了《信托公司净资本管理办法》，该办法旨在引导信托公司从事主动管理业务，逐渐转向提升业务技术含量的内涵式的发展模式。至此，所谓“一法三规”的信托法律框架初步形成。

《信托法》为“形式意义上的信托法”，确立了信托领域适用的基础性的、根本性的规则。但值得注意的是，信托法理不仅仅适用于信托公司所从事的业务。由于《证券投资基金法》和《企业年金管理办法》中都有明确的规定，是根据《信托法》制定的，因此它们都可以被理解为《信托法》的特别法（规），在这些特别法没有规定的时候，应适用作为一般法的《信托法》之规定。而且，在更广泛的意义上，资产管理公司、基金公司、保险公司甚至商业银行等机构在从事资产管理业

① 虽然《信托法》条文使用的是“诚实、信用”和“谨慎、有效”这样的术语。

务的时候，虽然在监管上应按照分业监管的模式，由其各自监管部门对其业务进行监管，但是在出现纠纷的时候，均应适用《信托法》以及《信托法》所确定的原理。由此，与信托行为相关的一系列法律规范构成了“实质意义上的信托法”。但是，在分业经营、分业监管的现实面前，在资产管理行业和民众中普及和深化信托法理仍然任重道远。

1.2　信托公司监管法律法规体系逐渐完善

银监会颁布了一系列关于信托公司的监督管理法规。除上述《信托公司管理办法》和《信托公司净资本管理办法》之外，立法部门在2003年通过了《中华人民共和国银行业监督管理法》（2006年10月31日修正），该法为银行业监督管理的基本法律。另外，监管部门还具体制定了《信托公司治理指引》《信托投资公司信息披露管理暂行办法》《信托公司监管评级与分类监管指引》《金融机构高级管理人员任职资格管理办法》《非银行金融机构行政许可事项实施办法》《关于进一步加强信托投资公司内部控制管理有关问题的通知》《关于支持信托公司创新发展有关问题的通知》《金融许可证管理办法》《中国银监会关于印发信托公司净资本计算标准有关事项的通知》（银监发〔2011〕11号）等规则。这些法律法规确立了我国信托业机构的法律属性、内部治理结构、经营体制、经营范围和经营规则，并确立了信托业的监管机构及其监管权限、监管职责、监管内容和监管手段。

除了对信托公司的综合监管规范之外，为了对特定的信托业务加以规范，我国还在各具体信托业务领域制定了专门的规范。例如，对证券投资基金，我国制定了《证券投资基金法》（2003年），并在2012年年底进行了大幅度修改；对于企业年金，人力资源与社会保障部制定了《企业年金试行办法》和《企业年金基金管理办法》等规定；而中国银监会针对信托公司具体的信托业务，发布了《信托公司集合资金信托计划管理办法》《信托公司受托境外理财业务管理办法》《信托公司私人股权投资信托业务操作指引》《信托公司证券投资信托业务操作指引》《银行与信托公司业务合作指引》《信贷资产证券化试点管理办法》《保险资金间接投资基础设施项目试点管理办法》《信托公司参与股指期货交易业务指引》《关于加强结构化信托业务监管的通知》《关于加强信托公司房地产、证券业务监管有关问题的通知》等一系列的规章和规范性文件，为监管信托公司的业务提供了较为全面的规范基础。但是，我国信托业的法律规范存在以下基本问题：

第一，顶层设计欠缺。因没有统一的信托业法，《信托公司管理办法》和《信托公司集合资金信托计划管理办法》又仅仅适用于信托公司，很多资产管理行业有意或者无意地回避适用信托法理，导致《信托法》和信托法原理被虚置，不利于资产管理的安全、投资者利益的保护和资产管理行业规范发展；而且，在资产管理行业业务高度同质化的今天，由于无法用统一的机构和规范对广义的信托行业的业务进行监管，导致规范之间的协调性、整体性较差，无法达到监管目标。

第二，配套制度不完善。《信托法》最重要的配套制度，如信托登记和信托税收制度尚未建立，严重制约了信托业的规范发展和信托业务的开展。由于这些配套制度的制定不属于包括银监会在内的监管机构的职责，监管机构只能推动和协调相关部门制定规则。配套制度的缺位成了严重制约信托业发展的瓶颈。

第三，重监管，轻责任。所谓"轻责任"，是指缺乏信托公司的民事责任规则。从信托法到监管法律法规，规范的是信托公司的行为，重视的是对信托公司的处罚，对于如何救济信托公司的不规范经营行为对投资者或者交易对手造成的损害，规则并不清晰。

1.3 信托公司特色信托业务的规则体系逐渐充实

银信合作业务

信托公司与银行之间的业务合作始于信托回归本业之后的 2002 年。银信合作主要包括以下几个方面：第一，银信理财合作；第二，信托公司委托银行进行信托资金代理收付协议业务；第三，信托公司委托银行代为推介信托计划业务；第四，银行和信托公司开展信贷资产证券化合作业务；第五，银行和信托公司合作的其他业务。

目前，我国商业银行依据监管部门的规定，普遍开展了理财业务，其理财产品的形式包括"一对一"的单一理财产品，也包括"一对多"的集合理财产品即理财计划。为了拓宽银行理财资金的运用渠道，商业银行与信托公司携手开发了"银信理财合作业务"，整合银行的客户资源和资金优势以及信托公司能够跨越货币市场、资本市场和实业投资市场进行信托资产配置的制度优势，实现了银行理财业务与信托公司信托业务的成功对接，并在实践中获得蓬勃发展，银信理财合作业务已经成为信托公司的主要业务品种。

与此同时，银信合作业务的快速发展也带来了一些问题，主要是信托公司的主动管理能力得不到体现,信托公司成为商业银行理财业务的“通道”和“工具”,甚至出现了借此规避监管的情形。2008 年以来,银监会先后下发了《银行和信托公司业务合作指引》(银监发〔2008〕83 号)、《关于进一步规范银信合作有关事项的通知》(银监发〔2009〕111 号)、《关于规范银信理财合作业务有关事项的通知》(银监发〔2010〕72 号)、《关于进一步规范银信理财合作业务的通知》(银监发〔2011〕7 号)(银监发〔2010〕72 号)、《关于规范商业银行理财业务投资运作有关问题的通知》(银监发〔2013〕8 号)等多项监管规定,对银信合作业务进行指导和规范,维护相关当事人的合法权益,引导信托公司向自主管理方向发展。

关于银信合作业务中存在的法律关系的性质,在上述监管法律法规中并没有做出清晰界定,这会导致出现纠纷时适用法律方面的混乱。我国《商业银行法》第 43 条明确禁止商业银行经营信托业务,所以在监管和操作上,主流观点认为商业银行的理财业务采取的是委托—代理法律关系,但是,如果把商业银行理财业务的法律关系定位为委托—代理关系,则客户有直接针对信托公司请求的权利——而单个银行理财客户一般不具有《信托法》所要求的合格投资者资格,无法成为集合资金计划的委托人。而且,即使认同这种观点也需要注意:从银行和客户端的关系来看,由于理财产品客户是理财风险的最终承担者(理财产品也不允许做出保本承诺),所以客户和银行的关系绝对不是一般的合同关系。从保护投资者的立场出发,让银行承担信托受托人的忠实义务、谨慎义务、披露义务等是合理的。而且,从法律原理上来看,委托—代理关系在本质上属于广义的信赖关系或者信托关系(fiduciary relationship),在理财产品设计上,其财产独立性和破产隔离功能等方面和信托也并无不同。因此,应正本清源,确立银信理财关系为一种“泛信托关系”,银信合作业务整体的框架为一种 TOT 结构。

商业银行法的相关规定是建立在金融业分业经营的法律政策的基础之上的,随着资产管理行业业务结构的逐渐趋同,其他的资产管理行业都应逐渐归宗信托法理,银信理财的银行—客户端刻意回避信托法理也只能算是权宜之计。

如之前所述,我国监管法律法规中并没有就银行理财产品的法律属性做出清晰界定。从法律上来看,商业银行和理财客户之间的关系并非委托—代理关系,而是信托关系。

第一,虽然在监管和操作上,主流观点认为商业银行的理财业务采取的是委托—代理法律关系,但是,如果把商业银行理财业务的法律关系定位为委托—代理关系，则银行理财产品的客户就有直接针对信托公司等投资对象管理者请求的权利；但是，如果银行的理财产品投向集合资金信托项目，单个银行理财的客户不一定具有《信托法》所要求的合格投资者资格，无法成为集合资金计划的委托人。

第二，商业银行控制着理财产品的设立、管理和投向，理财客户无从控制理财产品的结构，更无一般委托代理关系中所存在的指示权。因此，无法构成委托—代理关系。

第三，从商业银行和客户端的关系来看，由于理财产品客户是理财风险的最终承担者（多数理财产品也不允许做出保本承诺），所以客户和商业银行的关系绝对不是一般的债权债务关系。

在银行理财产品设计上，其财产独立性和破产隔离功能等方面和信托产品也并无不同。因此，应正本清源，确立银信理财关系为"信托关系"的定位。而且，从保护投资者的立场出发，让银行承担信托受托人的忠实义务、谨慎义务、披露义务等是合理的。

（1）投资非标产品必须一一对应

2013 年"8 号文"的核心是要求理财产品均须与其所投资资产（标的物）相对应，做到每个理财产品单独管理、建账和核算。单独管理指对每个理财产品进行独立的投资管理；单独建账指为每个理财产品建立投资明细账，确保投资资产逐项清晰明确；单独核算指对每个理财产品单独进行会计账务处理，确保每个理财产品都有资产负债表、利润表、现金流量表等财务报表。按照该要求，应坚持资金来源一一对应，真实反映每一项理财产品的真实情况。同时，理财产品投资非标债权资产类业务的对应要求更加严格。根据 2013 年"8 号文"的规定，"对于本通知印发前已投资的达不到'一一对应'要求的非标债权资产，商业银行应比照自营贷款，按照《商业银行资本管理办法（试行）》要求，于年底前完成风险加权资产计量和资本计提"。该要求不仅有助于监管机构对理财资金流向的监管，也利于投资者对其投资风险的预见。此项机制的目的是确保银行固有财产和理财财产之间的风险隔离，既避免银行将有关资金与银行自有资金混同，也避免不同理财资金之间混淆，防止银行理财资金错位错配可能引发的各种风险。

上述要求的经济和金融含义已经被深入解读，但人们一般并不了解其法律含义。从信托法原理上看，受托人名下的信托财产必须首先是确定的或可以确定的，且独立于自己的固有财产，受托人的信托财产和固有财产之间也不得进行交易；而且，同一受托人名下的不同信托财产之间也要进行分别管理，多个信托财产之间不得进行交易，这些行为构成自己交易，违反了忠实义务（《信托法》第26～28条）。因此，“投资非标产品必须一一对应”不仅符合降低金融产品风险的要求，也符合信托法原理的要求。

（2）资金池

在此次《通知》规范的非标债权资产中包括通过银信通道操作的投资业务。通道业务增长过快确实有隐患，但仅仅规范通道业务是不能解决问题的。一般认为，银监会希望解决的问题是银行的理财产品必须投向清晰、标的明确，这也有助于防范理财产品形成“资金池”，从而达到防范风险的目的。

2013年“8号文”要求非标准化债权分开建账、单独管理，增加管理的程序和环节，并且厘清各个产品的风险，独立测试，对于混合打包以及资金池对接一揽子的类非标准化债权产品进行了厘清，这种厘清给信托产品等入池增加了很大难度。

从法理上来看，成立资金池并非被法律禁止。如果承认银行理财业务作为一种泛信托业务，须知现代信托投资的重要方式之一是要建立资金池。重要的是资金池一定要边界确定，风险和收益之间建立固定和清晰的联系，这样才能确保理财产品客户的利益、确保不同理财产品的理财客户之间的公平。与此相对应的是《信托法》上的分别管理义务和公平义务。任由商业银行腾挪资金、混淆各个资金池之间的界限，不利于保护投资者利益。

（3）表内业务和表外业务

新规并非禁止各类通道业务，而是要规范银行投资非标债权的行为。新规的意图并非会计转表，而是风险转表。上述非标债权投资业务如果没有按时达标，并非要将其从表外转入表内，而是要增提资本。如果做不到一一对应，其风险承担后果则分不清楚由投资者自己承担还是由银行自行承担，会模糊了理财的本质，成为银行或有的风险[①]。在某种意义上，非标债无非就是广义的表外业务中的一种。如果确立了《信托法》的观念，在银行在从事出表业务的时候，可以认为从事的即为类信托业务，或者说是一种资产证券化业务，应适用资产证券化信托原理，对投资者进行保护。如果表内业务和表外业务不是完全的泾渭分明，比如，表外业务赚了钱，可以划到表内，而表内亏了钱，可以放到表外处理，表

① 史进峰．银行理财监管升级：一一对应＋名单制管理[EB/OL]．21世纪网，2013－03－27.

内和表外是联动的，则违反了《信托法》禁止在受托财产和固有财产之间进行交易和转化的法理。一笔资金的法律地位应是确定的，不能同时既是固有资金，又是受托财产。

(4)信息披露和投资者保护

理财产品有关信息披露问题不仅关涉投资者权益的有效保护，也关涉监管当局对理财产品监管的有效性。既有的理财业务监管规范对信息披露问题均有所涉及。《商业银行个人理财产品管理暂行办法》《关于进一步规范商业银行个人理财业务投资管理有关问题的通知》《商业银行理财产品销售管理办法》在信息披露方面都有明确规定。"8 号文"虽然仅有第三条涉及信息披露，但具有较强的针对性和时效性。该条规定，"商业银行应向理财产品投资人充分披露投资非标准化债权资产情况，包括融资客户和项目名称、剩余融资期限、到期收益分配、交易结构等；理财产品存续期内所投资的非标准化债权资产发生变更或风险状况发生实质性变化的，应在 5 日内向投资人披露"。因此，要清晰理财产品的投向，尤其是对非标准化债权投资进行披露，并且要披露给银行理财产品投资人，目前银行理财产品是通过长期以及风险溢价错配的，理财产品投向模糊，从而获得高收益。该规定在一定程度上限制了银行滥设产品。

这一要求亦能证明出表的理财产品具有信托产品的属性。如果理财产品中银行和客户的关系按委托—代理关系处理，客户作为被代理人，应有广泛的指示权和决定权，受《合同法》保护，不需要特别的披露义务进行保护。如果客户和商业银行仅仅是债权债务关系，商业银行更没有必要向储户对投向等进行信息披露。

(5)禁止担保或回购和理财产品的信托性质

"8 号文"要求，银行今后将不得为非标债权或股权性资产融资提供任何直接或间接、显性或隐性的担保或回购承诺。这是针对部分银行在发行某些理财产品时直接或间接提供所谓的担保或回购承诺所实施的管制，其目的在于促成理财业务与银行信用风险的真正隔离，有助于真实、准确反映银行的整体风险。这也是在要求理财产品必须坚持"风险自担、卖者有责"的原则。商业银行理财产品在这一点上和信托产品的要求并无二致。

还有一个值得关注的问题是，在 2014 年 7 月 11 日银监会发布的《中国银监会关于完善银行理财业务组织管理体系有关事项的通知》（银监发〔2014〕35 号）

中，首次对银行理财事业部制进行了说明。该文件指出，理财业务事业部制应具备以下特征：在授权范围内拥有独立的经营决策权，在经营管理上有较强的自主性；有单独明晰的风险识别、计量、分类、评估、缓释和条线管理制度体系；拥有一定的人、财、物资源支配权，可根据业务发展需要自主配置资源；拥有一定的人员聘用权，建立相对独立的人员考核机制及激励机制。根据信托法原理，受托人应分别管理信托事务和固有事务，这种分别包括物理上的分别、财务上的分别及组织（人员和机构）方面的分别①。银监发〔2014〕35 号文似起到了在银行内部划分出一个独立的、兼营信托业务的理财事务部的作用。

房地产信托业务

从广义上讲，与房地产相关的信托活动都可以被称为房地产信托，包括房地产资金信托和房地产财产信托。从资金信托的角度出发，房地产信托是指委托人将自己的资金作为信托财产设立信托，由受托人为了受益人的利益或者特定目的，将信托资金运用于房地产公司或者房地产项目以获取投资利益的行为，信托资金的运用方式按照信托文件的规定，可以采取债权方式、权益方式或者两者的组合运用方式。从财产信托的角度出发，房地产信托则指委托人将自己的不动产作为信托财产设立信托，由受托人为了受益人的利益或者特定目的，对作为不动产的信托财产加以管理、运用与处分的行为，信托财产的管理方式由信托文件加以规定，包括但不限于出租、出售、维护等。从狭义上讲，房地产信托仅指房地产资金信托，即将信托资金运用于房地产公司或者房地产项目的信托。

房地产信托业务一直是监管部门的监管重点，中国银监会发布了一系列规范房地产信托业务的规定，主要有：《关于加强信托投资公司部分业务风险提示的通知》（银监办发〔2005〕212 号，“212 号文”）、《关于进一步加强房地产信贷管理的通知》（银监发〔2006〕54 号）、《关于加强信托公司房地产、证券业务监管有关问题的通知》（银监办发〔2008〕265 号）、《关于支持信托公司创新发展有关问题的通知》（银监发〔2009〕25 号）、《关于信托公司开展项目融资业务涉及项目资本金有关问题的通知》（银监发〔2009〕84 号）、《关于加强信托公司房地产信托业务监管有关问题的通知》（银监办发〔2010〕54 号）、《信托公司房地产信托业务风险提示的通知》（银监办发〔2010〕343 号）、《关于印发信托公司净资本计

① 周小明．信托制度：法理与实务［M］．中国法制出版社，2012：280－281.

算标准有关事项的通知》(银监发〔2011〕11 号)等。

简单总结一下,根据上述规范,我国的房地产信托业务具有下列特点:

第一,由于不动产信托登记制度和信托税制的阙如,目前的房地产信托多为资金信托,而非财产信托。

第二,这些监管规定以房地产融资信托的规范及其风险防范为主要内容,较少涉及真正的房地产投资信托。

第三,房地产业的发展受到政府宏观调控和国民经济周期波动的影响,因此,房地产信托的监管规则随国家宏观经济政策的调整不断变化,带有鲜明的调控色彩,形式上具有灵活性。当然,也可以说是具有不稳定性。

证券投资信托业务

证券投资信托业务,是指信托公司将集合信托计划或者单独管理的信托产品项下的资金投资于依法公开发行并符合法律规定的交易场所公开交易的证券的经营行为。根据相关规定,目前证券投资信托业务的投资范围主要包括国内证券交易所挂牌交易的 A 股股票、封闭式证券投资基金、开放式证券投资基金、企业债、国债、可转换公司债券(含分离式可转债申购)、1 天和 7 天国债逆回购、银行存款、中国证券监督管理委员会核准发行的基金可以投资的其他投资品种。证券投资信托业务的投资方式包括一级市场申购(包括网上/网下申购、以战略投资人身份参与配售等)和二级市场交易。证券投资信托业务属于高风险业务,中国银监会专门制定了《信托公司证券投资信托业务操作指引》(银监发〔2009〕11 号),其他关于证券投资信托的规范还有:《关于加强信托公司房地产、证券业务监管有关问题的通知》(银监办发〔2008〕265 号)、《关于信托公司信托产品专用证券账户有关事项风险提示的通知》(2009 年 8 月 18 日)、《关于加强信托公司结构化信托业务监管有关问题的通知》(银监通〔2010〕2 号)等。2012 年 8 月,中登公司发文对信托开立证券账户予以解禁,资金信托配置证券资产的限制客观上消除,由此,证券投资信托业务开始恢复性增长,并逐渐发展成为资金信托仅次于工商企业和基础产业的第三大配置领域。

在现有的规则下,我国的证券投资信托业务一般具有以下特点:

第一,产品的投资时间相对较长。虽然也有不少证券投资信托的存续期间比较短,但是,更长的期限符合证券价值增长和发现的规律。同时,为了解决流动性问题,在一定的封闭期之后,一般都设立开放日,允许申购和赎回。

第二，不能规定预期年收益率，受益人的收益为浮动收益。根据银监会的规定，证券投资信托产品和其他信托产品一样不得“以任何方式承诺信托资金不受损失，或者以任何方式承诺信托资金的最低收益”，同时还不得“为证券投资信托产品设定预期收益率”。信托产品计划中规定预期收益率的主要作用是，在规避信托公司不得“承诺信托财产不受损失或者保证最低收益（《信托公司管理办法》第34条第三款）”规定的同时，起到吸引投资者的作用，但是有趣的是，这种预期收益率在事实上还起到了规定受益人所能取得收益上限的功能，普通投资者（作为劣后受益人或者普通合伙人的机构投资者例外）最终还是变成了固定收益索取人，这或多或少地偏离了典型信托的本质。相比之下，在证券投资信托中，受益人更接近于投资风险的最终承担者的地位。

第三，目前，证券投资信托产品资金规模一般不大。和证券投资基金的形式相比，证券投资信托受制于投资人数（信托合同份数）和投资者门槛的限制（《信托公司集合资金信托计划管理办法》），具有私募的性质，这妨碍了证券投资信托资金规模做大，无法做到高度分散投资。

第四，证券投资信托产品普遍采取保障普通投资者的措施。根据不完全统计，信托公司设立的该种产品更多采取结构化①或者有限合伙等形式，并规定了止损线，以确保普通投资者的利益。许多信托产品在设计上都规定，在信托单位净值触及预警线时，受托人将通知一般受益权委托人追加资金②。追加信托资金后，信托单位净值应当恢复至1元以上。受托人应密切关注信托单位净值情况，一旦信托单位净值降至止损线或以下时，受托人将拒绝授权代表的任何委托人指令，并对信托计划财产进行连续的变现操作，将信托财产强制变现，保障优先受益人本金安全。在许多证券投资产品中，投资管理人不是由受托人而是另由一个专业证券投资机构担任，通常这个投资管理人也同时是劣后受益权的持有人（结构化中的劣后受益人、有限合伙中的普通合伙人）或其关联人。私募证券投资基金也可以借助信托通道实现阳光化操作，使信托公司和私募基金的投资管理机构以及广大的投资者实现多赢。

证券投资信托作为投资信托中的一种，更多地需要受托人的专业管理，而

---

① 在中国信托业协会《关于加强信托公司结构化信托业务监管有关问题的通知》中，设计结构化的信托产品被认为是“信托公司依法进行业务创新和培养自主管理能力”的体现。

② 根据中国信托业协会的相关通知，结构化信托业务运作过程中，信托公司可以允许劣后受益人在信托文件约定的情形出现时追加资金。

且，这种信托中受益人更有机会取得浮动利益或者剩余利益，受益人为信托利益的最终权利人这一本质体现得更为明显，因此，证券投资信托应为信托业的核心业务之一。可以预见，随着信托公司全市场配置信托产品的发展以及资本市场的回暖，证券投资信托业务将获得进一步的发展。在“泛资产管理时代”，证券投资信托如何发掘自己相对于证券投资基金的比较优势，是一个值得思考的问题。

信托业界有所谓“刚性承兑”一说，其实是一个伪命题。说信托业不敢打破“刚性承兑”，更是个伪命题。目前在证券投资信托领域有多起司法案例，在这些案例中，人民法院裁决受托人只要尽到谨慎管理的义务，可以按照低于信托单位面值的信托残值向受益人支付信托利益。

私人股权投资信托业务

私人股权信托业务在我国为信托公司创新业务资格类业务。私人股权投资信托，又称私募股权投资（PE），是指投资于拟上市公司股权或者上市公司非公开交易股权（即私募股权）的一种投资方式。而所谓的私人股权投资信托业务，是指信托公司将信托计划项下资金投资于未上市企业股权、上市公司限售流通股或中国银监会批准可以投资的其他股权的信托业务。据此，私人股权投资信托业务属于一种集合资金信托计划，与其他集合资金信托计划的不同之处在于信托资金的运用领域，其主要投资于未上市企业股权、上市公司限售流通股或中国银监会批准可以投资的其他股权。私人股权投资信托是近年来信托公司发展较快的信托业务，2008 年中国银监会发布了《信托公司私人股权投资信托操作指引》（银监发〔2008〕45 号），对私人股权投资信托业务进行了特别规范。也就是私人股权投资借助信托的集资平台，通过发行信托的方式募集资金，本质上为基于信托关系而设立的一种集合投资制度。

与证券投资信托业务一样，私人股权投资信托业务也属于高风险信托业务，虽然不需要特别许可，但信托公司开展此项业务，也应当具备监管法规规定的实质条件和形式条件。

对于信托公司而言，股权投资信托的一个关键环节在于股权的变现和投资者的退出。由于私募股权缺乏好的流通性，通常信托公司会通过下列方式实现股权的变现：通过股权在主板交易市场上市、由投资企业的实际控制人买入、由非上市公司或者其实际控制人寻找关联方承诺接盘、由信托公司（受托人）寻求关联方接盘（协议转让）、由被投资企业回购、股权分配等方式，实现投资退出[①]。和主板市场明晰的信息披露制度相比，场外市场（柜台交易）没有严格的信息披露要求，交易双方存在严重的信息不对称，从而导致双方在议价、决策等方面存在很大的主观性。

信贷资产证券化业务

信贷资产证券化业务在我国为信托公司创新业务资格类业务。我国证券化试点启动于2005年。2005年3月21日，国务院批准了国家开发银行和中国建设银行作为我国银行资产证券化试点单位，分别进行信贷资产证券化（ABS）和住房抵押贷款证券化（MBS）的试点。我国信贷资产证券化业务受到中国银监会和中国人民银行的双重监管，其中中国银监会对信贷资产证券化参与机构的活动进行监管，中国人民银行对资产支持证券的发行与交易进行监管。目前，对信贷资产证券化业务的主要监管法规有：中国人民银行和中国银监会《信贷资产证券化试点管理办法》（中国人民银行和中国银监会公告〔2005〕7号）、中国银监会《金融机构信贷资产证券化试点监督管理办法》（银监会令〔2005〕3号）、财政部《信贷资产证券化试点会计处理规定》（财政部财会〔2005〕12号）、中国人民银行《资产支持证券信息披露规则》（中国人民银行公告〔2005〕14号）、中国人民银行《资产自持证券交易操作规则》（银复〔2005〕53号）、中国银监会《关于信贷资产证券化备案登记工作流程的通知》（银监办便函〔2014〕1092号）等。

理论上，根据证券化的基础资产不同，可以将资产证券化分为不动产证券化、应收账款证券化、信贷资产证券化、未来收益证券化（如高速公路收费）、债券组合证券化等类别。我国的信托公司所从事的证券化业务主要集中在信贷资产证券化领域，相关的法律法规也主要集中在该领域。国外对证券化多有专门的立法，我国在此领域也应加强立法，为现实的各种证券化需求提供法律工具和行为规则。

企业年金信托

企业年金信托业务在我国为信托公司创新业务资格类业务。在我国，企业年金是企业及职工在依法参加基本养老保险的基础上，自愿建立的补充养老保

---

① 《信托公司私人股权投资信托业务操作指引》(2008)第15条。

险制度，企业年金基金由企业缴费、职工个人缴费和企业年金基金投资运营收益构成。所谓企业年金信托，则是指设立年金计划的企业和职工作为委托人，以企业年金基金作为信托财产，以参与年金计划的企业职工作为受益人，以具备资格的机构作为受托人，设立信托，由受托人及其委托的服务机构（包括账户管理人、投资管理人、托管人和投资顾问等中介机构）对企业年金基金加以管理、运用与处分的行为，性质上属于资金信托的一种。我国的企业年金信托主要由人力资源与社会保障部负责监管，企业年金信托的受托人及相关服务机构从事企业年金基金管理业务，需要向人力资源与社会保障部提出申请，其管理活动接受人力资源与社会保障部的监管，同时，企业年金信托的受托人及相关服务机构的业务监管部门，按各自的监管职责对其经营活动进行监督。

目前，关于企业年金基金管理的监管法规主要包括：《企业年金试行办法》（原劳动与社会保障部第 20 号令，2004 年 5 月 1 日实施）、《企业年金基金管理办法》（人力资源和社会保障部、中国银监会、中国证监会、中国保监会 2011 年第 11 号令，2011 年 5 月 1 日起实施。该“办法”前身为 2004 年的《企业年金基金管理试行办法》，2011 年修订为本办法）以及《企业年金基金管理机构资格认定暂行办法》（原劳动与社会保障部第 24 号令，2005 年 3 月 1 日实施）、《关于企业年金证券投资的有关问题的通知》及其配套的附件《企业年金基金证券投资登记结算业务指南》（原劳动与社会保障部劳社部发〔2004〕25 号）、《企业年金基金管理运作流程》和《企业年金基金账户管理信息系统规范》（原劳动与社会保障部劳社部发〔2004〕32 号）、《关于企业年金方案和基金管理合同备案有关问题的通知》（原劳动与社会保障部劳社部发〔2005〕35 号）、《关于信托投资公司申请从事企业年金基金管理业务有关事项的通知》（中国银监会银监发〔2005〕25 号）、《关于企业年金基金银行账户管理等有关问题的通知》（原劳动与社会保障部劳社部发〔2006〕40 号）、《企业会计准则——第 10 号企业年金基金》（财政部 2006 年 2 月颁布）、《关于企业年金基金进入全国银行间债券市场有关问题的通知》（原劳动与社会保障部劳社部发〔2007〕56 号）、《关于扩大企业年金基金投资范围的通知》（人社部发〔2013〕23 号）等。这一系列办法的颁布与实施为我国企业年金信托模式的运作提供了统一的规范，同时也增加了企业年金财务管理的复杂性和多维性。

企业年金信托中存在两个重要的法律问题：

（1）共同受托人问题

利用信托机制，可以把企业年金基金与企业自身的经营风险和管理机构的风险隔离起来，相当于使信托财产独立于委托人和受托人的财产，这有利于确保企业年金财产的安全性，确保企业年金各方当事人的权益尤其是受益人的权益能够得到比较有效的保护。

在中国企业年金信托市场上，主要有四种主体：受托人、投资管理人、托管人、账户管理人[①]。他们之间的关系也和中国年金信托管理体制有着密切的关系。与银行、证券、基金、保险业不同，中国企业年金市场并没有单独的市场主体，商业银行、证券公司、基金管理公司、信托公司和保险公司控股的养老保险公司和资产管理公司等现存的金融机构，共同参与到这个市场中来。《企业年金试行办法》第 19 条第 3 款规定："受托人与账户管理人、投资管理人和托管人确定委托关系，应当签订书面合同"。至少从字面上来看，在受托人管理信托财产（年金基金）方面，基本上采取的是委托的方式[②]而不是共同受托方式，即受托人（包括年金理事会受托人和法人受托人）与投资管理人、账户管理人之间属于委托关系。

受有关法律、法规及资格的限制，受托人在处置企业年金基金财产时并不能完全承担自己管理（亲自执行）义务，企业年金基金的管理体制中，必须将账户管理、托管和投资管理等业务全部拆分，委托给具备相应条件的第三方金融机构。

（2）企业年金理事会受托人的问题

第一，委托人和受托人角色混乱。作为受托人的理事会自身并没有承担很多的管理职责（虽说选择功能管理人也算是一种"管理"），反倒像是一个对信托基金有过多指示权的委托人。在客观上，企业年金理事会也无法独立于委托人，成为一种新的"发包方"，交易环节增加宜滋生腐败。

第二，管理信托财产专业性方面的不足。企业年金理事会由企业代表、职工代表以及企业聘请的企业外的专业人士等人员构成（《企业年金试行办法》第 16 条），知识结构相对单一，通常并非专职和专业的人员，无法很好地履行受托人的职责，不能很好地处理企业年金基金的日常管理事务。

---

① 另外还包括为企业年金管理提供服务的投资顾问公司、信用评估公司、精算咨询公司、律师事务所、会计师事务所等中介服务机构（《企业年金基金管理试行办法》第 41 条）。

② 根据中国《信托法》第 30 条规定，受托人的自己管理义务是准许有例外的。这也符合信托管理的专业化和分工协作的社会现实需要。

第三，缺乏制度化的对理事会受托人的监督。由于企业年金信托的受益人并非特定，且人数众多，由受益人行使监督受托人的职责比较困难。企业年金理事会作为受托人，应是被监督的对象，但是事实上其所起的管理信托财产的功能至为有限，其受托人和委托人身份有一定的重合。

第四，责任承担方面的不足。企业年金理事会是由特定自然人组成的，其设立不需要到政府有关部门登记，在管理信托财产的过程中也无法独立承担民事责任。在管理年金基金产生损害赔偿责任的时候，各个理事作为共同受托人应承担连带责任。不过在实际运作中，一方面，理事的个人财产通常非常有限，况且他们也没有财产担保措施，因此会危及债权人的利益；另一方面，理事们不得因管理信托财产取得利益，让并非专业的且无偿管理信托财产的自然人理事承担这么严重的连带责任并不合理。相比之下，作为专业法人受托人，其承担责任的机制已经比较完善，且中国的法律法规对法人受托机构的注册资本（不少于人民币 1 亿元）及净资产（不低于人民币 1.5 亿元）都有严格的规定，这使得法人受托机构有着比较强的赔偿能力。

其他创新业务资格类信托业务

(1) 信托公司受托境外理财业务

受托境外理财业务在我国为信托公司创新业务资格类业务。2007 年，银监会发布了《信托公司受托境外理财业务管理暂行办法》（银监发〔2007〕27 号）和《关于调整信托公司受托境外理财业务境外投资范围的通知》（银监办发〔2007〕162 号），确立了信托公司从事境外理财业务的基本规则。

(2) 金融衍生品信托业务

金融衍生品信托业务在我国为信托公司新业务资格类业务。2011 年 1 月，中国银监会发布了关于修改《金融机构衍生产品交易而业务管理暂行办法》的决定，允许信托公司申请衍生产品交易资格，信托公司从事衍生产品业务，适用《银行业金融机构衍生产品交易业务管理办法》。根据该办法，金融衍生产品是一种金融合约，其价值取决于一种或者多种基础资产或者指数，合约的基本种类包括远期、期货、掉期（互换）和期权。衍生产品还包括具有远期、期货、掉期和期权中的一种或者多种特征的混合金融工具。对于信托公司而言，中国银监会在 2011 年 6 月 27 日颁布的《信托公司参与股指期货交易业务指引》具有最直接的规范意义。

公益信托业务

我国关于公益信托的法律规范除了《信托法》第六章的直接规定之外，《中国银监会办公厅关于鼓励信托公司开展公益信托业务支持灾后重建工作的通知》（银监办发〔2008〕93 号）中也提供了一些初步的规则，该规则虽然对《信托法》第六章做了一些细化，但是仍然没有解决《信托法》所没有解决的问题：

第一，公益信托的税收优待问题；

第二，公益信托的公益事业主管机构问题；

第三，公益信托的具体设立程序问题；

第四，公益信托监察人的担当人问题；

第五，所谓"完全公益目的"问题等。

该通知是特定时间的产物，其中只强调了公益信托区别于集合资金信托计划这样的营业信托，并没有为公益信托提供新的规则。公益信托制度作为从事公益信托的一项重要制度，应予以全面的完善以满足社会的公益需求。

结构化信托业务

2010 年 2 月 5 日，中国银监会发布了《关于加强信托公司结构化信托业务监管有关问题的通知》（银监通〔2010〕2 号）；2010 年 3 月 9 日，发布《关于加强信托公司房地产信托业务监管有关问题的通知》，确立了信托公司从事结构化信托业务的基本规则。根据上述规则，所谓结构化信托业务，是指信托公司根据投资者不同的风险偏好对信托受益权进行分层配置，使具有不同风险承担能力和意愿的投资者通过投资不同层级的受益权来获取不同的收益，并承担相应风险的集合资金信托业务。

在金融法律领域，结构化融资（包括资产证券化、有限合伙等）和债权方式、股权方式属于并行的融资方式。结构化信托业务的重要性逐渐增加，我国相关法律法规仍有进一步完善的余地。

其他新兴信托业务——家族信托和土地信托

资产管理新政促使信托公司加快了转型和创新的步伐。在泛资产背景下，银行、保险、基金等纷纷开展资管业务，竞争加剧促使信托向事务管理类信托转型。信托公司必须对未来业务的逻辑起点进行切换，即从融资方的融资需求切换到投资方的投资需求上来，更多地立足于委托端客户理财需求的开发、设计相适应的信托产品。未来驱动业务发展的核心因素将不再是简单的外部机会，而是精细的内部专业化能力，而开拓家族信托业务、土地信托业务可谓是向“受人之托、代人理财”信托本源回归的一个探索。

（1）家族信托

①目前我国家族信托的主要特点和问题。第一，针对超高净值客户。中国的家族信托尚处于起步阶段，其业务主要针对现金以及金融资产展开，目标客户的净资产至少过亿元。目前中国家族信托门槛多设定在 5000 万元以上，部分信托门槛价位在 3000 万元，客户定位于资产规模在数亿元级别，具有一定的风险管理和财富管理理念、重视规划的高收入人群。我国家族信托定位为高端客户，但随着竞争的加剧、项目管理的成熟化和管理成本的降低，信托公司似有必要降低家族信托的门槛。而且，家族信托属于《信托法》上的“民事信托”，应扩大信托公司之外的主体成为民事信托的受托人，以促进民事信托的发展。

第二，资金信托。初期受托的财产类型限于现金存款，未来将有望逐步引入股权、房产等作为信托财产。

第三，信托目的较为单一，受托人管理能力亟待提高。我国家族信托的主要目的是为客户提供身家保障或特定用途保障，以稳步增值为目标，主要配置风险稳健的资产，而非追求高收益。家族信托项目大多只是对现金类以及金融资产进行管理分配，能为委托人实现的信托目的非常有限，尚未形成成熟的家族产业经营管理模式。而且，这类业务的盈利模式未明，短期内对信托公司的业务贡献度有限。

第四，银信合作。我国的家族信托业务多和商业银行合作，其具体操作主要包括两个方面：其一，目前客户对商业银行更为信任，且银行掌握的客户资源较广，因此银行为信托公司挑选目标客户，同时作为家族信托的托管银行和财务顾问，从专业的角度对委托人的资产进行合理分配，确保委托人资产保值升值，并参与投资决策。其二，信托公司接受委托人委托，挑选专业投资顾问代为管理资产，投资顾问根据客户不同的风险偏好建立投资组合，满足家族信托投资功能。例如，北京银行家族信托为单一信托，委托人限单个自然委托人，受托人为北京信托，北京银行担任信托财产托管银行及财务顾问角色，受益人可由委托人事先指定。受托资产门槛为 3000 万元，存续期限 5 年以上，为不可撤销信托。

第五，制度基础薄弱。目前的家族信托在产品设计、法律基础、税务环境方面存在不足。目前信托公司在设计家族信托产品的时候没有任何可以借鉴参考的合同文本及模板，完全处于探索阶段。

例如，现行《信托法》规定，使用存在登记制度的财产设立信托，需要进行信托登记，以此确保信托资产的独立和交易安全，但目前信托登记制度尚付阙如，例如，家族信托如果以股权和不动产为信托财产，就会因无法登记而无法设立；另外，由于私有财产的观念还没有扎根，公权对私权的剥夺和侵害还时有发生，这也成为阻碍家族信托业务发展的瓶颈之一。

第六，比较优势。基于目前家族信托的法律制度现状，有不少高净值人士会考虑在境外设立离岸家族信托，但操作起来十分麻烦，不容易安排国内资产，长期看也有安全隐患。所以境内家族信托仍然是存在比较优势的。

②家族信托的功能。与其说是家族信托的功能，不如说是《信托法》在家族资产管理方面的功能。家族信托具有财产的代际转移、紧锁企业股权、破产隔离和避债、节税等功能，更因为其私密性，对更具个性的财产安排具有吸引力。

③民事信托的具体操作内容。

——信托财产的灵活性、多样性和个性化(非标准化)。在民事信托中，信托财产不像普通的信托产品那样主要是资金，其更加多元化，可包括动产、不动产、股权、经营权等。但是由于我国信托财产登记制度不配套，对非资金信托的登记目前还存在一些盲区，设立民事信托面临法律障碍。不过，由于民事信托更尊重当事人的意愿，在信托财产转移中，更强调合同安排的重要性及其与法定规则的关系，当事人可以采取公证等措施而非登记等公示措施，因多数情况信托财产转移仅限于家族成员权利的转移和分配，即使法律要求采取登记生效主义的，似乎也可以不采取。

——复合受托人和复合受益人安排。在民事信托中，为了取信于委托人和受益人，为了降低委托人对转移财产(特别是不动产)于受托人的担心，可以运用《信托法》第43条所允许的复合受托人和复合受益人制度，把信托财产转移至破产风险比较低的受益人的名下，此受益人为共同受托人，既解决了不动产等的产权变更难题，又有利于对受托人的信赖。另外，还可以设计财产保护人，作为产权名义人，避免产权变更带来的不稳定性。

——受益人保护策略："反挥霍信托""裁量信托"及"保护信托"。原则上，信托受益人可以拿信托受益权进行转让、设定担保，在受益人破产的时候可以成为其破产财团。委托人可能愿意授予受益人信托利益，但是如果受益人破产，或者产生某种恣意地、挥霍性地运用其受益权的行为，受益人可能被迫用信托受益权偿还债权人的话，就可能违背委托人的初衷。因此，英美法上就出现了反挥霍信托、保护信托和教养信托等形态。

④民事信托的监督——取信委托人。在民事信托中，由于信托计划更具个性，委托人多是单一主体，更有意愿也更重视对信托进行主动监督。即使法律规则已经十分健全，在信托中信赖的因素仍然起到十分重要的作用。为了取信委托人，可以在信托的结构中适当设置制衡主体。

民事信托监察人。我国仅在公益信托部分规定了监察人为公益信托的必设机关。但是，在普通的私益信托中，虽然信托成立，但是在受益人不特定或者尚未存在的时候，受益权仍然处于不确定状态，没有人能强制执行信托，也没有人能监督受托人履行信托职责。由于《信托法》为私法，为保护受益人利益，私益信托的关系人自然可以约定设立类似公益信托中监察人的机关。

信托管理人。在受益人现时不存在之场合，为了受益人行使权限，可以设置信托管理人。

信托监督人。信托监督人是在存在受益人之时，根据信托文件而指定的人。在没有指定信托监督人或者指定的人不就任的时候，如果出现受益人不能对受托人进行适当的监督的特别情况，法院可以根据利害关系人的申请选任信托监督人。

受益人代理人。信托管理人和信托监督人是为了全体受益人利益而设的，类似监护的制度。而受益人代理人，是在受益人是多数人的场合，或者受益人有变动的场合，为了能使受益人顺利行使权利，也能使受托人顺利地处理信托事务，根据信托文件选任的人。

信托保护人。事实上，委托人还可以在信托文件中为他所选择的任何人保留权利。特别的例子在离岸信托（off - shore trust）中，信托的管理是在其他的法域（避税港），委托人可以授予其选定的人很多的职权，以确保信托最初设定的目的能得以实现，这些被授权的人通常被称为“保护人（protector）”[①]。在美国法律中，保护人又被称为超级受托人或者受托人控制人，其权力来自信托文件，其权

① J. E. Penner, The Law of Trusts, fourth edition, Oxford University Press, 2005, pp21 - 22. David I Faust, Asset Protection Trusts: Some Practical Guidlines, in Trusts in Prime Jurisdictions (3d edition), edited by Alon Kaplan, Globe Business Publishing Ltd, 2010, p452.

力内容既可以是肯定的，例如做出投资决定、分配决定，增加或者减少受益人，变更受托人甚至是变更信托的司法域（jurisdiction）；也可以是消极的，例如否决受托人的某项决策。

⑤家族信托的运作和发展前景。在我国，由于当事人缺乏对民事信托的认识和运用信托的意识，很多人甚至不知道有这样的制度可资利用；再加上我国的信托法制度本身存在不少缺陷，使得信托制度不能成为顺心应手的制度工具。第一，我国的信托法制度没有培养出范围广泛的适格受托人。在我国，除了作为营业（商事）信托之受托人的信托公司（机构）之外，对于其他的自然人、法人和组织如何成为受托人，如何履行受托职责，法律规则仍然处于未明状态，理论上对现行信托法也缺乏有力且系统的解释；而且，非机构受托人还不能赢得委托人的信任。第二，出于对效率的考虑，信托公司把自己的客户定位于高端的高净值客户，不愿意接受小额的非标准化的、非金钱的信托，这是民事信托无法普及的重要原因。第三，信托登记制度不完善，虽然主管机构正在努力构建信托登记制度，但是，目前仍然会出现不知道到哪里进行信托（财产）登记，甚至会出现登记机构拒绝提供登记的情形。第四，我国的信托税制不完善，对信托的征税环节和征税种类都没有合理的规定，特别是对公益信托缺乏有效的税收优惠作为激励机制。正因为如此，《信托法》虽然颁行 13 年有余，信托观念并没有为大众所知，民事信托的发展刚刚起步。

实际上，除了应对高净值人士的财产管理需求之外，在老年人的赡养、未成年人[①]和残疾人的抚养等领域，民事信托制度也应发挥其独特的功能。

（2）土地信托

①土地信托现状和功能。农村土地信托模式，是在不改变农村土地农业用途以及坚持集体所有权和土地承包经营权稳定不变的前提下，农村土地承包人基于对受托人的信任，将其承包的土地权利在一定期限内信托给受托人，由其利用专业规划经营管理或使用，土地收益归受益人所有的一种土地流转创新方式。关于“土地信托”，近年来已经有多起尝试，例如，2011 年 5 月，福建沙县源丰农村土地承包经营权信托有限公司挂牌成立，试水所谓土地信托流转。2012 年 6 月，湖南益阳实现农村土地承包经营权的确权颁证，并在此基础上推进土地信托

① 例如，在夫妻离婚之时一方需要支付对方对未成年子女的抚养费的场合，虽然可以一次性支付，但是支付人担心子女的监护人会把抚养费用于其他的目的，此时设立信托，从信托基金中定期支付抚养费。

流转，另外还有早期的“绍兴模式”等。但是，这些都并非真正的信托公司主导运作的案例，充当信托“受托人”角色的多为地方政府单独成立的运营机构。首个由信托公司主导的农村土地承包经营权流转信托计划——“中信·农村土地承包经营权集合信托计划 1301 期”于 2013 年 10 月 10 日正式成立。除中信信托外，北京信托、中粮信托、华宝信托、中航信托等多家信托公司据称都在布局土地流转信托。这标志着土地信托进入市场化、商业化信托的新动向。在此之前各地陆续实施的以“信托”为名的农村土地流转试点改革实质上都不能算作是现代信托法意义上的信托模式。政府过多地介入土地信托在小范围内、短时间内或许能起到一定的积极作用，但从长远来看未必有利。商业信托模式往往能在市场经济中更好地发挥其优势。

在农村土地流转中引入信托制度，利用信托制度的财产隔离、财产保护和财产管理功能，加快农村土地流转和利用，可以使产权充分市场化，实现土地流转的公平与效率。在大资管时代，信托公司和银行等金融机构产生了激烈的同质化竞争，新的资管方式对信托业务会有很大冲击。信托公司做土地流转这类业务更能回归信托本源，也能发挥信托的本质功能和制度优势，信托公司在土地流转信托计划中有很多主动管理的空间。

信托公司在开展土地流转信托过程中可发挥土地流转事务管理职能和土地效益的增值功能，另外土地信托的主要目的虽然并非融资，但具备一定的融资功能也甚为必要。一方面信托公司可凭借金融机构的优势，为土地流转信托相应项目提供资金支持；另一方面信托公司还可以为收益的分配提供流动性支持以规避农业生产收益较慢且短期波动性较大的风险。这也是信托公司开展土地流转信托特有的配套服务功能①。土地流转信托作为城镇化中的重要金融工具，将在土地流转上大有所为。在解决土地流转问题上，信托制度拥有优势。信托为土地流转提供了一个理论合理且实际可操作的途径，信托可以有效解决土地流转中的实际问题，缓解土地流转中的利益矛盾。

②农地承包经营权作为信托财产的合法性与可行性②。

◎农村土地承包经营权是否是适格的信托财产。

我国《信托法》第 7 条规定：“设立信托，必须有确定的信托财产，并且该信托

① 王苗军. 土地流转信托功能分析及其完善[M]. 金融时报，2013-12-16.

② 本标题和下一同级标题的内容由中国政法大学罗翀提供初稿。

财产必须是委托人合法所有的财产。本法所称财产包括合法的财产权利。"据此，一项财产要成为信托财产，必须具备四个要件：即信托财产的合法性、信托财产的权利性、信托财产的流通性和信托财产的确定性。①

·农村土地承包经营权是合法的财产权。

所谓信托财产系指受托人因信托行为取得之财产权。即委托人移转给受托人作为信托法律关系之标的，由受托人以自己之名义为受益人的利益而管理和处分的财产。② 我国农村土地承包经营权具有用益物权的一般特性，是一种用益物权，属于财产权无疑。

同时，我国《农村土地承包法》第 9 条规定："国家保护集体土地所有者的合法权益，保护承包方的土地承包经营权，任何组织和个人不得侵犯。"可见农村土地承包经营权是委托人合法所有的财产权利。

·农村土地承包经营权具有权利性。

本文中所谓的信托财产的权利性是指"委托人用以设立信托的财产必须在法律上具有独立的权利形态或者权利外观"。信托财产的这一特性是由信托的本质决定的。③ 我国农村土地承包经营权作为用益物权的一种，是一种法定的物权。它的权利内容和范围在法律上都有明确的规定，是一种具有独立形态的权利。

·农村土地承包经营权是具有流通性的财产权。

《信托法》第 14 条规定："法律、行政法规禁止流通的财产，不得作为信托财产。"信托财产必须是可以流通的财产。根据我国现行法律、法规的规定，禁止流通物主要包括专属国家所有的财产，如矿藏、水流等自然资源，以及淫秽的书刊、影片、录像带、录音带、图片等。④ 土地承包经营权显然不在禁止流通之列。

而《农村土地承包法》第 32 条规定："通过家庭承包取得的土地承包经营权可以依法采取转包、出租、互换、转让或者其他方式流转。"第 49 条规定："通过招标、拍卖、公开协商等方式承包农村土地，经依法登记取得土地承包经营权证或者林权证等证书的，其土地承包经营权可以依法采取转让、出租、入股、抵押或者

① 周小明．信托制度：法理与实务[M]．中国法制出版社，2012：127.
② 徐孟洲．信托法[M]．法律出版社，2006：135.
③ 周小明．信托制度：法理与实务[M]．中国法制出版社，2012：130.
④ 全国人大《信托法》起草工作组．中华人民共和国信托法释义[M]．中国金融出版社，2001.

其他方式流转。"《物权法》第 128 条规定："土地承包经营权人依照农村土地承包法的规定，有权将土地承包经营权采取转包、互换、转让等方式流转。"第 133 条规定："通过招标、拍卖、公开协商等方式承包荒地等农村土地，依照农村土地承包法等法律和国务院的有关规定，其土地承包经营权可以转让、入股、抵押或者以其他方式流转。"

因此，我国的农村土地承包经营权具有可转移性，是可以依法流转的财产权，而非国家法律规定的限制流通或者禁止流通之物，符合《信托法》关于信托财产之要求。

· 农村土地承包经营权是确定性的财产权。

根据《信托法》第 7 条和第 11 条的规定，设立信托必须要有确定的信托财产，否则信托无效。所谓确定，是指信托的标的必须确定，即信托财产具有明确的种类、范围或者数量，一般应当能以金钱衡量其价值，并且能够和受托人自己的财产独立分开。① 也有学者提出信托财产的确定性包括三个方面，即信托财产存在的确定性、信托财产范围的确定性和信托财产权属的确定性。②

根据《物权法》第 125 条、126 条、127 条，土地承包经营权的内容、期限、权属确认方式都有法律的明确规定。毫无疑问，农村土地承包经营权是由承包人与集体经济组织在平等协商的基础上，通过签订承包经营合同而设立的，由农村土地承包经营权人在承包期限之内对承包地拥有的占有、使用、收益与进行特定形式的处分的权利，这种权利是确定的法定权利。农村土地承包经营权一旦设定，农地使用权人的权利便获确定，不待他人行为的介入便可直接行使对土地的占有、使用和收益，他人不得干涉。且基于物权的效力，农地使用权人享有此种权利，不仅可以对抗社会的一般人，而且可以对抗土地的所有人。③ 因此，土地承包经营权具有确定性。

◎农村土地承包经营权作为信托财产的可行性。

以农村土地承包经营权作为信托财产在理论上并无不妥，但是，将土地承包经营权作为信托财产在实践操作当中存在诸多障碍。

依照《信托法》第 2 条，委托人基于对受托人的信任将其财产"委托给"受托人。根据《信托法》起草小组专家的解释，此处"委托给"应当解读为将信托财产

---

① 扈纪华，张桂龙．中华人民共和国信托法条文释义［M］．人民法院出版社，2001：39.
② 周小明．信托制度：法理与实务［M］．法律出版社，2012：137.
③ 梁慧星，陈华彬．物权法（第二版）［M］．北京：法律出版社，2003.

移转给受托人，[①]与各国信托制度的普遍原理相一致。即土地信托中同样也要求委托人将信托财产移转给受托人。要将农村集体成员所有的土地承包经营权移转给集体组织成员以外的信托公司，在立法上有特别的程序规定。农村土地承包经营权的流转具有其特殊性，不能理解为一般物权的流转。在2005年3月施行的《农村土地承包经营权流转管理办法》中，第9条规定："农村土地承包经营权流转的受让方可以是承包农户，也可以是其他按有关法律及有关规定允许从事农业生产经营的组织和个人。在同等条件下，本集体经济组织成员享有优先权。"其受让方范围仅限于"有关法律及有关规定允许从事农业生产经营的组织和个人"，而《农村土地承包法》第37条则规定："土地承包经营权采取转包、出租、互换、转让或者其他方式流转，当事人双方应当签订书面合同。采取转让方式流转的，应当经发包方同意；采取转包、出租、互换或者其他方式流转的，应当报发包方备案。"上述规定意味着除非农村承包经营权流转采用债权流转地方式，否则就应当得到发包方的同意。而《农村土地承包法》第48条更是进一步规定："发包方将农村土地发包给本集体经济组织以外的单位或者个人承包，应当事先经本集体经济组织成员的村民会议三分之二以上成员或者三分之二以上村民代表的同意，并报乡（镇）人民政府批准。"农村土地承包经营权向集体组织以外的主体移转需经本集体经济组织成员的村民会议三分之二以上成员或者三分之二以上村民代表的同意，并报乡、镇人民政府批准。且承包方的承包资格需要经过审核方可签订合同。

可以看出，要获得土地物权，受让人就必须满足苛刻的程序以及身份限制。

（4）土地承包经营权的收益权是否是适格的信托财产

如前文所述，以土地承包经营权作为信托财产是当前的主流。虽然土地承包经营权作为一种（他）物权符合信托法上的作为信托财产的要求，但在商业信托模式之下，要将土地承包经营权移转给农村集体组织以外的主体在实践中具有较大的身份和程序上的限制，对于高流动性的市场经济活动而言存在实践中的障碍。于是有了对土地承包经营权的收益权的探讨，不移转土地承包经营权，而是以土地承包经营权的收益权作为信托财产。

以"资产收益权"作为信托财产的信托在实践中并不鲜见，[②]特定资产收益

① 周小明．信托制度：法理与实务[M]．法律出版社，2012：41．

② 实践中存在着不少信托公司发行的"特定资产收益权信托产品"，其法律性质和风险监管机制存在诸多探讨和争议，以2013年安信信托诉"昆山纯高"案为典型，资产收益权信托越发受到关注和热议。

权交易有逐渐扩大之势，虽然目前法律法规未明确禁止该类交易，但该交易同时也缺乏明确的法律支持，存在很大的争议空间。在土地信托当中，是否可以将作为土地承包经营权的权能之一的收益权分离出来，作为土地信托的信托财产，从而更好地突破信托财产的移转当中的诸多限制，同时又使农户不丧失土地承包经营权，还未明确。然而，土地承包经营权的收益权作为土地承包经营权权能之一，其作为信托财产的确定性和权利形态受到一定的质疑。

信托的成立需要有确定的信托财产。我国《信托法》第十一条关于信托无效的规定中，明确规定信托财产不能确定是导致信托无效的原因之一。可见，信托财产的确定性是信托成立和生效不可或缺的要件。就资产收益权信托而言，在实践中饱受争议的主要原因就在于其不能满足信托财产"确定性"的要求。笔者认为对于《信托法》中信托财产确定性的理解不应当过于刻板、一成不变。从鼓励信托的创新发展分析，可以对其进行扩张性解释。该确定性并非是指自始完全确定，只要以一定的方法和标准可以确定即可。允许资产所有人或第三方以抵押、质押或回购协议作为财产确定性的担保。资产收益权在本质上属于一种"将来债权"，其属于法律意义上的权利，只是其实现需要在将来才能确定。美国信托法允许其作为信托财产。① 我国信托法中没有明确禁止，依据信托法原理也可以将其作为信托财产设立信托。

还有学者提出，资产收益权作为对应财产权的权能之一，不具有法律上独立的权利形态。"如果设立信托的财产不具有独立的权利形态或者权利外观，该财产便无法进行转移，信托也无从设立。"②一方面该类财产难以移转给受托人，另一方面该权能应附属于对应的财产权，不能发生独立性，的效果。关于如何确保财产移转和财产的独立性，的确是资产收益权信托实践操作中的一个难点，但并不能以此一概否定特定资产收益权作为信托财产本身的合法性。

将土地承包经营权的收益权作为信托财产的优点是显而易见的。土地承包经营权的收益权作为信托财产可以简化实践中移转信托财产的程序，不受过多主体限制等。这一方式在高速流动的市场当中显得更加高效、灵活，真正实现了土地的"权"和"利"的分离，使农民既享有土地承包经营权的利益保障，同时又不被土地所束缚。

---

① 参见《美国信托法重述(二)》第85条。

② 周小明．信托制度：法理与实务[M]．北京：法律出版社，2012：130.

现代意义上商业性质的土地信托在我国才刚刚起步，关于土地信托领域的具体规范性文件尚未出台，其信托财产的确定同样处于实践探索阶段。我国农村土地承包经营权的流转制度正在走向开放和完善。将土地承包经营权的收益权作为信托财产的方式在理论和实践方面还有待完善。

（5）土地信托中的其他法律问题

①土地管理公司的法律地位：转委托的受托人。在“中信·农村土地承包经营权集合信托计划1301期”中，安徽帝元现代农业投资有限公司作为服务商提供服务。安徽帝元现代农业投资有限公司主要为该信托提供专业的技术支持。在这类信托计划中，农业投资服务商的作用类似于证券投资信托中由信托公司转委托的投资顾问，其法律关系和法律地位可适用《信托法》第30条关于转委托的规定。

② 受益人（农民）的浮动收入。中信信托的项目中没有明确的预期收益率，初步付给农户浮动性的基本地租收入，是每年每亩获得相当于一千斤中等质量小麦的价钱。同时，随着资金注入，土地、产品匹配提升，也会增加农民的浮动收入，扣除服务费用、管理费用后，农民可以分享的增值部分初步定为70%。农民转化为工人，也可以获得工资收入。但如果经营不成功，风险如何承担？例如，如果在土地上种有机蔬菜却不能适销对路，就可能无法按合同向农民支付信托利益。农业受气候、虫害、水利等条件的影响很大，因此信托公司在引入专业的农业管理公司和改善农业基础设施之外，还应通过保险等措施减少歉收等带来的风险。

而且，在土地信托领域，受益人（委托人）因对信托项目的事务管理有着较高的参与度、监督权和知情权，似乎能成为打破刚性承兑的一个突破口。

③土地登记制度。土地流转信托在推广过程中面临一些制度障碍，比如我国土地的信托登记制度不健全，信托配套制度建设也不够完善，土地流转信托在某种程度上依靠政府的行政权力推行，缺乏稳定的规范依据和保障。不过，如果运用土地收益权（经营权）设立信托，信托生效并不以登记为要件。因农村土地权利的特殊性，即使土地权利不做变更登记也不会产生保护第三人利益不足的问题。

④土地权益证券化。条件成熟下，将受益权做资产证券化，推出受益权凭证，该凭证可上市流通、可抵押融资，实现真正的财产权收入以及财产权流通带来的溢价收入。

2. 2014 年信托业法律法规评述

2.1 转型期信托业规范发展的路线图——“99 号文”评述

银监会《关于信托公司风险监管的指导意见》（银监办发〔2014〕99 号）（下称“99 号文”）颁布，对信托公司风险防控、转型方向和监管机制三个主要方面做了规定。2014 年所出台的新规定大多可以理解为是对该文件的落实和细化，可以说，“99 号文”是 2014 年乃至今后一段时期信托公司监管思路的总纲。

■风险防范举措之一：股东责任

根据“99 号文”的要求，股东应为信托公司的经营提供流动性支持和资本补充支持。信托公司股东应承诺或在信托公司章程中约定，当信托公司出现流动性风险时，给予必要的流动性支持。信托公司经营损失侵蚀资本的，应在净资本中全额扣减，并相应压缩业务规模，或由股东及时补充资本。

一般认为，股东提供流动性支持（出现流动性风险）和补充资本（经营损失侵蚀资本）的前提是，信托公司整体经营情况超过其资本承受能力，而非针对某一具体项目而言，所以不能简单理解为让股东兜底。如果把“99 号文”理解为要求股东对公司的经营风险承担兜底责任，那么这比“刚性兑付”对法律规则带来的损害更大。“刚性兑付”之说是不成熟市场的误解，如果信托公司完全尽到谨慎义务，自可以理直气壮地打破“刚性兑付”，信托法相关法律和监管层从来都没有明文地规范要求“刚性兑付”。

即使信托公司没有尽到谨慎义务，对投资者承担责任的是信托公司，公司股东仍然处于有限责任的保护之中。如果一律要求股东对公司的经营风险承担兜底责任，则违背了《公司法》的基本法理。但是事实上，不能简单地把“99 号文”解读为违背了股东有限责任的规则。根据《公司法》，公司股东仅应以其出资额为限对公司债务承担责任，仅在股东滥用其股东权利时才会否认法人人格制度，“刺破公司面纱”而直接对股东追责。“99 号文”只是要求信托公司股东在信托公司章程中或者通过其他方式承诺，当信托公司出现流动性风险时，给予必要的流动性支持；信托公司经营损失侵蚀资本的，应在净资本中全部扣减，并相应压缩业务规模，或由股东及时补充资本，这些要求类似于公司债权人要求股东自愿为公司的负债和责任提供担保或者增信的措施。试举一例，小型的有限责任公司的股东当然也享有有限责任，但是，信用较差的有限责任公司欲借债时，仅靠公司本身的信用可能不够资格，此时债权人可能要求公司的股东额外提供担保。也就是说，如果信托公司股东基于监管的要求，自愿做出承诺为公司资本信用提供担保，这是没有问题的。做到这一点的最简便方法是要求信托公司修改公司章程，增加这一承诺，并明确履行这一承诺的股东及其责任份额。

那么，如果在没有修改章程之前出现了责任事件，甚而，即使在信托公司做出了这种承诺之后出现了责任事件，监管层能否强制信托公司的股东履行承诺呢？"99 号文"甚至不像《信托公司管理办法》和《信托公司集合资金信托计划管理办法》等可以被定性为部门规章，其法律规则属性至为稀薄，到时候很难强制执行。

"99 号文"还规定，信托公司违反审慎经营规则、严重危及公司稳健运行、损害投资人合法权益的，监管机构要区别情况，依法采取责令控股股东转让股权或限制有关股东权利等监管措施。这些措施是对银监会监管法律规范的重申，例如《信托公司管理办法》第 54 条规定："信托公司违反审慎经营规则的，中国银行业监督管理委员会责令限期改正；逾期未改正的，或者其行为严重危及信托公司的稳健运行、损害受益人合法权益的，中国银行业监督管理委员会可以区别情形，依据《中华人民共和国银行业监督管理法》等法律法规的规定，采取暂停业务、限制股东权利等监管措施。"银监会作为行政部门，其抓手是行政措施和行政责任，根据依法行政原则，只有在其规范性法律文件有规定的情况下才能使用这些抓手。

风险防控举措之二：细化谨慎义务的标准

作为风险控制的重要环节，银监会要求信托公司加强尽职管理。具体而言，"信托公司应切实履行受托人职责，从产品设计、尽职调查、风险管控、产品营销、后续管理、信息披露和风险处置等环节入手，全方位、全过程、动态化加强尽职管理，做到勤勉尽责，降低合规、法律及操作风险。提升对基础资产的动态估值能力和对资金使用的监控能力，严防资金挪用"。这些规范对信托公司事前、事中和事后的管理义务做了进一步的细化，使信托公司谨慎管理义务具体化，具有了一定的可操作性。

目前，无论是理论上还是实践上，对于受托人的谨慎注意义务标准的认识均有不清楚的地方，在此尝试进行简单梳理。

(1)受托人违反谨慎义务所产生的责任是过错责任

并非所有给信托财产带来损失的行为均为受托人的责任。委托人和受益人在主张受托人违反谨慎义务的时候需要证明受托人存在过错。只要受托人尽到管理职责，因市场风险和其他不可抗力等因素而给信托财产带来的损失属于应由委托人和受益人承担的风险，并非受托人应承担的责任。受托人可部分适用"商业判断规则(business judgment rule)"抗辩，即投资造成的损失是正常的商业风险，应由投资者自身承担。

当然，投资者证明受托人存在过错是十分困难的。法律要求受托人应尽到通知义务和披露义务，信托事务管理的过程中要"留痕"，就是为了解决投资者和受托人之间信息不对称的问题。受托人没有尽到披露和告知义务，没有进行知情告知并得到投资者的知情同意(informed consent)的，其过错即存在。

(2)受托人的谨慎义务属于法定义务

受托人违背了信托文件约定的义务和行为规则构成违反信托自无问题，即使信托文件没有为受托人约定某种行为义务，但是，受托人为了受益人的最大利益管理信托财产的义务始终是存在的，若受托人没有采取适当的行为给信托财产带来了损害，此时受托人构成违反信托。基于受托人谨慎义务的法定性，坊间笼统地说受托人(信托公司)"违约"至少是不准确的。

(3)受托人的谨慎义务是客观义务

谨慎义务是作为一个受托人应当履行的义务，这看起来像同义反复。具体而言，信托公司作为受托人，其履行义务的标准是依照从事信托行业的所有的信托公司均应采取的行为标准。如受托人有承诺，这个标准还可以高于行业的一般标准。受托人不能以信托文件没有约定其有某种行为义务作为抗辩。

(4)受托人的谨慎管理义务中包含了投资权和裁量权

在信托制度发展的早期，其主要功能还在于财产的转移，所以，除非信托文件有授权或者法律允许，受托人是没有投资权的。而在现代社会，信托的主要功能为财产管理，营业信托中的规则就演变为：除非信托文件有限制或者法律有限制，受托人原则上有投资权。受托人原则上可以根据市场的变化，采取他认为对受益人有利的一切合法投资活动。可以看出，受托人有着大量的裁量权。正因为如此，受托人的谨慎义务也是法定的义务，借以限制受托人裁量权的行使。

（5）受托人能否通过信托文件中的约定减轻甚至免除自己的责任

一般认为受托人谨慎义务的规则是法定的强制性规则，若如此即不可约定免责。但是，如果承认《信托法》为私法，那么《信托法》中关于谨慎义务的规则应有任意法规则的属性。英美信托法和日本信托法均允许受托人通过约定减轻和免除自己因过失而产生的责任，但是由于信托关系为信任关系且由受托人主导，所以，受托人不可约定免除自己因欺诈、故意和重大过失而产生的义务和责任，否则将存在受托人不承担任何义务和责任的"信托"，这违背信托的本质。

（6）对于受托人的谨慎义务的判断，法院有裁量权

但是，人民法院的法官并非资产管理专家，并不擅长判断某种行为是否是恰当的投资行为。为了限制法院的裁量权的行使，可逐渐在判例中明晰相关标准。银监会在"99 号文"中对信托公司尽职管理内容的细化，具有重要意义，可资参考。

信托业转型方向之一：债权型信托直接融资工具

"99 号文"中浓墨重彩地推动了业务转型：①改造信贷类集合资金信托业务模式，研究推出债权型信托直接融资工具。②大力发展真正的股权投资，支持符合条件的信托公司设立直接投资专业子公司。③鼓励开展并购业务，积极参与企业并购重组。④积极发展资产管理等收费型业务，鼓励开展信贷资产证券化等业务，提高资产证券化业务的附加值。⑤探索家族财富管理，为客户量身定制资产管理方案。⑥完善公益信托制度，大力发展公益信托。这里仅重点讨论债权型信托直接融资工具。

"债权型信托直接融资工具"的内涵并不清楚。在信托的框架内，由于信托公司和委托人并非直接的债权债务关系，信托无法成为直接融资工具。最接近这一概念的设计应该是学者借鉴国外的附担保信托公司债制度所提出的附信托（私募）企业债的设想。总体思路是：还信托融资作为一种直接融资工具的本来面目，将信托制度优势与债券发行制度结合起来，改变目前由信托公司发行融资类信托计划的业务模式，转换为由信托公司协助企业发行"附信托企业债"（初期阶段，可以是私募性质的"附信托私募企业债"），同时，信托融资业务也由原来的风险型业务转换为收费型业务。

在这一产品模式的设计中，信托公司所扮演的角色从信托计划的发行主体，转化为"投资银行＋信托受托人"：首先，作为企业的财务顾问，帮助企业设计附

信托（私募）企业债的融资方案；其次，作为承销商，包销或代销附信托（私募）企业债；再次，作为债券发行人的受托人，与债券发行人签订信托合同，接受债券发行人的委托，以企业债持有人为受益人，成为担保权人；最后，作为债券持有人的受托人，根据债券契约的约定，接受债券持有人的委托，代表其行使监管企业依约使用募集资金的权利，以及监督企业依约归集债券兑付资金的权利"[①]。

按照学者设想，信托公司的业务就从传统的资金信托、融资信托转变成担保信托和服务信托。而且，还能摆脱信托公司从事融资业务之时的"刚性承兑"的不当压力。

在目前的融资信托模式下，受托人作为信托财产的财产权人，贷款之后成为融资方的债权人，要求融资方在借款合同项下提供抵押担保等是非常自然的而且可行的。但是，"附信托（私募）企业债"设想的具体实施面临严重的制度掣肘。其核心安排是让信托公司成为担保权人，此时面临两个法律困境：第一个问题稍显抽象，把担保物权人变成受托人、债权人成为债券持有人，导致担保物权人和债权人分离，这种分离是否违反《担保法》上的担保权的附随性原理？是否创设了一种不同于《物权法》规定的担保物权类型而违反《物权法》第五条所规定的物权法定原则？笔者认为，担保权的附随性并非确定了一种禁止性的规则，因此并无大碍；而物权法定原则亦非内涵明确的禁止性规则（不过，日本的附担保信托的公司债制度也是基于特别法而成立的，可谓由特别法承认的一种新的担保物权），因此这一抽象问题似乎并不会直接影响到该制度的设置。而第二个问题则是具有操作性的问题，如何在债务人和信托公司之间设立担保物权信托？在没有信托登记制度的今天，登记机构不会接受以信托设立文件作为登记的依据，也不会接受信托公司以非债权人的身份成为担保权人。

在商事领域应采取实用主义的立场，当事人的一切不产生外部性的制度设置和创新都应得到法律的支持。目前我国的商业法律的不完善仍然严重制约着商业实践的发展。

■信托业转型方向之二：明确信托公司为责任主体

"99 号文"中指出，金融机构之间的交叉产品和合作义务，必须以合同形式明确项目的风险责任承担主体，提供通道的一方为项目事务风险的管理主体。

① 陈赤．附信托私募企业债初探——信托业务创新的一个设想[J]．西南金融，2014(4).

监管部门进一步加强业务现场检查,防止以"抽屉协议"的形式规避监管。这里对信托公司在通道业务中的法律关系以及其责任的承担做简单评析。

信托结构被划分为对内关系和对外关系。在实务中,对内关系被称为信托关系,对外关系被称为交易关系。受托人是信托关系和交易关系的当事人和核心。委托人(受益人)和第三人之间无法发生法律关系,受托人和第三人是借贷关系或者其他投资关系,而受益人和受托人之间是信托关系。在交易关系中,如果是贷款关系,则信托公司为债权人,交易对手为债务人;在信托关系中,受益人有权向受托人主张受益权和其他信托法上的权力。

在通道业务中,受托人在交易对手选择、项目选择甚至在委托人资金选择方面均无发言权,在信托财产的管理过程中也鲜有作为,仅仅按照信托文件的约定进行资金的划拨和回收等,但是作为信托关系,受益人仍然可以在项目出现问题的时候主张受托人承担管理责任。信托公司会抱怨自己接受通道业务所取得的信托报酬(通道费)非常微薄,却要承担第一责任人的角色;也会面临社会声誉的损失,甚至商业银行等拒绝承担其"默契"要承担的责任的情形。信托公司原本是可以拒绝这样的交易,但是限于业务能力和市场竞争的压力,如果拒绝这样的业务,将会被其竞争者抢走。

在通道业务中,委托人(受益人)有两种类型,一种是银行本身就是委托人兼受益人(例如理财计划资金投资信托),一种是银行的客户作为受益人(商业银行推荐其客户购买信托产品)。就第一种情形,商业银行作为委托人,是信托文件的签订者,委托人既然行使指示权和选择权,自然有义务承担信托财产遭受损失的风险,商业银行的理财计划客户(是其与商业银行的信托关系的委托人)本身没有资格向信托公司主张权利;第二种情况,委托人和信托公司直接形成信托关系,有权要求受托人承担责任,至少从法律关系上,委托人和商业银行没有什么关系,商业银行最多构成信托公司的代理人。此时信托公司是第一责任人,商业银行的责任主要靠商业银行和信托公司之间的合同来约定。"99 号文"明确了金融同业合作中的责任,要求通道业务今后必须在合同上明确风险承担主体和通道功能主体,其实质效果是让信托公司拒绝某些责任安排不合理的通道业务交易。但是在信托公司缔约能力没有提升的现实中,因基金子公司和券商等资管机构并不受"99 号文"约束,将抽屉协议"阳光化",当事人通过合同将通道性质明确后,信托公司的通道业务将会受到进一步影响,信托公司充当通道的竞争力会下降。

2.2 信托业务的标准化和规范化

信托业务分类的标准化

(1)制定《信托业务分类及编码》的背景及意义

“一法两规”的颁布实施，确立了信托公司专业理财机构的功能定位，信托业步入规范发展的轨道。在不断的业务创新发展中，不少信托业务及操作模式已经相对成熟，逐步为全行业和市场所认可，行业标准化建设具备了基础条件。但是，由于不同区域、不同背景的信托公司业务发展水平不均衡，缺乏统一的标准化的信托业务分类及名称，各信托公司内部风控工作和监管部门对信托公司的监管工作存在较大难度，增加了管理和监管成本，对相关数据的统计、分析，信息交流、行业间比较等均存在一定障碍。因此，中国银监会、中国信托业协会及全行业都希望逐步推动行业标准化各项工作，信托业务分类及编码标准的制定成为当务之急。

推进信托业务分类及编码的制定，将有助于提高行业数据统计信息监管效率，促进信托业在不断规范中更加稳健地发展，推动信托业为国民经济发展做出更大贡献，对完善我国金融体系、促进资本市场多元化和逐步实现与国际同业接轨具有重要意义。

为适应我国加快经济增长方式转变的客观要求，促进信托行业由粗放扩张型向规范化、精细化管理方向转化，实现行业长期稳健发展的目标，加快推进中国信托行业及信托业务标准化发展建设，2011 年 2 月，中国银监会向金标委报送了有关制定信托行业标准的计划，并责成协会推进立项工作。2011 年 5 月 11 日，金标委发文批准了 2011 年第一批共计 29 项标准的立项(《关于下达 2011 年第一批金融标准制修订任务的通知》金标委秘发〔2011〕34 号)，信托业务分类及编码是其中的拟制定标准之一，中国银监会责成协会组织起草该项标准。

(2)编制原则

信托业务分类标准的编制遵循以下原则：

——以信托业“一法两规”为基础。《信托业务分类及编码》是在遵循《信托法》《信托公司管理办法》和《信托公司集合资金信托计划管理办法》等有关法律法规和规范性文件的基础上制定的。

——科学规范原则。信托业务分类应该具有科学性、客观性，使用的名称应当统一、规范化，能够为信托理论和实务界广泛接受。

——与监管要求保持协调。《信托业务分类及编码》的制定参考了近十年来的监管经验，与宏观经济发展新形势下监管工作的要求保持协调一致。

——借鉴信托公司实践经验。《信托业务分类及编码》的制定充分考虑了行业内各信托公司的实践经验，希望此分类标准能够满足各信托公司开展信托业务的实际工作需要。

——宜粗不宜细的原则。考虑到信托行业业务多样化的特点以及各信托公司业务发展不均衡的实际情况，为了增强《信托业务分类及编码》在各公司、各业务领域中的适用性，发挥信托制度的强大的金融功能和体现信托的灵活业务模式，制定过程中采取宜粗不宜细的原则，尽量避免因标准过分细化而影响行业创新发展和在理财市场的竞争优势。

——全面适用原则。信托业务分类应该具有宽覆盖、多维度的特征，尽可能涵盖所有的信托业务。换句话说，包括以资金信托为主的所有信托业务都应被囊括进来且具有共同统一的分类标准。

（3）分类标准及适用范围

《信托业务分类及编码》对行业内信托业务类型进行统一分类，确定分类标准并加以定义，并对每一种信托业务类型通过抽象定义加不完全列举等方式加以说明。

——根据信托设立时委托人交付信托机构的财产形态把信托业务划分为资金信托和财产信托；

——根据同一信托中委托人的数量划分为单一信托和集合信托；

——根据信托目的划分为私益信托、公益信托和目的信托；

——根据信托设立的方式划分为合同信托、遗嘱信托和其他书面信托；

——根据委托人的类型划分为个人信托和机构信托；

——根据信托机构受托职责划分为积极管理信托和消极管理信托；

——根据信托财产的运用方式分为融资信托、投资信托和事务管理信托；

——根据受益人取得信托财产收益的特征划分为固定收益信托和浮动收益信托；

——根据信托财产运用的区域分为境内运用信托和境外运用信托。

《信托业务分类及编码》适用于依照《中华人民共和国公司法》《中华人民共

和国信托法》《信托公司管理办法》和其他相关法律法规设立的主要经营信托业务的金融机构。

(4)对分类的解读

——本分类中没有直接采取信托业协会目前的统计口径中的集合资金信托、单一资金信托和管理财产信托这样的分类,但是实际上单一资金信托和集合资金信托均是对资金信托的再分类,而管理财产信托的实质就是财产信托。也就是说,集合资金信托、单一资金信托和管理财产信托的这种分类可以被涵盖在资金信托和财产信托的范围之内。

——本分类中没有根据信托财产的投向把信托分类为基础设施信托、房地产信托、工商企业信托、证券市场信托和金融机构信托等类型。作为监管部门的统计口径,原应被包括在内,但是信托财产的投向属于交易端而非信托端的问题,信托财产的投资领域不断发生变化,边界不十分清楚,本分类目前无法对其提供一种规范的信托业务分类的标准,所以暂不包括这种分类,实践中各公司仍然要按照监管机构的要求报送相关监管口径信息。

——私益信托、公益信托和目的信托的分类是争议较大的一种。在信托法理论上,这是一种比较成熟的分类,争议的对象主要是关于目的信托的含义。这里,目的信托的含义指的是非公益的、缺乏特定受益人的特殊目的信托。其例子有:为了饲养自己的宠物而设定的信托、为了把祖先的房屋作为纪念馆进行管理而设定的信托等。承认目的信托至少有两个方面的理由。

第一,使处于公益和私益信托之中间状态的信托更为容易地成立。根据过去的信托法理论,只在公益信托中才承认不存在特定受益人的信托。但是,公益信托的设定需要主管机构的许可,许可标准也比较严格,因此设定公益信托比较困难。如果承认目的信托,则实务中大量的慈善信托、爱心信托虽不是"信托法意义上的公益信托",但也可以是一种合法的存在。

第二,使用目的信托作为资产安排的工具。受益人若存在,在受益人破产的时候、信托的解除以及信托财产的取回等都有可能给信托财产造成影响,如果受益人不存在的话,就不用担心这些问题。在利用泽西、加曼诸岛的信托法进行资产流动化的制度设计中,可以运用慈善信托。私益信托中有受益人,该受益人对信托财产的运用等事项是有干预权限的。但是,若运用慈善(公益)信托的方法,信托终了的时候剩余的财产会捐赠给教会等,在这之前慈善信托相当于受益人不存在的组织。为了能采取资产流动化的所有的结构组织,我们似乎也需要这种和慈善信托相对应的制度，实务界对这一制度很是期待。在实务上也有把SPV的股票让离岸公益信托进行保有的，不过如果能简单地在国内设立目的信托，在目的信托中保有相关股票也能达到同样的目的，这样还会降低资产流动化的成本。在目的信托中，信托财产是根据一定的目的进行管理和处分的，不存在受益人，把SPV的出资份额信托给目的信托，排除了该出资份额的决议权受到预测外因素的影响。

集合资金信托计划信托文件的标准化

（1）本标准文件的适用范围

本标准规定了集合资金信托计划文件应包括的通用条款，及作为对通用条款的补充和完善的专用条款制定原则，适用于封闭式、非结构化集合资金信托业务，不适用于其他如单一资金信托产品、开放式信托产品、结构化信托产品、财产权信托产品等信托业务。本标准适用于中华人民共和国境内依法成立的信托公司。

规定集合资金信托计划相关内容的书面文件，包括集合资金信托计划认购风险申明书、集合资金信托计划说明书和集合资金信托计划信托合同（《信托公司集合资金信托计划管理办法》第10条）。

（2）信托文件中条款的分类

本标准把信托文件的条款划分为通用条款和专用条款。所谓通用条款（general clause），是指集合资金信托计划文件示范文本中必备的条款。所谓专用条款（special clause），是指信托公司根据不同集合资金信托计划内容要素而特别制定的条款，专用条款是对通用条款的补充和完善，用以规定不同集合资金信托计划的特殊内容安排。除专用条款外均为通用条款。

通用条款和专用条款的划分根据是《信托法》第9条。该条第1款规定，设立信托的书面文件应当载明以下事项：（一）信托目的；（二）委托人、受托人的姓名或者名称、住所；（三）受益人或者受益人范围；（四）信托财产的范围、种类及状况；（五）受益人取得信托利益的形式、方法。上述事项被规定为“应当载明”的事项，是信托合同的必备条款，也即本标准中的一般条款，具有强制性，否则信托可能会因缺乏确定性而无法成立。《信托法》第9条第2款还规定了选择性事项：包括信托期限、信托财产的管理方法、受托人的报酬、新受托人的选任方式、信托终止事由等事项。这些在法律理论上被称为任意性条款,也即本标准中的专用条款。

另外,在《信托公司管理办法》的第32条和《集合资金信托计划管理办法》第11条、第12条、第13条、第14条等中也要求信托文件必须具备某些条款,这些均属于本标准中的通用条款,本标准的制定遵照了这些规定的要求。

(3)标准信托文件的效力

本标准为示范性文件,其本身并不具有法律的效力。但是,由于其制定参照了法律和规范性法律文件的条文和原理,因此违背了标准文件中通用条款的要求,即有可能违背法律和行政法规等的要求。这一标准性或者示范性信托文件是在法律和规章的框架内,对集合资金信托计划信托文件的一种示范性的规范,供各个信托机构参考,可以避免各个信托机构遗漏必备条款、制定的信托文件不规范等问题。

按照通行的观点,如果制定信托文件缺乏标准文件中的通用条款,则原则上会影响信托文件的效力;而专用条款可以由当事人自由做出约定,原则上不影响信托文件的效力。笔者以为,在信托文件的成立和效力的问题上,不能把违背一般性条款(通用条款)的信托文件均认定为无效。根据民法的解释理论,只有当事人的约定违背法律和行政法规的效力性强制性规定的时候,方为无效,如果信托公司出具的信托文件缺乏"两规"中所要求的某些条款,因银监会的规范仅仅属于部门规章,所以并不必然导致信托文件无效。即便是欠缺《信托法》中所要求的必备条款,若交易已经大部分完成,从效率的角度看,不宜认定信托无效并推翻已经完成的交易。

2.3 全国性信托登记中心的设立和信托受益权的转让

登记中心设立的背景

长期以来,信托登记制度和信托受益权转让平台缺失,成为桎梏信托产品转让的重要因素。经过银监会的批准,上海信托登记中心改制为全国性信托登记公司在上海自贸区落户。新的信托登记中心将逐步开展信托受益权集中登记、信托合同登记、信托受益权转让及质押融资等业务。

其实,早在2006年6月,浦东新区就设立了上海信托登记中心,成为国内首家信托登记中心。此后，北京金融资产交易所、天津金融资产交易所等产权交易中心相继成立。而且，不少信托公司也开始自建平台。据不完全统计，68 家信托公司中，近半数信托公司在官网开设了转让平台或栏目。除中信信托的“信惠财富”、华宝信托的“流通宝”外，包括用益信托网在内的部分第三方理财公司也都有自己的信托流转服务。但是，上海登记中心、北京和天津的金融资产交易所、各个公司的受益权交易平台和第三方流转平台缺乏统一性、规范性和专业性。为顺应统一信托登记的业内需求，银监会批准设立统一的信托登记公司。

此登记非彼登记

《信托法》第 10 条规定：“设立信托，对于信托财产，有关法律、行政法规规定应当办理登记手续的，应当依法办理信托登记。未依照前款规定办理信托登记的，应当补办登记手续；不补办的，该信托不产生效力”。该条规定被作为信托公示制度之一环的信托财产登记制度。信托作为一种财产处分方法，要达到信托财产独立性、信托财产破产隔离等，实现信托财产不被强制执行的效果，需要有第三人能辨识的外观，因此，需要对信托财产和信托关系进行公示。但是，我国信托公示制度存在以下主要问题：

第一，仅规定了信托财产的登记。我国《信托法》仅粗略规定了作为信托公示之一环的信托财产登记制度。《信托法》规定，信托财产中“有关法律、行政法规规定应当办理登记手续的”，才有登记要求，这主要包括土地及其地上物等不动产（权利）的登记和知识产权等的登记。相应的，公示的手段单一化，只规定了“应当登记”的，但是有些权利是采取其他公示方法的，例如动产、债权等，由于不需要登记，就没有相应的信托公示制度。

第二，我国《信托法》上没有区分信托财产的公示和信托文件的公示。信托法律关系兼具债权、物权和组织的特性。欲进行公示，需明确公示的对象为何。公示的对象既可以是对信托财产的公示也可以是对信托关系的公示。而我国《信托法》第 10 条的规定似乎只规定了对信托财产的公示。但是，由于信托财产的复杂性，对信托财产的公示方法和公示机关并不相同，此时第三人似乎并不能得知信托财产之法律状态的全貌。因此，还应公示信托关系；在美国，就是对信托文件（trust instrument）进行登记[①]。《信托法》法条上使用的是“信托财产登

① George T. Bogert, Trusts, sixth edition, West Publishing Co. 1987, pp62 - 64.

记”，其与信托登记的关系如何不甚清楚。而且，《信托法》第 10 条并没有明确需要登记的细节和程度。例如，是否仅仅登记某些特定财产是信托财产即可，而不需要披露其他的细节，或者是否要披露信托文件的细节，包括委托人的身份、受托人的身份或者受益人的身份，甚至是信托的条款等，并不明确。

第三，信托登记和物权登记的关系不清。信托登记是否等同于物权登记、信托文件能否作为登记的依据等问题一直没有得到解决，这也是财产信托特别是不动产信托无法设立的主要原因。

第四，信托财产登记生效主义及其程序存在不足。我国就信托财产的公示采取登记生效主义，即法律或行政法规要求办理登记手续的财产作为信托财产，若没有最终履行登记程序，则信托不生效。但是，不登记的后果暧昧不清。《信托法》第 10 条第 2 款规定，应当办理信托登记而没有办理的，可以补充登记，但是对补充登记的时间期限和程序没有明确规定。既然没有时间的限制，似乎随时都可以补充登记，信托永远也不会因为没有补登记而无效——除非当事人明确拒绝登记。合理的解释是，该条款要求在信托合同成立后的合理期限内进行登记。如果不澄清这一点，信托合同成立后而信托没有登记之前的法律地位是不清楚的。

仅就信托财产的登记而言，在《物权法》的领域，原本就一直缺乏统一的不动产登记部门和统一的登记制度。同时，登记被作为国家管理的一种方式，登记主管机关和权限被严格地法定化。而且，相关的登记主管机关目前还不承认和认可信托文件可作为财产权登记的法律依据，致使目前设立资金信托以外的财产信托非常困难。原本国务院在 2014 年 11 月颁布的《不动产登记暂行条例》可以将信托中的不动产登记问题涵盖在内，把物权变更登记和信托财产登记做一体的规定，但该条例中并没有包涵相关内容。

上海登记中心所从事的登记，主要是资金信托等的信托产品设立信息的登记，为受益权的转让提供平台，其作用相当于一个新型的金融商品交易所，虽然包含了信托关系登记的部分内涵，但是和《信托法》上的信托财产登记是完全不同的概念。

信托受益权的转让及所受的限制

信托受益权的核心为财产权，原则上具有可转让性，所以《信托法》规定受益权原则上可以转让，可以用来清偿受益人债务、可以成为受益人的遗产或者清算财产，在我国的信托实务中，由于信托基本上都是资金信托，集合资金信托计划又按基金化管理，所以受益权应具有较好的可转让性。但是，受益权的转让仍然受到一定限制：

第一，自身性质上不得转让及法律法规限制转让的受益权。例如，以抚养受益人为目的的信托（残疾人抚养信托、养老金信托等）是为了保护特定的人而授予的受益权，在原则上属于专属权，是不能转让的。再如，法律法规在确认受益权可以转让原则的前提下，对受益权拆分转让施加明确的限制。《信托公司集合资金信托计划管理办法》第 29 条明确要求，信托计划存续期间，受益人只可以向合格投资者转让其持有的信托单位；而且，信托受益权进行拆分转让的，受让人不得为自然人。机构所持有的信托受益权，也不得向自然人转让或拆分转让①。

第二，当事人约定不得转让的效力。在信托文件中，当事人限制受益权的转让是契约自由的具体体现（《信托法》第 48 条但书）。但是，受益人违反委托人的限制，将受益权转让给他人，此转让行为的效力如何呢？

在民事信托中，委托人或可以通过限制受益权转让的方式来保护受益人的利益。但是，目前大量存在的营业信托中的受益权，是一种纯粹的经济利益，是一种财产，若当事人能通过约定限制受益权的转让，则有违第三人的信赖，不利于财产的流通性和对交易安全的保护。申言之，约定不允许转让的当事人是委托人（兼受益人）和受托人，受益权转让是在委托人（兼受益人）和受让人之间进行的，受让人一般并无从得知委托人和受托人就受益权转让有约定的限制，因此善意的受让人不应受该约定的限制。因此，似应参考《日本信托法》第 93 条但书，增加"信托行为中的约定不得对抗善意第三人"的规定②。

第三，当事人约定不得转让和"反挥霍信托""裁量信托"及"保护信托"③的关系（第 47 条但书、第 48 条但书）。可以认为，《信托法》第 47 条但书和第 48 条但书为承认英美法上的"反挥霍信托"等信托类型提供了制度空间。委托人可能愿意授予受益人信托利益，但是如果受益人破产，或者产生某种恣意的、挥霍性的运用其受益权的行为，受益人可能被迫用信托受益权偿还债权人的话，这可

① 这种转让限制的目的是防止信托受益权转让给合格投资者以外的人，但是，只要受让的对象是合格投资者，限制把受益权拆分转让就缺乏合理性。参见周小明．将信托制度：法理与实务[M]．北京：中国法制出版社，2012：437－438.

② "台湾信托法"第 20 条规定受益权之让与准用民法债权让与的规定。"民法第 294 条至 299 条之规定，于受益权之让与，准用之"。相应地，"台湾民法典"294 条关于债权让与的规定："依当事人之特约，不得让与者。不得以当事人之特约，对抗第三人"。

③ "反挥霍信托""裁量信托""保护信托""教养信托"等之间的实质区别逐渐淡化。

能违背委托人的初衷。因此，英美法上就出现了“反挥霍信托”“保护信托”和“教养信托”等形态①。

第四，受益权转让事实上的限制。在受益权并非专属权利的时候，例如营业信托的受益权，只要委托人和受托人之间没有约定的限制，一般是可以转让的。不过要注意，即使在法律上可以转让，但如果没有受益权转让的成熟的市场，事实上是不可能进行转让的。目前受益权转让受制的最大制度欠缺即属于此。一个典型的例子，信托受益权质押也属于受益权转让的一种特殊形态。信托受益权类似于股权或者基金份额上的权利，原则上应能转让，亦能设立质权融资。但是，根据《物权法》第 226 条：“以基金份额、证券登记结算机构登记的股权出质的，质权自证券登记结算机构办理出质登记时设立；以其他股权出质的，质权自工商行政管理部分办理出质登记时设立。”在操作的层面上，信托受益权登记结算部门是谁并不清楚，需要在立法上明确。似乎可以期待上海自贸区的登记中心担当这一角色。

受益权的流通及信托产品登记

信托受益权被认为属于非标资产，其原因在于受益权内容的复杂化，有的受益权的内容是取得动产，有的是取得不动产，有的是取得信托财产的收益，有的是取得信托财产的本金等全部剩余财产。即便是在以资金信托为主的信托公司实践中，不同信托项目的信托受益权也因信托财产的运用对象、运用方式和运用领域而又所不同。但是这都不是主要的理由。信托受益权流通的主要障碍是缺乏一个统一、高效的转让市场，该市场能对受益权背后的信托产品和信托项目的相关信息做充分披露，该市场能产生交易者汇集功能和受益权转让价格的形成机制。上海信托登记中心的成立，为实现这一目标的重要一步。

受益权转让和受益权证券化——以日本法为例

在日本旧信托法中，没有预先考虑受益权转让的情形，只限于在特别法（《投资信托法》和《贷款信托法》②等）有规定的情况下才允许受益权的证券化。信托

① 实务界可能更重视“反挥霍信托”等通过合理的事前安排来达到未来财产安全的功能，这也正是信托作为财产规划法（estate planning）所应体现的功能。但是根据《美国法信托法重述》，“反挥霍信托”条款不能用来保护委托人的保留利益，即财产权人不能为其自身设立“反挥霍信托”来使自己的财产免于被债权人追索。

② 根据《日本贷款信托法》，“贷款信托”是信托银行从顾客的手中汇集信托资金，把这些金钱用做长期贷款，把贷款所取得收益按照本金的份额进行分配的信托类型。

受益权基本上和民法上的指名债权（债权人特定的债权）受到同样的对待，虽说原则上可以转让，不过，可以通过特别的约定限制其转让。而作为转让对抗要件的转让人通知受托人、受托人的承诺等要求和《日本民法典》第466条以下关于债权让与的规定是同样的。按照指名债权的方式转让受益权十分烦琐不便。欲使受益权成为投资对象，受益权应能频繁地且便捷地转让，所以需要法律提供更为简单可行的转让方法。在投资信托中，受益人有时会产生中途把受益权向别人转让的需求，而且，投资信托等商事信托在财产运用方法等诸多方面其实际形态和公司很接近，因此要求信托受益权能像公司股份一样进行快捷的流转是很自然的。为了应对这种需求，应把受益权有价证券化。

日本旧法下的投资信托和贷款信托中的受益权已经被有价证券化。但这些信托类型都需要根据个别的法律明文认可其受益权的有价证券化（投资信托及投资法人相关法律第5条1项49条之5第1项，《贷款信托法》第8条等）。有力的见解认为必须要为受益权证券化提供法律的根据。

顺应这种要求，《日本信托法》第185条以下设定了“受益证券发行信托的特例”，明文规定了受益权可以成为有价证券，共涉及31个条文。该法第185条第1项规定：“在信托行为中，可依本章之规定，规定发行表示一个或两个以上的受益权的证券（以下称‘受益证券’）”，相应地，这样的信托被称为“受益证券发行信托”。

在受益证券发行信托中，受益证券的交付产生受益权转让的效力（同法第194条）。除了在受托人处的信托受益权原簿上进行记载和记录作为对抗的要件之外（同法第195条），取得受益证券交付的人就取得了该受益证券上记载的受益权（同法第196条2项）。可以看出，这里适用的是有价证券法原理①。而且，在受益证券发行信托中，由于其预想的是向社会投资者转让受益权，受托人不得通过特别的约定减轻其注意义务标准（同法第212条1项）。

全国信托登记中心的法律定位

全国信托登记中心的设立，将为信托在金融服务领域的健康发展提供重要的基础性制度平台，为逐步健全和完善信托登记制度，改善信托市场的微观结

① 虽然说对于前手的无权利抱有恶意或者重过失的时候不能取得权利，不过，证明取得权利人有恶意或者重过失的举证责任由争夺权利的人承担。

构，保障信托各方当事人的权益，提高信托金融产品的公信力和影响力奠定坚实的基础。

金融监管机构在上海设立登记中心、搭建转让平台的实质是建立一个新的金融产品交易所。目前的信托公司实务中，以资金信托为主，其中不少的比重是集合资金信托，单一资金信托分拆转让的时候也适用《信托公司集合资金信托计划管理办法》并按集合项目调整（第 53 条），而集合资金信托计划基本上是基金化结构，每一元代表的是一个信托单位（第 5 条），因此，具有极强的标准化权利凭证的特点，这为信托受益权解决流动性提供了很好的制度基础。但是，长期以来信托受益权转让缺乏像证券交易所这样统一的交易市场，信托项目信息、转让需求和受让需求等无法有效传递，信托受益权无法高效流通。而第三方交易平台不规范、缺乏公信力；信托公司自己的转让平台作用亦有限；现有的金融交易所也具有地域性且并非专门针对信托受益权转让而设置，其参与主体受限，所以不能实现受益权的高效转让。

建立全国统一的信托登记公司，可以发挥其交易所的交易平台、交易者聚集功能和受益权价格发现功能。

不过，即使建立统一的登记中心或信托受益权交易所，该中心也不会起到为信托收益担保的作用。投资者风险自负仍然是不变的市场法则。

2.4 信托业保障基金的设立和信托业互助机制的建立

信托业保障基金管理办法出台的背景和主要内容

十八届三中全会提出“完善金融机构市场化退出机制”和“保障金融市场安全高效运行和整体稳定”的战略方针。目前证券业、保险业以及期货行业均已建立行业保障基金，在化解行业风险，促进金融稳定等方面均发挥重要作用，取得良好效果。我国信托行业作为管理资产规模仅次于银行业的金融子行业，截至 2014 年三季度末，信托公司管理的信托资产规模达 12.95 万亿元。随着经济下行压力、产能过剩问题显现，信托业风险也开始显现并逐渐增多。2001 年起，借鉴商业银行风险防范经验，我国信托业制定了“信托赔偿准备金制度”。经过十多年的发展，截至 2013 年年底，全行业计提的信托赔偿准备金达到了 90.6 亿元，但随着信托规模迈上 13 万亿元的大关，如不能有效处置和化解个体风险，可能引发行业风险，影响信托业发展的可持续性，甚至可能对金融市场造成一定冲击。信托业迫切需要建立行业自身维护稳健发展的长效机制。

为贯彻党中央、国务院精神，建立信托行业有效化解风险、维护稳健运行的长效机制，借鉴其他金融行业的成功经验，银监会对设立信托行业保障基金进行了深入研究。经行业内广泛征求意见达成共识后，报告并请示国务院同意，设立中国信托业保障基金（以下简称保障基金）和中国信托业保障基金有限责任公司（以下简称保障基金公司，2014 年 12 月 19 日挂牌成立），明确了由银监会负责监管。银监会积极推进，与财政部共同起草了《信托业保障基金管理办法》，明确了基金的筹集、管理、使用和监督等规定，以确保有关工作依法合规、平稳推进。

《办法》分为七章，共 36 条，主要内容有：第一章总则。明确了保障基金的性质、基金管理人、基金重大事项决策人，以及信托业风险处置的原则。第二章保障基金公司和基金理事会。明确了保障基金公司作为保障基金管理人的职责和目标，基金理事会作为保障基金重大事项决策机构的组织原则及其职责。第三章保障基金的筹集和管理。明确了保障基金的来源和筹集方式，要求保障基金公司建立自有资金与基金资金的风险隔离机制，保障基金的日常运用限于银行存款、购买政府债券、金融债券等低风险、高流动性方式。第四章保障基金的使用。规定了需要使用保障基金的主要救助情形，以及使用保障基金的程序和条件。第五章保障基金的分配和清算。明确规定了保障基金的分配和清算规则。第六章监督管理。规定了监管机构对保障基金以及保障基金公司监督管理的主要规则。规定对违法违规经营而接受保障基金救助的风险机构及其责任人依法问责。第七章附则。明确了《办法》的解释权限和实施时间等。

目前来看，信托业保障基金与信托赔偿准备金将同时存在，共同应对信托业风险。信托行业呈现从严、谨慎监管的迹象。

■行业保障基金的独立性和基金公司的性质

《办法》第 16 条规定："保障基金公司应将保障基金资产与保障基金公司所有的资产分别列为受托资产和自有资产管理，实行分别管理、分账核算"。第 17 条规定："保障基金应当按照安全性原则建立托管制度"。可以认为，信托业保障基金属于信托业保障基金公司所管理的独立于其固有财产的信托财产。基金公司为特殊的非以营利为目的的公司法人，即便其没有信托牌照，也仅仅意味着保障基金公司无法发行信托产品，但是仍然无法否认基金公司管理基金的机制为信托。基金公司对该基金处于受托人的地位，应对基金的管理承担受托人的忠实义务和谨慎管理义务。

《办法》规定："中国信托业保障基金有限责任公司（以下简称保障基金公司）作为保障基金管理人，依法负责保障基金的筹集、管理和使用"（第 3 条），"保障基金公司以管理保障基金为主要职责，以化解和处置信托业风险为主要任务和目标"（第 7 条）。可以看出，公司是非以营利为目的的政策性金融机构，为信托领域的"资产管理公司"。

保障基金的来源存在争议

根据办法第 13 条和第 14 条的规定，保障基金来源主要是信托公司的认购，目前执行的统一标准是：①信托公司按净资产余额的 1% 认购，每年 4 月底前以 2013 年度末的净资产余额为基数动态调整；②资金信托按新发行金额的 1% 认购，其中：属于购买标准化产品的投资性资金信托的，由信托公司认购；属于融资性资金信托的，由融资者认购。在每个资金信托产品发行结束时，缴入信托公司基金专户，由信托公司按季向保障基金公司集中划缴。③新设立的财产信托按信托公司收取报酬的 5% 计算，由信托公司认购。待条件成熟后，再依据信托公司风险状况实行差别认购标准。除此之外，保障基金来源还有：①使用保障基金获得的净收益；②国内外其他机构、组织和个人的捐赠；③国务院银行业监督管理机构和财政部批准的其他来源。在此至少有以下三个问题值得讨论：

第一，融资性资金信托，其基金由融资者按发行金额的 1% 认购。其合理性值得商榷。和其他金融行业的保障基金做简单比较就可以发现这一点。

根据中国证监会、财政部、中国人民银行于 2005 年 6 月 30 日联合发布的《证券投资者保护基金管理办法》，证券投资者保护基金的来源有：①上海、深圳证券交易所在风险基金分别达到规定的上限后，交易经手费的 20% 纳入基金。②所有在中国境内注册的证券公司，按其营业收入的 0.5% ~5% 缴纳基金，经营管理和运作水平较差、风险较高的证券公司，应当按较高比例缴纳基金；各证券公司的具体缴纳比例由基金公司根据证券公司风险状况确定后，报中国证监会批准，并按年进行调整；证券公司缴纳的基金在其营业成本中支出。③发行股票、可转债等证券时，申购冻结资金的利息收入。④依法向有关责任方追偿所得和从证券公司破产清算中受偿收入。⑤国内外机构、组织及个人的捐赠。⑥其他合法收入。

另根据 2008 年 8 月颁布的《保险保障基金管理办法》第 4 条，保险保障基金分为财产保险保障基金和人身保险保障基金。其中,财产保险保障基金由财产保险公司缴纳形成。人身保险保障基金由人身保险公司缴纳形成。

而2007年4月颁布的《期货投资者保障基金管理暂行办法》第9条则规定,保障基金的启动资金由期货交易所从其积累的风险准备金中按照截至2006年12月31日风险准备金账户总额的15%缴纳形成。保障基金的后续资金来源包括:①期货交易所按其向期货公司会员收取的交易手续费的百分之三缴纳;②期货公司从其收取的交易手续费中按照代理交易额的千万分之五至十的比例缴纳;③保障基金管理机构追偿或者接受的其他合法财产。对于因财务状况恶化、风险控制不力等存在较高风险的期货公司,应当按照较高比例缴纳保障基金,各期货公司的具体缴纳比例由中国证监会根据期货公司风险状况确定。期货交易所、期货公司缴纳的保障基金在其营业成本中列支。

上述保险、证券和期货领域的保障基金的来源均来自所在行业自身。让融资方认购基金,似乎不能体现"取之于市场,用之于市场"的精神,因为整个基金都是为信托公司和信托行业服务,本应由信托公司出资,让融资方认购势必增加融资成本,降低信托产品的竞争力。

第二,信托公司按净资产余额的1%认购,资金信托按新发行金额的1%认购,其中:属于购买标准化产品的投资性资金信托的,由信托公司认购。这些虽然能够体现保障基金为信托公司互助保障基金的性质,但是就标准化产品的投资性资金信托需要由信托公司按发行额的1%认购,增加了发行的成本,若信托公司拿信托财产垫付,势必侵害投资者利益,相当于拿信托财产中的钱、拿投资者的钱来购买保险防范信托公司自己的经营责任。保障基金是保障信托公司的经营风险,由信托公司从自己的资产中拿钱,虽说有增加经营成本的嫌疑,倒也不失"羊毛出在羊身上",但是,让融资方甚至让投资者出钱,其正当性值得怀疑。

第三,财产权信托的标准需要严格认定,否则很多融资性质的信托就会以"资产收益权信托"等面目出现。而信托公司对这种"准资产证券化信托"产品在实质上并不比融资信托拥有更多的风险控制手段。

第四,此种缴纳基金的方式除了占用信托公司资金之外,还将对信托公司的部分业务产生冲击。根据信托业协会此前公布的数据,2014年二季度末,信托管理的12.48万亿元信托财产中,单一资金信托的规模为8.48万亿元,占比67.99%,其中大部分为银信合作的通道类业务。这将对信托公司的通道类业务产生冲击。资金信托认购的基金是由信托公司来认购的,通道类业务信托公司通道费加上1%的基金认购，几乎无法盈利。该种做法会增加融资方的融资成本，影响投资者的收益。该措施或将对信托公司的通道业务产生较大冲击，将进一步加速通道类业务向基金子公司、券商资管转移。

有论者拿银行业的存款保险来论证信托业保障基金的合理性，是不恰当的。举凡设置存款保险制度的国家，一定是把信托业排除在存款保险制度之外的，是否使用存款保险甚至可以作为区分银行业和信托业的一个关键标准。存款保险制度直接保护的是和商业银行有债权债务关系的存款人；而法律也不禁止信托业通过设立保障基金来减少因信托公司破产、重组和短期流动性问题给行业带来的震荡，减少行业风险事故的发生，夯实信托行业经营之基础，间接地有利于投资者保护。

基金的使用和刚性承兑

信托业保障基金的使用也是值得关注的问题。《办法》规定，基金使用应当遵循化险救急、有偿使用原则，主要用于信托公司的机构重组和短期流动性救助。《办法》第19条规定："具备下列情形之一的，保障基金公司可以使用保障基金：（一）信托公司因资不抵债，在实施恢复与处置计划后，仍需重组的；（二）信托公司依法进入破产程序，并进行重整的；（三）信托公司因违法违规经营，被责令关闭、撤销的；（四）信托公司因临时资金周转困难，需要提供短期流动性支持的；（五）需要使用保障基金的其他情形。"

在信托等资产管理领域，应有意识地对损失（loss）做出区分：管理人尽职管理仍然不能避免的损失为风险（risk），由投资者承担；管理人没有尽到管理职责（有过错）而产生的损失为损害（damages），此为管理人应承担的责任（liability）。本条似乎并不区分责任与风险，不管是信托项目出现流动性风险还是信托公司出现经营责任，均可使用基金来救助。对于信托公司而言，在项目出现问题后，既可以在"卖者有责"的前提下坚持"买者自负"，也可以选择刚性兑付，在后一种情况下，如果信托公司自身流动性趋紧，则可以申请保障基金，以一定的成本避免声誉风险，这将使信托公司刚性兑付的潜规则变成一种可选择的经营策略①。

① 刘夏村．信托业保障基金管理办法征求意见[N]．中国证券报，2014-09-11.

治理机制：理事会和董事会的双重结构

信托保障基金公司按照《公司法》建立和完善现代公司治理结构，股东会、董事会、监事会和经营层各司其职，规范运作；按照中国银监会颁布的《信托业保障基金有限责任公司监督管理办法》和公司章程建立规范的业务和管理制度以及风险防控体系，确保公司稳健运行。根据《办法》第6条规定："保障基金公司由中国信托业协会联合信托公司等机构出资设立。保障基金公司依法成立董事会，董事长为法定代表人，由国务院银行业监督管理机构核准，并向国务院报备。"但是，办法第11条又规定："基金理事会按照市场化原则由中国信托业协会负责组织产生，理事人选由中国信托业协会推荐，经行业半数以上信托公司同意后产生。"这确立了董事会和理事会的双重治理结构，对此需要做简单分析。

根据民法理论，社团法人（典型的为公司法人）应当由意思表示机关，该机关一般为董事会。在财团法人（社会团体法人和非营利性组织）中，该机关一般被称为理事会①。虽然基金公司定位为非以营利为目的的金融机构，但是该公司要按照《公司法》的要求设立董事会，且其董事长为公司法定代表人。在此之外，还设置了理事会，该理事会"按照市场化原则由中国信托业协会组织产生。11名理事人选由各信托公司推荐，经全国68家信托公司选举产生。基金理事会作为保障基金的决策机构，负责审议和决策保障基金的筹集、管理和使用等重大事项"（第4条、第12条）。

作为比较，《证券投资者保护基金管理办法》第6条规定，"基金公司依据国家有关法律、法规及本办法独立运作，基金公司董事会对基金的合规使用及安全负责"；《保险保障基金管理办法》第6条规定，"设立国有独资的中国保险保障基金有限责任公司（以下简称保险保障基金公司），依法负责保险保障基金的筹集、管理和使用。保险保障基金公司依法独立运作，其董事会对保险保障基金的合法使用以及安全负责"，两办法均没有设置理事会，在《期货投资者保障基金管理办法》中也没有类似于理事会的机制。

似可认为，董事会是基金公司的股东代表，理事会是基金出资人也即委托人兼受益人的代表，行使基金的管理权。至少在《办法》的层面上，是虚化董事会的

① 江平．民法学（第2版）[M]．北京：中国政法大学出版社，2011：84.

职权的。应在《信托业保障基金公司管理办法》以及信托业保障基金公司章程中处理好二者的关系。

2.5 社会基金参与信托又添新军

概述和现状

全国社保基金理事会发布《全国社会保障基金信托贷款投资管理暂行办法》（以下简称《办法》），从2014 年6 月16 日起正式实施。之前，社保基金曾多次试水通过信托贷款投资保障房项目：2011 年2 月份，社保基金以30 亿元信托贷款的形式投资南京市花岗、西善桥等四个保障性住房项目的建设；2012 年7 月11日，社保基金以10 亿元信托贷款投资无锡保障房；2013 年年初，社保基金与建信信托签署合作协议，委托20 亿元进入信托专户用于湖南省保障房项目。

2000 年8 月，党中央、国务院决定建立“全国社会保障基金”，全国社保基金由国有股减持划入的资金和股权资产、中央财政预算拨款、经国务院批准以其他方式筹集的资金及其投资收益构成，是中央政府专门用于社会保障支出的补充、调剂基金。同时设立“全国社会保障基金理事会”，负责管理运营全国社会保障基金，在保证安全的前提下实现保值增值。

根据全国社会保障基金理事会2013 年度的基金年度报告，截至该报告期末，社保基金会管理的基金资产总额为12415.64 亿元，其中社保基金会直接投资资产6697.74 亿元，占比53.95%；委托投资资产5717.90 亿元，占比46.05%。本报告期，基金权益投资收益额685.87 亿元，投资收益率6.20%。基金自成立以来的累计投资收益额4187.38 亿元，年均投资收益率8.13%。

根据《全国社会保障基金理事会章程》的规定：全国社保基金的投资范围，限于银行存款、买卖国债和其他具有良好流动性的金融工具，包括上市流通的证券投资基金、股票、信用等级在投资级以上的企业债、金融债等有价证券（第16条）。又根据《全国社会保障基金理事会章程》的规定：全国社保基金资产是独立于理事会的资产。理事会经费由中央财政拨款，与社保基金资产分别建账、核算（第19 条）。可以看出，社保基金理事会也处于受托人的地位。社保基金理事会管理社保基金有两种方式，一种是直接运作，理事会直接运作全国社保基金的投资范围，限于银行存款和在一级市场上购买国债，其他投资需委托社保基金投资管理人管理和运作并委托社保基金托管人托管（第17 条）。划入全国社保基金的货币资产在银行存款、国债、企业债、金融债、股票、证券投资基金等各类资产的投资比例，按成本计算，应符合国家有关规定（第 18 条）。另一种是委托给其他的资管机构进行运作，社保基金和信托的合作就是其中重要的一内容。

信托关系还是委托贷款关系

《办法》第 22 条规定："对因划款手续等问题致使信托项目未按期兑付本金或收益的情况"，社保基金理事会的股权资产部（实业投资部，以下简称股权部）有权敦促借款人或者信托公司按合同要求支付罚息。对此问题，有两点需要解释：

第一，因信托公司是信托受托人，所以信托借款的债权人是信托公司而非社保基金，社保基金的股权部并无直接针对债务人的请求权，更无权直接请求债务人支付罚息。

第二，保障基金的股权部可以"敦促"信托公司兑付本金或者收益，但是要求信托公司"按照合同要求支付罚息"的表述不当，信托公司和保障基金之间是信托关系，不是存款类债权债务关系，因此，敦促支付罚息的对象只能是借款人。

同条规定："在信托贷款合同执行中因借款人、担保银行和信托公司发生重大事件，严重影响社保基金资金安全和预期收益的，社保基金会有权提前终止合同执行。对因借款人无法按期还款的，股权部应会同法规及监管部，根据国家相关法律规定、合同的约定，采取财产保全、提请担保程序启动、法律诉讼等措施确保基金理事会信托贷款的安全"，笔者认为，此种表述仍然把信托贷款看作委托贷款，混淆了当事人的法律关系。社保基金理事会的股权部作为委托人自然可以在其认为必要的时候解除信托（《信托法》第 50 条），但是签订贷款合同的主体仍然是信托公司，此时"采取财产保全、提请担保程序启动、法律诉讼等措施确保基金理事会信托贷款的安全"的仍然应是信托公司，社保基金的股权部及其法规及监管部均无权直接采取这些救济措施。

信托公司的责任承担问题

需要注意的是，按照《暂行办法》，社保基金将基本主导信托贷款的主要流程。这主要是社保基金基于风险控制的考虑，这样的管理能够很好地控制风险，也更符合社保基金资金使用的规定。从《办法》的条文上看，无论在受托人（信托公司）的选择、贷款方以及贷款项目的选择上，还是在尽调过程的控制、资金的运用方法以及担保方的选择上，社保基金理事会都有支配性的权利。具体而言，在信托公司选择上（第 7 条，第 12 条），股权部应结合信托行业变化、信托公司经营管理和以往合作情况，在每年 6 月底前提出信托公司（不超过 10 家）备选库建议名单，报请会领导批准后，纳入备选库，备选库有效期一年；在贷款人和贷款项目选择上，全国社保基金理事会股权部应建立信托贷款投资项目库。对已接触的信托贷款项目进行初步审查后，符合进库条件的纳入项目库并为借款人和贷款项目设置具体的条件（第 5 条，第 6 条、第 9 条，第 10 条、第 13 条）。在对担保银行的选择上（第 8 条、第 11 条），《暂行办法》明确三大条件，包括实收资本不低于 80 亿元，资本充足率符合国家银行业监督管理部门的基本要求，近三年内未发生因违法违规行为而受到监管机构行政处罚的情形。在投资决策程序上（第四章），社保基金股权部就项目立项（第 14 条）、项目尽职调查（第 15 条）、具体投资决策（第 16 条）和合同签署及划款（第 17 条）均有着详尽的内部程序。经过社保基金理事会如此严格遴选的项目，如果出现了风险，信托公司是否应承担责任呢?

确定无疑，在这种项目中信托公司处于消极信托受托人的地位，或者说其所从事的是通道业务，这样，信托公司应当承担受托人的责任。即便项目方是由委托人选择的，并不能以此免除受托人对贷款项目的管理、监督、本金及利息回收、执行担保等方面的尽职管理义务，也不能免除其不能从事利益冲突行为的忠实义务。受托人欲保护自己，应在信托文件中做出免责的规定——“99 号文”中银监会要求信托公司在通道业务中约定责任承担主体。但问题是，社保基金能否同意这种免责的规定。

■项目选择是否需要公开方式进行

《办法》第 4 条规定：全国社会保障基金理事会股权资产部是承担信托贷款项目投资工作的职能部门，根据社保基金资产配置的要求，负责拟定信托贷款项目投资计划，按照规范程序审定后组织实施；规划研究部按照职责分工，负责信托贷款业务的整体资产配置和整体投资风险管理；法规及监管部按照职责分工，负责信托贷款业务的合规风险管理。

社保基金将成为信托贷款项目主导方，大力防范寻租行为。《暂行办法》中对信托贷款项目来源、项目选择、项目立项、项目投资决策、项目风险把控及投后管理都进行了一一规定，我们不难判断在社保基金投资信托贷款项目中社保基金将作为项目主导方，对信托贷款项目进行主动管理，而股权资产部将作为主要的职能部门承担起这一重责。

《企业国有资产管理法》第54条规定："国有资产转让应当遵循等价有偿和公开、公平、公正的原则。除按照国家规定可以直接协议转让的以外，国有资产转让应当在依法设立的产权交易场所公开进行。转让方应当如实披露有关信息，征集受让方；征集产生的受让方为两个以上的，转让应当采用公开竞价的交易方式。转让上市交易的股份依照《中华人民共和国证券法》的规定进行。"该条规定确立了国有资产转让的竞价制度。虽然对社会保障基金是否属于国有资产仍有可探讨的余地，但是其具有社会属性、公共利益属性是毋庸置疑的，虽然社保基金理事会已充分意识到项目运行风险，已出台相关措施防范一切寻租行为，但是为了防止社保基金理事会以及其股权部权力过大、避免社保基金管理的任意性和寻租的发生，应建立社保基金项目选择的公开竞价制度。

社会基金和信托的合作需要升级

社保基金理事会作为机构投资者是信托公司的重要委托人，一旦信托公司与社保基金合作顺利，双方未来在合作的深度和广度上都会有所拓展。在信托业转型时期，一个重要的方面是拓展委托人端的信托客户群。除了社保基金，我国还存在着数量巨大的社会基金①，这些基金的管理体制多数具有信托的特征，也都有和信托公司合作的潜力。具体而言，信托公司在社会基金领域的潜在的合作对象有以下几大类型：

——企业年金基金。其管理体制是遵照《信托法》的，前面已经有所讨论。根据人力资源和社会保障部的统计，截止到2014年第三季度，各种社会保险基金的余额超过万亿，其中全国企业年金余额为0.71万亿元②。虽然目前信托公司被暂时排除在企业年金基金受托人的名单外，但是，信托公司和企业年金基金的合作仍然存在可能。国外的商事信托中重要的一环是年金信托（pension trust），这个年金信托除了包括企业年金信托外，还包括其他的基本养老金信托和个人年金信托。

——社会保险基金。最典型的是所谓五险，即基本养老基金、医疗保险基

① 包括企业年金信托在内的其他年金信托具有社会保障的属性，但是又不属于严格意义上的公益信托，为此，能见善久教授提出"社会性信托"这一概念，以涵盖包括公益信托、年金信托在内的宽泛的信托类型。

② http://www.mohrss.gov.cn/SYrlzyhshbzb/zwgk/szrs/qttjcl/201412/W020141211619619808796.pdf.

金、工伤保险基金、生育保险基金、失业保险基金等，法律并没有明确其管理体制。而且，国家社会保障制度的改革方向是建立城乡统一、机关事业单位和企业统一的高覆盖、更公平的社保制度，这样，基本养老保险之外，企业年金制度和职业年金制度将会进一步扩大和完善，用于社会保障的基金数额将逐渐增长。

——住房公积金。截至2014年8月末，全国缴存住房公积金职工为1.07亿人，缴存总额7.03万亿元，职工提取总额3.49万亿元。住房公积金大量的基金沉淀在住房公积金管理中心。

——公共维修基金。全国缴存的公共维修基金已经超过万亿元，但是使用率却不足百分之一①。目前住房公共维修基金的管理体制不完善，沉淀的大量基金没有得到妥善的管理。

——基金会法人所管理的慈善基金。囿于《基金会管理条例》的要求，基金会对其名下的慈善基金的增值保值少有作为，基金会如果和信托公司合作，共同从事公益事业，能结合二者之长，避开二者之短。

社会基金财产余额巨大，信托制度满足了社会基金对财产独立性和安全性的需求，信托公司应有广泛的介入余地。而且，因社会基金信托具有社会保障性质，应能享受一定的税收优待，这些特点对于保障基金受益人的利益是非常有利的。

某种意义上，信托的概念中包含基金的因素，换言之，基金就有信托的意味在其中。凡是管理人独立于其所管理的独立"基金"或者财产的领域，均有信托法原理适用的余地②。信托法律制度在广泛的社会领域都可以大有作为。

2.6 我国信托立法的展望

由于《信托法》为英美法制度，立法当时坚持了"宜粗不宜细"的原则，再加上对"法律移植"和"本土化"如何进行衔接客观上有难度，因此，十多年前我国制定的《信托法》存在比较大的欠缺，操作性较差，仅仅依靠出台行政法规和其他规范性法律文件，无法从根本上解决信托法律制度的完整性问题，更不能满足社会发展对民事信托、营业信托及公益信托的多样化需求。现行《信托法》除了大

① http://business.sohu.com/20130809/n383747852.shtml.

② 《欧洲信托法原则》第1条所确立的核心信托概念是：受托人名下的独立信托财产，该财产应与受托人的个人财产（private patrimony）相分立，以确保该财产（"trust fund"或者"asset segregated"）免受受托人的债权人、配偶和继承人的干预。

量细节性条款需要修订外，还有三个制度性问题亟须解决：

一是信托登记制度。《信托法》第10条规定的信托登记制度，与我国现行法律规定的特定财产或财产权的设立、变更或终止的登记或注册制度之间缺少衔接和配套的法律制度。目前，我国尚未形成统一规范的信托登记制度，但在信托实践中，涉及信托登记的领域越来越多。《信托法》对于信托的登记机构、登记主体、登记内容、登记程序等问题均没有明确规定，现行财产登记机构一般以没有相关规定为由，对于相关信托活动的财产登记均不予办理，导致许多需要登记才能设立信托的财产和财产权，被排除在信托活动之外。国务院在2014年出台了《不动产登记暂行条例》，但是没有涉及信托登记的问题；虽然上海自贸区的全国信托登记中心成立，但是也不能解决信托财产特别是不动产的登记问题。这些都严重抑制了信托功能的发挥和信托活动的开展。

二是公益信托制度。公益信托是促进社会公益事业发展的重要制度，但是，由于《信托法》对相关制度规定过于粗略，十余年来，没有达到立法的预期效果。比如，对公益事业管理机构缺乏明确的规定，对公益事业管理机构审批公益信托的权限、程序和标准缺乏规定，对公益事业管理机构在公益信托的日常监督方面欠缺具体的程序和制度，对公益信托的税收优惠措施没有具体规定，等等。由此，导致了实践中公益信托的设立和运行困难重重，严重抑制了信托制度对于公益事业发展本来应该具有的促进功能。据称，在明年即将出台的《慈善法》中，规定了公益信托或者慈善信托的内容，值得期待。

三是信托业法制度。现行《信托法》没有对信托业做出具体规定，仅在第四条中授权国务院制定具体管理办法，但是国务院至今尚未出台信托业的管理办法。信托是国际上资产管理活动的基础制度安排，信托业是我国发挥信托功能、从事资产管理活动的主要组织，《信托法》对于信托业规定的长期缺位，一方面，导致资产管理行业“政出多门”，目前各金融部门均在从事信托或者类似信托的资产管理业务，但在市场准入、监管规则等方面，极其不统一，致使行业竞争环境不公平，不利于行业的健康发展；另一方面，也不利于投资者保护。具有信托本质的各类资产管理产品，由于缺乏统一的法律标准，导致实践中对于管理人的责任机制、投资者的权利保护机制具有巨大的差异性，宽严不一，极不利于对投资者的保护。目前，我国资产管理市场“乱象丛生”，与信托业立法内容的欠缺有着直接关系。根据全国人大五年立法规划，信托法和信托业法的修改和制定工作均没有被提上日程，但据称有关部门在推动制定信托公司条例，希望该条例的制定能为规范信托公司的经营活动和监管提供更明晰的行为指南。

目前,《信托法》为资产管理基本法的观念还没有确立起来。众所周知,我国目前从事营业信托活动的机构有三大类:第一类是信托公司,被称为“信托综合店”,根据《信托法》和《信托公司管理办法》等法律法规开展各种形式的营业信托活动;第二类是基金管理公司等,属于“信托专营店”,根据《信托法》《证券投资基金法》和《基金管理公司管理办法》等法律法规开展公募的证券投资基金信托业务。第三类,保险公司、银行等也可以成为企业年金信托的受托人,也可以兼营部分信托业务,被称为“信托兼营店”。事实上,保险公司从事的资产管理业务以及商业银行从事的理财活动在本质上也属于信托关系。但是,值得关注的是,基金公司、资产管理公司、基金公司、保险公司、银行甚至信托公司在现实中适用的基本上是监管部门制定的相关行政规范和部门规章,《信托法》基本上被闲置。一个排除了受托人忠实义务的信托、一个排除了受托人善管注意义务的信托似乎很难构成真正的信托,这违背了信托的本质。说其违背了信托的本质在于,其完全通过约定排除了法定的义务,这等于将信托关系降格为合同关系,违背了信托关系原本并非平等意义的法律关系以及受托人是“利他”的这样的《信托法》的基本教条。这样仅靠《合同法》来保护委托人和受益人,把信托关系仅仅视为一种新型的有名合同,对于受益人(金融投资者)的保护是十分不充分的。资产管理行业整体上属于广义上的信托业,其各个行业在功能划分、监管体制、监管规则上应有一个统一的、高阶位的规划,否则法出多门,无法保证规则的统一和体系的协调,也会导致业界适用规则方面的混乱,无助于整个行业的健康有序发展。

为此,应在行业内外澄清以下基本观念:

① 应逐步确立《信托法》作为资产管理领域的基本法地位。并在时机成熟之时制定《信托业法》,统一规划资产管理行业的业务类型、市场划分、监管模式等,完善资产管理行业的顶层设计。

②应确立资产管理行业整体上遵守的法理为信托法理。信托关系多是根据合同关系设立的,但并非是合同债权债务关系,而是一种财产管理关系,资产管理行业从业者的责任为受托人责任,而非简单的约定的合同责任。

③受益人原则上为资产的剩余受益人;资产管理者(受托人)原则上仅能取得固定报酬。

④相应地,根据权责一致原则,除非受托人违反义务,受益人也是资产最终

风险的承担者，此即“买者自负”原则；受托人亦无所谓“刚性兑付”责任。

为了适应社会对信托制度的急迫需求，充分挖掘和发挥信托制度的经济和社会促进功能，促进信托业的健康发展，充分保护资产管理产品投资者权益，防范金融风险，法学理论界、实务界和监管部门应在民众特别是投资者中普及信托法的原理和观念，《信托法》修改和《信托业法》制定工作也应尽早提上日程。

第六章

2015 焦点探析：PPP——政信合作新蓝海[①]

① 本章内容主要根据《中债资信“PPP 系列专题研究”报告》《新金融》《两大部委的 PPP 新政评析》和《PPP 适用性与操作要点》署名文章整理而成。作者：关书宾、姜承操、霍志辉、吴伟、丁承、鲁阳晋、刘世坚、汪国旺等。

PPP 是公共部门（通常为政府部门）和私人部门为提供公共产品和服务而形成的各种合作伙伴关系。其定义有广义和狭义之分，中国将 PPP 定义为政府部门和社会资本在基础设施及公共服务领域建立的一种长期合作关系，属于广义 PPP 的范畴。不同国家和机构对 PPP 的分类也有所差异，依据社会资本的参与程度、项目资产产权归属、商业风险归属等因素，并结合中国实际，我们认为 PPP 可大致分为局部外包类、特许经营类和私有化类。

PPP 模式兴起于英国，后在全球范围内被广泛应用于公共管理的各个领域。1985—2011 年全球基础设施 PPP 名义价值为 7751 亿美元，其中，欧洲处于领先地位，约占全球 PPP 名义价值的 45.6%。英国、加拿大和澳大利亚的 PPP 模式成功案例较多，也有其自身的特点。

PPP 模式在中国发展大致经历了三个阶段，即探索阶段、快速发展阶段和调整阶段。预计随着中央政府对 PPP 模式的重视和推广，未来三年 PPP 模式将进入快速增长期。前期中国有收益的基础设施采取 PPP 模式以特许经营类的 BOT 为主，社会资本方以外资为主，境内民营资本参与相对较少；准经营和公益性项目投融资主要以政府融资平台为主。历年来中国政府出台了多项 PPP 相关的政策文件，2013 年以来政策密集出台以及政府和社会资本合作中心的成立将加速 PPP 模式在中国的发展。

PPP 模式的推广有利于提升公共产品和公共服务的水平，有利于控制和防范地方政府债务风险，符合公共财政和政府治理的内在要求。结合中国 PPP 模式的发展现状，同时参考境外成功经验，我们认为在中国推广 PPP 模式需要确保 PPP 监督管理机构的独立性；加快完善 PPP 工作机制、配套政策、法律等制度建设；引入创新理念，探索多元化的 PPP 模式；简化 PPP 项目审批程序，引入公众监督。

1. PPP 模式的定义及分类

广义的 PPP 泛指公共部门与私人部门在提供公共产品和服务的过程中建立的各种合作伙伴关系；狭义的 PPP 指公共部门和私人部门合作项目中一系列融

资模式的总称

PPP 是 Public – Private Partnerships 的缩写，即“公私合作伙伴关系”。PPP 是公共部门（通常为政府部门）和私人部门为提供公共产品和服务而形成的各种合作伙伴关系。PPP 模式的广泛应用始于 20 世纪 80 年代，PPP 术语也随之被人们熟知。广义的 PPP 作为公共部门和私人部门合作伙伴关系的统称，其本身就是一个宽泛的概念；加之受意识形态和经济成分划分不同的影响，各国和不同机构对 PPP 的定义也存在一定的差异（见表 6－1）。狭义的 PPP 指公共部门和私人部门合作中一系列项目融资模式的统称，如：BOT（建设—运营—移交）、BOO（建设—拥有—运营）和 TOT（转让—运营—移交）等，狭义的概念更加侧重公共部门和私人部门合作项目的运作模式、风险分担机制、投融资职能分配和项目监控评估等方面。正确理解 PPP 的定义，首先要明确公共部门和私人部门的界定；其次需要明确 PPP 的目的是为了提供公共产品和服务；第三，公共部门和私人部门通过合同文本等形式明确约定各自的职责和权利。

依据财政部《关于推广运用政府和社会资本合作模式有关问题的通知》（财金〔2014〕76 号），中国将 PPP 定义为政府部门和社会资本在基础设施及公共服务领域建立的一种长期合作关系，属于广义 PPP 的范畴。但对 PPP 的通用模式进行阐述时则主要针对狭义的 PPP，即“通常模式是由社会资本承担设计、建设、运营、维护基础设施的大部分工作，并通过‘使用者付费’及必要的‘政府付费’获得合理投资回报；政府部门负责基础设施及公共服务价格和质量监管，以保证公共利益最大化”。

在理解财政部关于 PPP 的定义时需要注意：第一，PPP 中的公共部门明确为政府部门，并未包含其他非政府公共部门（如：社会团体、行业协会、民办非企业单位等），即财政部关于 PPP 的定义中公共部门的范围相对较小。第二，PPP 定义中的私人资本范围被放大为社会资本，私人资本不再以所有制性质来定义，泛指以营利为目的的建立了现代企业制度的境内外企业法人（见财政部《关于印发政府和社会资本合作模式操作指南（试行）的通知》（财金〔2014〕113 号），以下简称《操作指南》）。第三，社会资本的范围中排除了本级政府所属的融资平台公司及其他控股国有企业。

表 6－1 世界各国机构对 PPP 的定义

机构名称	定义内容
加拿大 PPP 国家委员会	公共部门和私人部门之间的一种合作经营关系，基于双方各自经验，通过适当的资源分配、风险分担和利益共享机制，以满足事先清晰界定的公共需求
美国 PPP 国家委员会	介于外包和私有化之间并结合两者特点的一种公共产品提供方式；表现为充分利用私人资源进行设计、建设、投资、经营和维护公共基础设施，并提供相关服务以满足公共需求
联合国培训研究院	两层含义：1. 为满足公共产品需求面建立的公共和私人之间的各种合作关系；2. 为满足公共产品需求，公共部门和私人部门建立的伙伴关系
欧盟委员会	为提供公用项目或服务而形成的公共部门和私人部门之间的合作关系
中国（财政部、政府和社会资本合作中心）	政府和社会资本合作模式是在基础设施及公共服务领域建立的一种长期合作关系。通常模式是由社会资本承担设计、建设、运营、维护基础设施的大部分工作，并通过“使用者付费”及必要的“政府付费”获得合理投资回报；政府部门负责基础设施及公共服务价格和质量监管，以保证公共利益最大化

依据 PPP 模式下社会资本的参与程度、项目资产产权归属、商业风险归属等，PPP 项目可大致分为外包类、特许经营类和私有化类，目前中国力推的 PPP 以特许经营类为主。PPP 模式可以在公共产品和服务全生命周期的各个环节实施，因此可依据社会资本在 PPP 项目中的参与程度、项目资产产权归属、投融资职责分配、商业风险归属（社会资本承担的风险大小）等因素对 PPP 项目进行分类。世界银行结合 PPP 项目资产所有权归属、经营权、投资等要素将 PPP 模式分为 6 种模式，加拿大 PPP 国家委员会依据私人部门在 PPP 项目中承担风险的大小将 PPP 模式划分为 12 种模式（见表 6－2）。

表6-2　世界银行和加拿大PPP国家委员会的PPP分类情况

世界银行	加拿大PPP国家委员会
服务外包	Contribution Contact（捐赠协议）
	Operation and Maintenance Contract（DBMM，委托经营）
管理外包	Design Build（DB，设计—建造）
	Design Build Major Maintenance（DBMM，设计—建造—主要维护）
租赁	Design Build Operation（DBO，设计—建造—营运）
	Lease Develop Operate（LDO，租赁—开发—经营）
特许经营	Build Lease Operate Transfer（BLOT，建设—租赁—经营—转让）
	Build Transfer Operate（BTO，建设—转让—经营）
BOT/BOOT	Build Own Transfer（BOT，建设—拥有—转让）
	Build Own Operate Transfer（BOOT，建设—拥有—经营—转让）
剥离	Build Own Operate（BOO，建设—拥有—经营）
	Buy Build Operate（BBO，购买—建设—经营）

依据上述分类情况同时结合中国存量的广义PPP项目情况，可将PPP归纳为外包类、特许经营类和私有化类（见表6-3）。

表6-3　中国PPP项目分类

大类	细分类	项目举例
外包类	Management Contract（MC，管理合同）	—
	O&M，委托经营	—
	Building Transfer（BT，建设—移交）	南京市城市快速内环东线项目
特许经营类	BOT，建设—拥有—转让（移交）	广西来宾B电厂，各地威立雅水工厂项目
	BOOT，建设—拥有—经营—转让（移交）	中国化学工程总公司承接的印尼南苏门答腊省巨港燃气-蒸气联合循环电站项目
	Transfer Operate Transfer（TOT，转让—运营—移交）	合肥市王小郢污水处理厂
	Rehabilitate Operate Transfer（ROT，改建—运营—移交）	—
私有化类	BOO，建设—拥有—经营	—
	BBO，购买—建设—经营	—

资料来源：中债资信整理。

从中国城市基础设施投资的运作情况来看，主要有两种方式，即 BT 和 BOT。其中，BT 项目的承担主体多为政府所属融资平台或其控股国有企业；BOT 项目社会资本参与较多，主要集中在供水、污水处理和城市燃气等公共事业领域，以赋予社会资本特许经营权的方式开展。由于大多数 BT 项目的投融资都在政府部门或其所属的国有企业内部，社会资本参与程度很低，其内涵同《操作指南》所指的 PPP 模式具有本质的差别；而 BOT 项目多基于一定期限的特许经营权，社会资本参与程度较高，同现行 PPP 的内涵一致。因此，从严格意义上讲中国存量的政府部门和社会资本合作的项目以特许经营类的 BOT 项目为主。

依据《操作指南》，中国拟推广的 PPP 模式包含项目识别、项目准备、项目采购、项目执行和项目移交等环节，也就是说 PPP 项目资产所有权最终都要被政府部门或其指定的机构收回。虽然《操作指南》在 PPP 项目运作方式中，列举了 BOO（建设—拥有—经营）模式，但我们预计这种将公共产品和服务私有化，把所有权最终留给社会资本的模式不会成为 PPP 项目的主流模式，未来推广仍将以特许经营类模式为主。

2. PPP 模式在国内外的发展

2.1　国外 PPP 模式发展情况

PPP 模式兴起于英国，在随后的二十多年里，这种公共产品供给的新模式在全球范围内被广泛应用。根据全球 PPP 研究机构 PWF（Public Works Financing）的统计数据，1985—2011 年全球基础设施 PPP 名义价值为 7751 亿美元，其中，欧洲处于领先地位，约占全球 PPP 名义价值的 45.6%，亚洲、澳大利亚占 24.2%，美国、加拿大分别占 8.8%、5.8%，墨西哥、拉丁美洲、加勒比海占 11.4%，非洲和中东地区占 4.1%。

英国 PPP 模式的运用

英国是 PPP 模式的国际先驱，也是至今 PPP 模式运用较为成熟的国家之一。英国最早的 PPP 模式运用于保障性住房领域，20 世纪 30 年代部分英国地方政府通过私人主动融资、政府产权转让等方式吸引私人资本参与保障性住房的建设和运营管理。1992年英国保守党财政大臣罗曼·莱蒙特考虑利用私人资金来支持日益增长的公共支出，并首次创立了PPP的典型模式——私人部门融资计划（PFI，Private Finance Initiative）。在1997年以前，由于受到其他政党的激烈反对，这种模式的使用非常有限，在工党执政之后PFI在英国得到了大力推广和发展。

英国的PPP模式大致分为两个阶段，分别是PFI阶段和PF2阶段。在2012年以前PFI是英国应用最广泛的PPP模式，PFI模式下允许私人部门参与公共设施的设计、建造、投融资和运营环节，旨在提高公共产品质量并更好地维护公共资产。1992—2011年英国累计完成PFI项目700多个，项目资本支出合计547亿英镑，涉及的公共领域包括学校、医院、公路、监狱、住房、废物废水处理设施等。其中，伦敦地铁即为以30年特许经营权为基础采取PPP模式建造而成的。PFI模式的优势之一就是充分利用了私人部门的项目管理经验、创新意识和风控技术，但在运行过程中PFI也暴露出一些问题，比如成本浪费、合同灵活性差、项目透明度低、风险收益分配不合理等。

鉴于PFI模式的不足，英国政府于2012年推出了一种新的PPP模式——PF2。主要改进之处在于：①股权结构方面，PF2模式下政府持有一定的股权，作为项目小股东参与投资；②提高项目效率、节省项目支出成本，PF2模式下鼓励政府进行集中采购，项目招标时间不超过18个月，对项目采购制定标准化的流程和文件，加强开支监管等；③提高合同灵活性，如政府可以在项目运营过程中选择添加或删除一些服务可选项等；④提高透明度，如要求私人部门公开项目收益信息，政府每年公布其所有参股项目的财务信息等；⑤改进风险分配机制，如政府部门改进对额外开支风险的管理等；⑥债务融资方面，PF2项目有望获取长期的债务融资等。

管理方面，英国财政部是PPP的主管部门，财政部下属的英国基础设施局（Infrastructure UK，IUK）全面负责PPP工作，为所有公共管理部门提供PPP的专业管理，尤其是采购方面的知识，并负责批准英格兰地区的PFI交易（苏格兰、威尔士和北爱尔兰的PFI交易由各地方负责审批）。在地方政府层面，英国财政部与地方政府协会联合成立了地方合作伙伴关系组织（local partnerships），独立于财政部，按公司化运营（市场投资人占股51%，财政部和苏格兰主管部门分别占44%和5%），为地方政府提供PFI项目技术援助和评估服务，并帮助制定标准化的合同（涉及具体项目采购与投资策略），以市场化方式对项目和公司进行投资。

2010 年后，IUK 合并了 PPP 工作组和“地方合作伙伴关系组织”的职能，统一管理实施 PF2 项目。截至 2012 年 3 月，在 PFI 下共有 717 个项目，总投资 547 亿英镑，其中，648 个处于运行阶段。

英国 PPP 的案例之一是伦敦地铁。伦敦地铁由国营伦敦地铁公司（LUL）拥有并运营。20 世纪 90 年代英国政府面临地铁投资严重不足的局面，英国政府在权衡后，最终选择了以政府与私人部门合作（PPP）的模式对整个地铁系统进行升级改造，而非采取完全私有化的模式。经过 4 年多的论证和试行，伦敦地铁的 PPP 合约于 2002—2003 年正式签约，LUL 将地铁系统的维护和基础设施供应工作以 30 年特许经营的方式交由三家基础设施公司（分别为 SSL、BCV 和 JNP 公司）负责，LUL 仍然掌控日常运营和票务工作，并通过固定支付和业绩支付来回报基础设施公司。伦敦地铁公司特许经营期为 30 年，考虑到地铁的建设标准、对运营情况的考核标准，以及一些签约时无法预料到的事情发生，伦敦地铁 PPP 模式的合约中专门增加了定期审核机制：约定签约各方每隔 7.5 年重组，新审定合约条款，并设定了专门的仲裁机制，以保证重新审核的公正性，确保合约的有效执行。

加拿大 PPP 模式的运用

加拿大是国际公认的 PPP 运用最好的国家之一，加拿大各级政府对 PPP 模式的重视程度都很高且支持力度很大。因此，加拿大 PPP 项目推进有力，项目运作规范，各级采购部门经验丰富，服务效率和交易成本优势显著。1991—2013 年加拿大累计启动 PPP 项目 206 个，项目总价值超过 630 亿美元，项目涉及交通、医疗、司法、教育、文化、住房、环境和国防等行业。目前加拿大的 PPP 项目大约占所有公共领域项目的 15% ~20% 左右。

在加拿大的 PPP 模式中，私人部门负责 PPP 项目的设计、建造、运营和维护的全过程，以避免由不同投资人负责单一阶段带来的风险和责任推诿；政府在项目建设完成前不承担支付责任，支付的阶段延伸至整个项目的生命周期，同时支付的前提是私人部门提供的服务达到事先约定的标准。

管理方面，加拿大组建了国家层级的 PPP 中心（PPP Canada），即加拿大 PPP 中心。该中心是一个国有公司，由加拿大联邦政府所有，采取商业模式运作；专门负责协助政府推广和宣传 PPP 模式，参与具体 PPP 项目的开发和实施，审核和建议联邦级的 PPP 项目，为 PPP 管理制定政策和最优实践，提供技术援助等，并负责与地方级 PPP 单位的合作。为支持 PPP 模式的发展，加拿大 PPP 中心设立了“加拿大 P3 基金”，各层级地方政府都可以申请该基金，用于交通、水务、能源、安全、固废处理、文化、体育、旅游、电信、海事、宇航等领域，该基金（加上其他联邦资金）可为 PPP 项目提供最高不超过项目投资额 25% 的资金支持。此外，加拿大各级政府还制定了基础设施规划，不断完善 PPP 项目采购流程。

加拿大 PPP 模式具有其自身的特点：①私人部门参与 PPP 项目并非单纯的为基础设施项目融资，项目的最终目的是提供公共服务；②具有专业技术和经验优势，加拿大成立了专业的组织机构负责审核 PPP 项目复杂的交易结构等；③引入竞争，加拿大鼓励国内外的私人投资者参与到 PPP 项目的竞标中，以鼓励创新、降低成本；④资本市场融资，加拿大建立了为 PPP 项目提供资金的项目债券融资市场；⑤注重推广和创新，加拿大 PPP 中心与国内各省同行分享交流经验，同时借鉴 PPP 经验，根据不断变化的外部环境做出相应调整。

澳大利亚 PPP 模式的运用

澳大利亚于 20 世纪 80 年代开始在基础设施建设领域运用 PPP 模式，其最普遍的 PPP 模式是投资者成立一个专门的项目公司 SPV，由 SPV 与政府就项目融资、建设和运营签订项目协议，协议期限一般为 20～30 年。

为了促进经济增长和提高效率，澳大利亚政府在 PPP 模式的推广过程中，不断地加大私人资本参与范围，并将项目建设和运营的风险更多地交由项目公司（SPV）承担，使得私人资本享受的收益同其承担的风险产生不匹配，进而导致部分 PPP 项目以失败告终。2000 年以来，澳大利亚政府对现行法律进行了修订，并制定了特别法律，保障私人资本的权益，以进一步推广 PPP 模式的发展。

管理方面，澳大利亚成立了全国性的 PPP 单位，即澳大利亚基础设施局（IAU），负责全国各级政府基础设施建设需求和政策，业务不局限于 PPP，推广 PPP 仅是职能之一。2008 年 IAU 会同澳大利亚全国 PPP 论坛制定了全国性的 PPP 政策框架和标准，各级政府（州）在此基础上制定本地的指南。上述政策要求各级政府所有资本金超过 5000 澳元的项目必须把 PPP 作为备选模式。

澳大利亚 PPP 模式具有代表性的案例就是悉尼奥运会主体育场、主体育馆和奥运村。其中，悉尼奥运会主体育场投资估算为 6.15 亿澳元，其中，政府拨款 9120 万澳元，政府贷款 600 万澳元，占总投资的 15.8%；其余 84.2% 的资金由中标联合体组建的私人财团（2000 年澳大利亚体育场公司）负责筹措。中标人除投入股本金、商业银行贷款外，还通过发行会员坐席等方式募集资金。奥运协调局代表州政府与中标人共签署了 9 种合同，除特许权协议外，还有租赁协议（包括土地租赁协议）、政府贷款协议等。悉尼奥组委与中标人签署了体育场协议和商业权利协议。政府通过协议授予中标的私人财团负责融资、建设及在建造完成后 31 年的经营和维护权。该私人财团委托和组建了两家公司分别负责管理体育场和拥有体育场的资产。拥有资产所有权的公司负责偿还银行本息、向地方政府缴纳税费；负责管理的公司向持有资产的公司支付租金租用场馆，租金的多少基于管理公司的收入规模（来源包括冠名权、场馆租用、商业集会、会所收费、商品售卖、广告和餐饮等）。在经过赛后最初阶段的亏损后，主体育场已开始盈利。

2.2 PPP 模式在中国的发展

PPP 模式在中国的发展大致经历了三个阶段，前期有收益的基础设施采取 PPP 模式时以特许经营类的 BOT 为主，社会资本方以外资为主；准经营和公益性项目投融资主要以政府融资平台为主；随着中央政府对 PPP 模式的重视和推广，预计未来三年 PPP 模式将进入快速增长期

就广义的 PPP 模式而言，中国自 20 世纪 80 年代就开始探索利用外资在基础设施建设领域进行合作。从发展阶段来看，PPP 模式在中国发展大致经历了三个阶段：

探索试点阶段（2002 年之前）：在此期间，PPP 模式以外资参与的 BOT 模式为主。其中，1984 年香港合和电力（中国）有限公司和深圳特区电力开发公司（深圳市能源集团有限公司，即深能集团的前身）采取合作经营方式建设的沙角 B 电厂 4，为中国第一个实际意义上的 BOT 项目。1995 年法国电力公司及阿尔斯通公司联合体获得广西来宾 B 电厂 18 年的特许经营权，为国家批准的首个 BOT 试点项目。期间 PPP 项目均为利用外资项目，由原对外贸易经济合作部（现“商务部”）主导。

快速发展阶段（2003—2008 年）：2002 年原建设部发布《关于加快市政公用行业市场化进程的意见》（建城〔2002〕272 号），鼓励社会资本、外国资本以多种形式参与市政公用设施的建设；2005 年“非公经济 36 条”（见表 6－4）提出“允许非公有资本进入公用事业和基础设施领域”。这在很大程度上推动了各地市政公用领域的 PPP 模式，其间外资和民营资本较大规模地参与了市政公共用基

础设施的投资。该阶段期间，法国威立雅环境集团、香港中华煤气有限公司（中华煤气）、新奥燃气等境外资本以及其他社会资本以特许经营等 BOT 模式参与了各地市政公用项目投资。截至目前法国威立雅环境集团已在中国 23 个省的 126 个城市投资了以水务为主的市政项目。此外，社会资本也通过 PPP 模式参与到了高速公路、地铁等交通基础设施项目以及大型体育场馆等项目中。代表性项目有国家体育场、北京地铁四号线，以及威立雅水务公司、新奥燃气、港华燃气等在各地区投资的水务、燃气项目。

调整阶段（2009 年以来）：受金融危机影响，全球和中国经济增速下滑，中国中央政府推行了积极的财政政策和刺激经济增长的计划。该经济刺激计划的投资由政府主导，但鉴于地方政府无法以市场主体的身份参与投资，各地政府都充分利用所属融资平台进行投融资。2009 年以来城市基础设施等公共产品和服务的投融资职能主要由各地的融资平台公司承担，项目的运作方式以政府委托代建、BT 模式为主。在此期间社会资本在公共产品和服务领域的参与度有所下降，PPP 模式的发展处于调整阶段。虽然 2010 年国务院发布了《关于鼓励和引导民间投资健康发展的若干意见》（国发〔2010〕13 号，即新“非公经济 36 条”），鼓励和引导民间资本进入基础产业和基础设施等领域，但各方反应一般。

总体看，自 20 世纪 80 年代首次引入 PPP 模式以来，中国 PPP 模式以特许经营类的 BOT 模式为主，项目主要为有收益的基础设施项目，社会资本方以外资为主，民营资本进入较晚，且整体参与程度不高。政府准经营性项目和公益性项目投融资主要以政府投融资平台主导，采取委托代建、BT 等形式。

为有效利用外资和民间资本、整合社会资源、提高市场活力，历年来中国出台了多项促进和鼓励社会资本投资的政策文件（见表 6－4），这些文件为 PPP 模式的发展提供了文件支持和依据。

表 6－4　历年来中国推广 PPP 模式相关的政策文件

发布部门	文件名称/文号	观点摘要
对外贸易经济合作部（现“商务部”）	《关于 BOT 方式吸收外商投资有关问题的通知》（1995 年）	以 BOT 投资方式吸引外资应符合国家关于基础设施领域利用外资的行业政策和有关法律。政府机构一般不应对项目做任何形式的担保或承诺（如外汇兑换担保、贷款担保等）。如项目确需担保，必须事先征得国家有关主管部门的同意，方可对外做出承诺

续表

发布部门	文件名称/文号	观点摘要
国家发展计划委员会（现“国家发展和改革委员会”）	关于印发《促进和引导民间投资的若干意见》的通知（计投资〔2001〕2653 号）	鼓励和引导民间投资以独资、合作、联营、参股、特许经营等方式，参与经营性的基础设施和公益事业项目建设。近期要积极创造条件，尽快建立公共产品的合理价格、税收机制，在政府的宏观调控下，鼓励和引导民间投资参与供水、污水和垃圾处理、道路、桥梁等城市基础设施建设
建设部（现“住房和城乡建设部”）	关于印发《关于加快市政公用行业市场化进程的意见》的通知（建城〔2002〕272 号）	鼓励社会资金、外国资本采取独资、合资、合作等多种形式，参与市政公用设施的建设，形成多元化的投资结构。对供水、供气、供热、污水处理、垃圾处理等经营性市政公用设施的建设，应公开向社会招标选择投资主体
建设部（现“住房和城乡建设部”）	《市政公用事业特许经营管理办法》（建设部令〔2004〕126 号）	鼓励利用社会资金、境外资本、采取独资、合资、合作等多种形式建设市政公用设施，从事特许经营。政府投资建设的市政公用设施，所有权属于政府。特许经营者按照城市规划投资建设的市政公用设施，在特许经营期或者终止后，无偿归政府所有
国务院	《国务院关于鼓励支持和引导个体私营等非公有制经济发展的若干意见》（国发〔2005〕3 号，“非公经济 36 条”）	允许非公有资本进入公用事业和基础设施领域。加快完善政府特许经营制度，规范招投标行为，支持非公有资本积极参与城镇供水、供气、供热、公共交通、污水垃圾处理等市政公用事业和基础设施项目，可向非公有制企业转让产权或经营权。支持、引导和规范非公有资本投资教育、科研、卫生、文化、体育等社会事业的非营利性和营利性领域
国务院	《国务院关于鼓励和引导民间投资健康发展的若干意见》（国发〔2010〕13 号，新“非公经济 36 条”）	对于可以实行市场化运作的基础设施、市政工程和其他公共服务领域，应鼓励和支持民间资本进入。鼓励和引导民间资本进入市政公用事业和政策性住房建设领域；鼓励和引导民间资本进入社会事业领域。为民间投资创造良好环境
国务院、国家发展和改革委员会	国务院批转发展改革委《关于 2013 年深化经济体制改革重点工作的意见》的通知（国发〔2013〕20 号）	抓紧清理有碍公平竞争的政策法规，推动民间资本有效进入金融、能源、铁路、电信等领域

续表

发布部门	文件名称/文号	观点摘要
国务院	《国务院关于改革铁路投融资体制加快推进铁路建设的意见》（国发〔2013〕33号）	向地方政府和社会资本放开城际铁路、市域（郊）铁路、资源开发性铁路和支线铁路的所有权、经营权，鼓励社会资本投资建设铁路，研究设立铁路发展基金，以中央财政性资金为引导，吸引社会法人投入
国务院	《国务院关于加强城市基础设施建设的意见》（国发〔2013〕36号）	建立政府与市场合理分工的城市基础设施投融资体制。政府应集中财力建设非经营性基础设施项目，要通过特许经营、投资补助、政府购买服务等多种形式，吸引包括民间资本在内的社会资金，参与投资、建设和运营有合理回报或一定投资回收能力的可经营性城市基础设施项目，在市场准入和扶持政策方面对各类投资主体同等对待
中国共产党第十八届中央委员会	《中共中央关于全面深化改革若干重大问题的决定》（2013年11月）	允许更多国有经济和其他所有制经济发展成为混合所有制经济、国有资本投资项目允许非国有资本参股。允许社会资本通过特许经营等方式参与城市基础设施投资和运营，研究建立城市基础设施，住宅政策性金融机构
国务院	《国务院关于加强地方政府性债务管理的意见》（国发〔2014〕43号）	推广使用政府与社会资本合作模式，鼓励社会资本通过特许经营等方式，参与城市基础设施等有一定收益的公益性事业投资和运营。对在建项目确实没有其他建设资金来源的，应主要通过政府与社会资本合作模式和地方政府债券解决后续融资
国务院	《国务院关于创新重点领域投融资机制鼓励社会投资的指导意见》（国发〔2014〕60号）	鼓励社会资本投资运营农业和水利工程。积极推动社会资本参与市政基础设施建设运营。通过特许经营、投资补助、政府购买服务等多种方式，鼓励社会资本投资城镇供水、供热、燃气、污水垃圾处理、建筑垃圾资源化利用和处理、城市综合管廊、公园配套服务、公共交通、停车设施等市政基础设施项目，政府依法选择符合要求的经营者，政府可采用委托经营或转让—经营—转让（TOT）等方式，将已经建成的市政基础设施项目转交给社会资本运营管理
财政部	《关于推广运用政府和社会资本合作模式有关问题的通知》（财金〔2014〕76号）	尽快形成有利于促进政府和社会资本合作模式（Public-Private Partnership，PPP）发展的制度体系

续表

发布部门	文件名称/文号	观点摘要
财政部	《关于印发政府和社会资本合作模式操作指南（试行）的通知》（财金〔2014〕113号）	
国家发展和改革委员会	《国家发展改革委关于开展政府和社会资本合作的指导意见》（发改投资〔2014〕2724号）	合理确定政府和社会资本合作的项目范围及模式；建立健全政府和社会资本合作的工作机制；加强政府和社会资本合作项目的规范管理；强化政府和社会资本合作的政策保障

资料来源：中债资信整理。

2009年以来，地方政府大规模利用融资平台公司推动地方基础设施建设投资，导致地方政府债务规模快速增长。据审计署审计结果公告（2011年第35号），截至2010年年底，全国地方政府性债务余额为10.72万亿元，其中：政府负有偿还责任的债务6.71万亿元，占62.62%；政府性债务中融资平台公司、地方政府部门和机构的债务余额（三类债务合计）占比为69.69%。该审计结果的发布引发了中央政府和社会各界对政府债务问题的高度重视。依据审计署全国政府性债务审计公告（2013年第32号－总第174号），截至2013年6月底，中央和地方政府负有偿还责任的债务余额为20.70万亿元，较2010年年底大幅增长。在此背景下，2013年国务院连续发文鼓励和引导社会资本参与公共产品和服务领域投资，党的十八届三中全会提出“允许更多国有经济和其他所有制经济发展成为混合所有制经济”。为加快政府职能转变，发挥市场在资源配置中的决定性作用，推动混合所有制改革，并控制地方政府债务规模、防控政府债务风险，财政部在2014年中央和地方财政预算中提出“推广运用政府与社会资本合作模式（PPP），鼓励社会资本通过特许经营等方式参与城市基础设施等的投资和运营”。这是中国官方首次提出PPP概念。之后财政部在中国清洁发展机制基金管理中心的基础上成立了政府和社会资本合作中心（以下简称“PPP中心”），具体负责政府与社会资本合作相关事项。

2013年12月，财政部、国家发展和改革委员会分别发布了《关于印发政府和社会资本合作模式操作指南（试行）的通知》（财金〔2014〕113号，以下简称

《操作指南》）和《关于开展政府和社会资本合作的指导意见》（发改投资〔2014〕2724号，以下简称《指导意见》），对PPP模式的推广和实践进行了较为明确的规范；同时，财政部还公布了30个政府和社会资本合作示范项目供各地进行参考和借鉴。2014年9月安徽和福建省政府基于财政部财金〔2014〕76号发布了地方版的PPP操作指南和指导意见；11月以来，河南、江苏、河北、山东、湖南和四川等省份也相继出台了推广PPP模式政策文件。PPP模式的推广有利于划清政府和企业界限，防范地方政府债务风险，并能激发民间资本活力，拓宽城镇化建设渠道，分担政府投资压力。《操作指南》和《指导意见》，以及各省的PPP政策文件为社会资本参与政府项目提供了操作指导和制度保障，将加快政府部门和社会资本PPP项目的实践。

3. 对中国推广PPP模式的建议

从首次采用BOT方式引进外资建设沙角B电厂开始，中国探索和发展PPP模式已近30年，但实施主体仍以各级地方政府为主，尚未形成全国性的具有指导示范性的统一规范。PPP模式的推广可以为新型城镇化发展提供融资支持，有利于提升公共产品和公共服务水平，同时有利于控制和防范地方政府债务风险，符合公共财政和政府治理现代财政的内在要求。基于PPP模式在中国的发展情况，同时参考境外PPP模式运作经验，我们对中国推广PPP模式提出以下建议。

第一，确保PPP监督管理机构的独立性。从国外PPP发展的成功经验来看，建立全国性的PPP监督管理机构对推广PPP模式至关重要。目前中国财政部已成立政府和社会资本合作中心，并要求各级地方财政部门积极设立政府和社会资本合作中心或指定专门机构，履行规划指导、融资支持、识别评估、咨询服务、宣传培训、绩效评价、信息统计、专家库和项目库建设等职责。PPP中心制定了PPP模式的《操作手册》，并披露了示范项目，但中央政府并未明确PPP中心作为全国PPP模式推广发展的地位。此外，国家发展和改革委员会也承担PPP模式推广的监管职能，并于2014年11月发布了《指导意见》和《政府和社会资本合作项目通用合同指南（2014年版）》。因此，在PPP模式推广中，财政部PPP中心和发改委分别扮演何种角色有待进一步明确。虽然从国际经验来看，多数国家的

PPP 组织和监管单位设置在财政部内或者向财政部门报告，但考虑到财政部门是 PPP 项目的重要参与方之一（尤其是涉及政府支付责任的项目），如何保障其在项目筛选以及招投标中的独立性有待进一步明确。因此我们建议适度增强 PPP 模式监管机构的独立性，可考虑成立由财政部门、发展和改革委员会、各级行业主管机构、第三方机构以及社会团体等共同参与的联合机构，主要承担 PPP 项目的技术支持和政策服务、评估评价和咨询等工作。

第二，加快完善 PPP 工作机制、配套政策、法律等制度建设。2014 年 11 月财政部发布的《操作手册》对 PPP 项目的操作流程进行了规范说明，发展和改革委员会发布了《合同指南》，为 PPP 模式的推广提供了制度保障。但从总体看，目前中国 PPP 项目的工作机制和管理规范有待进一步完善和普及，同时尚未出台针对 PPP 项目的招投标、税收优惠等特别法律规定，尤其是涉及特许经营权的，亟待国家层面特许经营法的出台（目前处于征求意见阶段）。此外，涉及社会资本参与 PPP 项目的投资回报保障机制、政府投资引导机制以及配套金融服务等政策均有待进一步完善。

第三，引入创新理念，探索多元化的 PPP 模式。PPP 模式的内涵是公共部门和私人部门在公共产品和服务供给领域的合作，因此只要能够保障公共产品和服务供给的数量和质量，同时降低其整个生命周期内的成本，就可以考虑创新性地引入新的机制，以更好地调动社会资本的积极性，保障 PPP 项目的推进。例如，伦敦地铁项目为保障参与方的权益，在重新审核合约的过程中引入了仲裁机制。目前，中国的 PPP 模式以 BOT 和 BT 模式为主，因此，应鼓励各方根据项目特点创新性地采用如 BOOT、TOT 等其他模式。

第四，简化 PPP 项目审批程序，引入公众监督。目前中国政府正不断简化项目的审批流程，但考虑到 PPP 项目涉及财政、规划、土地以及主管行业等多个主管部门，项目审批仍需经过较为繁杂的审批流程。从提高工作效率的角度出发，在风险得到控制的情况下，应考虑进一步简化 PPP 项目的审批等流程。此外，由于 PPP 项目多为同社会公众生活密切相关的公共产品和服务，因此有必要让公众参与到项目的监督过程中，同时加强 PPP 项目招投标、投资建设和后期运用保障等信息的披露，以保障公共产品和服务保质保量的供给。

4. 两部委 PPP 指导性文件解读与评析

2014 年 12 月 4 日,国家发改委和财政部不约而同地发布了有关政府和社会资本合作的指导意见、通知及相关指南,这是继《国务院关于创新重点领域投融资机制鼓励社会投资的指导意见》(下称“国发 60 号文”)之后,中央部委层面就 PPP 模式的推广及实施再度投向市场的重磅“炸弹”,其政策力度之大、所涉层面之广、后续影响之深,不但超出了人们之前的想象,在很大程度上也是业内人士今后必须重点关注和研究的对象。本文拟从两大部委 PPP 新政的相同点与不同点两个角度,对相关文件加以简要评析。

4.1 对 PPP 核心要素、基本理念及原则的认识趋同

从《国家发展改革委关于开展政府和社会资本合作的指导意见》(发改投资〔2014〕2724 号,下称《指导意见》)及其附件《政府和社会资本合作项目通用合同指南》(下称《合同指南》)、《财政部关于政府和社会资本合作示范项目有关问题的通知》(财金〔2014〕112 号,下称《示范项目通知》)、《财政部关于印发政府和社会资本合作模式操作指南(试行)的通知》(财金〔2014〕113 号,下称《操作指南》)这几份文件来看,国家发改委和财政部两大部委对 PPP 模式的基本理念和原则的认识已经大致趋同,或者说已经达成共识。简言之,PPP 模式首先强调的是政企合作、风险共担及合理回报,在评估阶段讲究的是公平竞争、择优选择、物有所值,而在实施阶段则注重绩效评价、信息公开和契约精神。从理论层面来讲,以上共识是对国际成功经验的合理借鉴与吸纳;从实践层面来看,这些共识也是过去 20 年中国式 PPP 模式大规模项目实践经验与教训的总结,看似平淡无奇,实则来之不易。有鉴于两大部委在中国经济发展及转型过程当中的特殊地位,它们对 PPP 模式的此等理解无疑是一个相当正面和积极的信号。

4.2 出发点不同

细读前述 4 份文件,我们可以发现,国家发改委的《指导意见》与《合同指南》的出台依据是国发“60 号文”,其目的在于“鼓励和引导社会投资,增强公共产品供给能力,促进调结构、补短板、惠民生”,并希望借此创新投融资机制、拓宽

社会资本投资渠道、发展混合所有制、转变政府职能并发挥市场配置资源的决定性作用，其视野和角度较为宏观。

可能因为相关文件出台的时间间隔较短，财政部的《示范项目通知》和《操作指南》均未提及国发“60 号文”，而着重强调了《财政部关于推广运用政府和社会资本合作模式有关问题的通知》（财金〔2014〕76 号）、《国务院加强地方政府性债务管理的意见》和《国务院关于深化预算管理制度改革的决定》等文件，其主要着眼点在于规范推广 PPP 模式，保证 PPP 示范项目质量，化解地方政府融资平台债务风险等。当然，财金〔2014〕76 号文也提到拓宽城镇化建设融资渠道，促进政府职能加快转变等宏观层面的目标，但其根本出发点仍然在于加快 PPP 示范项目的实施，完善财政投入及管理方式，有效化解地方债务风险。

必须看到的是，国发“60 号文”虽然不是专门针对 PPP 模式所发的文件，但其中针对 PPP 模式的专章论述，以及与之有关的政策措施的后续安排，都将是 PPP 模式最新政策依据的重要来源，也是 PPP 模式将来得以成功落地的必要保障。这对于理解和执行国家发改委和财政部的上述文件，都是至关重要的一个落脚点。

4.3　适用范围有所差别

在 PPP 模式的适用范围方面，两大部委一方面都认为 PPP 模式适用于市场化程度较高的基础设施和公共服务类项目，另一方面它们的具体表述又有所差别。

国家发改委强调 PPP 模式主要适用于政府负有提供责任的项目，并专门提到各地新建市政工程及新型城市化试点项目，应优先考虑采用 PPP 模式。财政部则认为适宜 PPP 模式的项目应该具备投资规模较大、需求长期稳定、调价机制灵活等特点。二者之间不存在本质差别，而且相关文件中所列举的行业也基本一致。

在 PPP 模式的适用主体方面，因前文所述之出发点不同，两大部委的相关表述呈现出微妙的差异。在国家发改委的《合同指南》项下，社会资本主体为“符合条件的国有企业、民营企业、外商投资企业、混合所有制企业，或其他投资、经营主体”。而在财政部的《操作指南》中，社会资本则指“已建立现代企业制度的境内外企业法人”，明确地排除了“本级政府所属融资平台公司及其他控股国有企业”。财政部对借助 PPP 模式化解地方债问题的良苦用心由此可见一斑。

4.4 操作模式的分类方式不同

在PPP项目的操作模式方面，国家发改委显示出更加确定的思路。《指导意见》明确列出了经营性项目、准经营性项目和非经营性项目三个类别，并基于项目收费对投资成本的覆盖程度，对不同类别的项目分别建议了不同的适用模式，且在具体用词上保有一定的余地。

财政部的《操作指南》列举了委托运营、建设—运营—移交等PPP项目运作方式，并提出具体方式的选择主要由收费定价机制、项目收益水平、风险分配框架、融资需求、改扩建需求和期满处置等因素决定。

从国内PPP项目的实践来看，在PPP项目操作模式的落实过程当中，应对两大部委的上述分类标准及方式综合借鉴，二者并行不悖，相互补充。

4.5 工作机制迥然有异

在PPP项目的发起、准备、审批和实施方面，两大部委为实施PPP模式制定了迥然有异的工作机制。这是本轮PPP新政的最大看点。

基于国内现有的项目审批基本流程，国家发改委从规范管理的角度提出了项目储备和项目遴选的两个工作环节，并要求各省区市发改委建立PPP项目库，从2015年1月起逐月报送相关项目进展情况。此外，《指导意见》还首次提出要会同相关部门建立PPP项目联审机制，从项目的必要性、合规性、适用性、财政承受能力等方面对项目实施方案进行可行性评估，确保“物有所值”，并进一步强调要通过联审机制加快项目前期工作，协助项目单位落实建设条件，这为解决国内PPP项目此前普遍面临的重复审批问题提供了一条可能的出路。

财政部的《操作指南》提出了项目识别、准备、采购、执行和移交等五个阶段，并据此制定了一整套PPP项目工作机制与流程。在这一机制项下，财政部及下属政府和社会资本合作中心（即中国清洁发展机制基金管理中心）将发挥举足轻重的枢纽作用，简要列举如下：

第一，该中心将会同行业主管部门确定备选项目，制定项目年度和中期开发计划，并从定性和定量两方面开展物有所值评价工作。

第二，该中心将对项目实施机构报送的项目实施方案进行物有所值和财政承受能力验证，通过方可报政府审核。

第三,项目资格预审的评审报告需提交该中心备案,同时,PPP 项目采购活动还需接受各级财政部门的监督检查。

第四,该中心负责监督社会资本完成项目公司设立、合同签订及融资交割等前端义务。

第五,该中心和项目实施机构应建立 PPP 项目政府支付台账(如涉及政府付费),并由项目实施机构将项目绩效指标报该中心备案。

第六,项目实施价格应将项目中期评估和风险应对措施报该中心备案。

第七,项目移交完成后,该中心应组织有关部门进行项目绩效评价,并公开评价结果。

显而易见的是,《操作指南》对 PPP 项目的发起与实施过程进行了较为细致的思考,并基于财政部有关 PPP 项目本质上属于政府采购服务的基本认知,对政府和社会资本合作中心这一专设机构的具体职能做出了非常明确的安排,可视为财政部此前有关 PPP 模式制度化设计和组织安排的大量讨论与研究的阶段性总结,其中不乏亮点,也在一定程度上具备其合理性。但毋庸讳言,此等工作机制安排与国内现有的项目审批及管理体系之间存在着较为明显的矛盾。今后各地实施的 PPP 项目,特别是财政系统推行的 PPP 试点项目,究竟应该同时遵循上述两套 PPP 项目工作流程,还是二者选其一,目前还没有确定的答案。对于非财政系统推行的 PPP 项目,如果未能遵循《操作指南》的规定,是否还能够申请并享受财政部门有关 PPP 项目的优惠政策,这也一定会成为各地政府及社会资本的关注焦点。

最后,财政部此次在《示范项目通知》中推出了 30 个 PPP 示范项目,其中包含 22 个地方融资平台公司存量项目和 8 个新建项目,充分体现出财政部主导之下的 PPP 政策的针对性和务实性。而该等项目是否需要适用《操作指南》,以及如何适用,怎样与现行项目审批体制相协调,都是业内需要重点关注的事项。另一方面,可以合理预见的是,国家发改委也将陆续推出其 PPP 试点项目,并将《指导意见》落在实处。一个方向,两大部委,双方如能在已经趋同的 PPP 价值观之下形成合力,中国式 PPP 发展的前景无疑会更加令人期待。

5. 新常态下 PPP 应用范围和结构设计

5.1 PPP 模式主要适用标准

（1）公共产品或公共服务领域的项目

具体包括基础设施类（如市政道路、高速公路、电厂）、市政公用类（如自来水厂及配套管网、固废处理和收运设施）以及社会事业类（如文化体育场馆、医疗和教育服务设施）。公共产品或公共服务设施具有自然垄断的经济属性，这决定了在特定服务范围内由一家主体统一负责项目的运营是最有效率的。作为公共利益的代表和直接责任主体，政府或其下属单位责无旁贷地承担起公共产品和公共服务的生产任务。随着城镇化的不断发展，对公用产品和服务的需求数量和质量要求越来越高，政府直接提供越来越力不从心（面临资金、技术、管理上的瓶颈），经尝试发现，合格的私人主体也能承担公共产品和公共服务的提供任务，而且更有效率。于是，公共部门与私人部门通过合作提供公共产品和服务渐成趋势，这大致就是 PPP 模式的由来。

（2）合作期限相对较长

最好包括从项目前期准备到后期运营的全过程，其运营期在 3 年以上。通过项目全过程的参与，社会投资人可以增加其对项目的全面了解，更有效地识别和管控项目风险；对于政府而言，则能更好地掌握建设运营成本信息，主动采取针对性的监管措施，在保障项目公司获得基本收益的同时又不至于获取暴利。对于短期（不含建设期，3 年以内）一次性完成的公共服务项目，不宜采取 PPP 方式，如果需要，可以改用政府采购服务的方式实施，并签订短期服务合同。

（3）项目具有一定专业要求，且存在足够多的潜在社会合作主体

PPP 项目的基本特征之一，就是要通过政府与社会资本合作取得 1 +1 >2 的效果，双方要优势互补，其中社会资本的相对优势主要体现在资本、技术、管理等方面，而且往往体现为综合优势。如果项目内容属于简单辅助性内容（如环卫保洁），或者虽然专业性较强但内容单一且已相对标准化（如工程设计或工程建设），则直接采取传统方式或通过政府采购方式实施可能更有效率。另外，潜在竞争者数量足够多才可能给社会合作主体带来必要的竞争压力，否则限制激励约束机制作用的发挥会使政府在合作中处于相对被动的地位。

（4）综合评价 PPP 项目的交易成本

PPP 项目往往交易结构复杂、实施周期较长，在项目前期准备及实施过程中都会耗费大量人力、财力等资源，交易成本不容忽视。目前，国际上流行的评价方法是物有所值论证（VFM，Value for money），具体评价过程包括定性评价、定量评价和补充评价，评价结果主要包括以 PPP 模式实施的成本较政府以传统方式实施是否更经济，在各个备选 PPP 实施方案中哪个是成本最低的。目前，我国在 PPP 项目的筛选和评价上，更多的还是依赖于定性的分析判断，缺少类似的定量或系统性分析评价。

（5）PPP 项目不限于收费机制完善的项目

实际上，PPP 项目的收费机制包括三类（如图 6－1 所示），一是完全依靠项目用户付费（如供水、燃气项目），二是完全由政府支付服务费用（如市政道路、排水管网、生态环境治理项目），三是部分来自项目用户付费并由政府提供缺口补贴，以保障项目财务可行性（如污水处理项目、垃圾处理项目）。

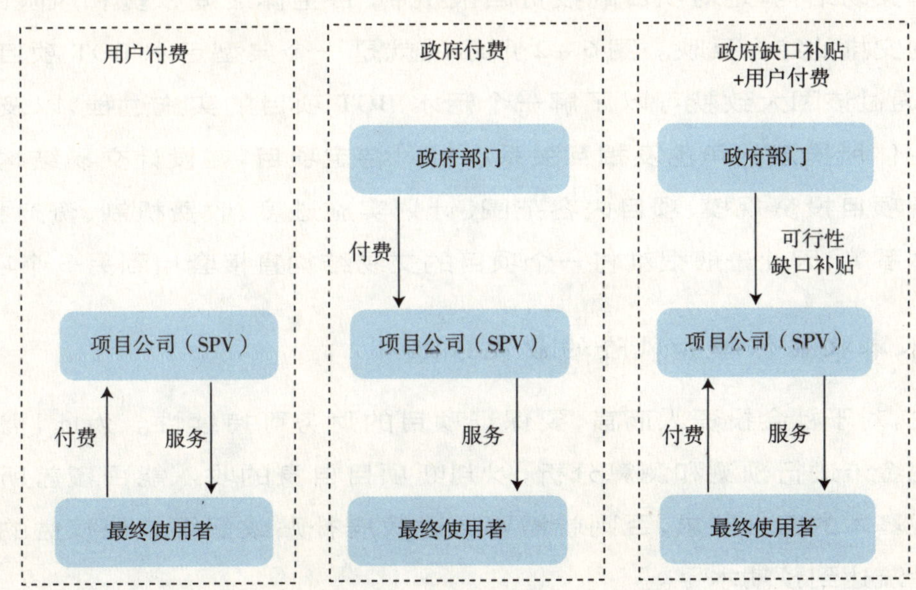

图 6－1 PPP 项目收费机制分类

前文所述的优先在已建立用户收费机制的领域推行 PPP，只是现阶段政府在债务压力较大的情势下所做的次优选择，并不意味着只有收费机制完善的公共项目才适用 PPP 模式。相反，从提高公共服务效率的角度来看，那些收费机制建设比较困难或滞后的领域（因此对社会专业主体缺乏吸引力），是最需要推行

PPP模式的（也更具试点示范效应），比如污水收集管网设施、市政道路等，在传统BT或EPC模式下，重建设、轻运营易导致设施建成后不能发挥应有功效，甚至出现豆腐渣工程。而PPP模式下，项目主体需要统筹考虑项目全寿命周期的成本，因此要有效避免前后脱节的问题、保障项目设施的可用性和运行绩效达标。

从融资的角度来看，收费机制不完善的项目也可以应用PPP模式，虽不能从总量上降低政府支出（算上回报还有所增加），但通过分期支付的方式可以平滑当期的财政支出压力。

5.2 PPP项目实施要点

针对确定实施PPP模式的项目，操作中需注意以下要点。

交易结构设计

所谓交易结构，是对项目的投资回报机制、各主体之间权责和风险的分配、监管机制安排的综合反映。图6-2所示的就是一个典型污水BOT项目的交易结构图，通过该图大致就可以了解一个污水BOT项目的实施过程，以及各个阶段相关主体所扮演的角色及相互关系。针对特定项目，在设计交易结构时需要综合考虑项目投资规模、项目内容范围、计划实施进度、收费机制、资产权属、政府监管体系等，因此一般很难将一个项目的交易结构直接套用到另一个项目上。

基本收益保障和风险的最优分配

首先，对于社会投资人而言，要保证项目的财务可持续性。为此，需要通过对项目现金流进行预测和测算分析，以判断项目自身的收入能否覆盖所有的支出并实现基本的回报要求，否则就需要通过政府补贴或捆绑其他权益的方式使项目现金流达到预期水平。

其次，需要按照“最优风险分配原则”对项目风险在各相关主体间进行分配，最理想的结果就是项目公司能获得相对可预期的稳定现金流。所谓最优风险分配原则，是指由最有能力控制该风险的一方承担该风险，同时确保该方享有与所担风险相对等的收益。合理的风险分担，对于专业的社会投资人而言，其实就是一套行之有效的激励机制，通过发挥其专业优势对风险进行有效管控，从而获得与风险水平相匹配的收益。

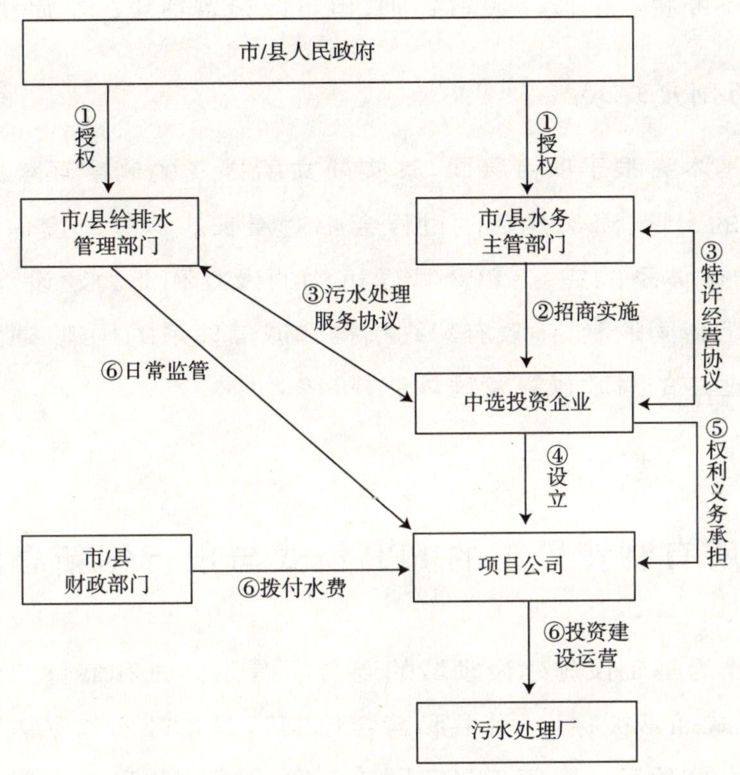

图 6-2 污水处理厂 BOT 项目交易结构示意图

政府有效监管

政府监管主要分为事前准入监管、事中过程监管和事后绩效监管三类。

事前准入监管集中体现准入竞争环节。根据潜在合作主体的数量等因素，灵活选择公开招标、邀请招标、竞争性谈判以及遵循公开、公平、公正原则的其他采购方式（比如公开招商或比选），谨慎采取一对一谈判方式。

事中过程监管的具体方式有很多种，如抽查、监理、中期评估等，不再赘述。财政部所倡导的政府与社会资本双方合资设立项目公司的做法，不失为一种积极的尝试。但在合资公司项下，双方的决策权划分是关键，笔者以为代表政府出资的主体尽量不要控股，对具体事务管理的介入要适度，否则可能偏离"让专业的人做专业的事"之初衷。

事后绩效监管主要体现在基于绩效的支付机制上。PPP 项目的最终目的是要实现公共产品和服务效率的提升，因此一开始就应设置明细的项目产出说明书，并将后续向项目公司支付的费用与绩效达标情况挂钩，从而保障项目的可用性和质量得以不断提升。除了设置罚则，也可以设置适度的奖励机制。

■ 良好的制度环境

以上几点基本着眼于项目层面，其实前文所提及的制度环境则是 PPP 项目持续健康发展的土壤，虽然构建的过程会相对漫长。这些制度保障条件包括但不限于：PPP 法律体系的完善；PPP 管理机构的设立和能力建设；与法律配套的条例、指南、示范合同的制定，政府契约精神和诚信体系的构建；建立与 PPP 项目全生命周期相适应的财政预算管理体制，等等。

6. 混合所有制背景下的 PPP 模式与投行创新思路

PPP 模式作为基础设施建设领域的混合所有制尝试和载体已经逐步为市场所接受，PPP 模式通常被称为“公共私营合作制”，是指政府与私人组织之间合作建设城市基础设施项目。它不仅是我国下一阶段城镇化进程中基础设施项目建设的主要模式，而且其背后蕴含的理念与混合所有制改革的内涵高度契合，这种公私股权合作模式很可能成为混合所有制和新一轮国企改革的主要工具之一。

从投资银行的角度来看，PPP 模式及其理念中包含着丰富的创新机遇，以投行视角探索混合所有制和 PPP 理念下的若干创新点，不论是 PPP 专项产业基金，还是 PPP 模式中的 SPV 标准化债务工具，或者借助 PPP 理念对国企改革提供综合性投行服务，均可成为当前混合所有制背景下投行业务创新实践的重点。

6.1 混合所有制经济初探

《中共中央关于全面深化体制改革若干重大问题的决定》明确提出要“积极发展混合所有制经济”，认为“混合所有制经济是基本经济制度的重要实现形式”，提出要“允许更多国有经济和其他所有制经济发展成为混合所有制经济，国有资本投资项目允许非国有资本参股，允许混合所有制经济实行企业员工持股，形成资本所有者和劳动者利益共同体”。

显而易见，中央高层将发展混合所有制经济提到了一个新高度，其内涵为：在产业结构转型升级的大背景下，鼓励大力发展国有经济控股的混合经济，把发展混合经济当作扩大国有资本支配范围、巩固公有制的主体地位、加强国有经济主导作用、引导非公有制经济做强的一种形式和手段。在当下时点上重申混合所有制经济的重要性，并非偶然。从历史上看，混合所有制的概念几乎在国民经济螺旋式上升过程中的每个时点上均有所提及。

■混合所有制经济在我国的几个发展阶段

①萌芽阶段——混合所有制在农村经济中的发展。改革开放初期，混合所有制主要表现为农村公有财产和农户私有财产共同使用、共同受益的合作模式。

②持续探索阶段——中外合作的混合所有制经济。改革开放以后，随着外资和港澳台资本进入中国内地，"三资"企业开始在沿海地区快速涌现。其中，中外"合资""合作"企业，就是混合所有制在国内的第二个发展阶段，这些混合所有制企业采用了当时国际上较为先进的技术及设备，有效地带动了内地企业技术进步和管理水平提高。

③成长阶段——股份制成为混合所有制经济的主要形式。党的十五大报告中明确提出"混合所有制"的概念，并将"公有制为主体、多种所有制经济共同发展"作为我国社会主义初级阶段的一项基本制度确定下来。此后十多年国有企业改革促进了国有控股、参股企业迅速发展，以股份制改制为核心的现代企业制度逐步形成，成为混合所有制经济的主要形式。

十八届三中全会进一步将混合所有制经济提到一个新的历史高度，这意味着混合所有制经济将进入一个全面发展的成熟阶段。

■混合所有制经济是做强国有资本的必由之路

(1)混合所有制经济的制度经济学基础

根据新制度经济学奠基人、诺贝尔奖得主科斯(1937)的理论：在市场交易成本不为零的前提下，合法权利的初始界定以及经济组织形式的选择将会对资源配置效率产生影响。现代企业制度的核心理念就是建立以公司制为代表的企业组织架构，而公司制本身就应该实行投资主体多元化。

混合所有制的深化能够给国有企业以产权交易的权利和自由选择合约的权力，使国企通过产权市场的交易活动，以较低的交易费用达到资源配置的优化。

(2)混合所有制改革迫在眉睫

习近平总书记在十八届三中全会上明确指出，积极发展混合所有制经济是新形势下坚持公有制主体地位，增强国有经济活力、控制力、影响力的一个有效途径和必然选择。

厉以宁（2014）认为混合所有制有几大好处，第一是法人治理结构在混合所有制下更容易健全、完善和发挥作用；第二是提高了资源配置效率；第三是资本量不断增加、扩大，民间资本可以源源不断地进入到混合所有制里面来。

从资产负债表角度看，混合所有制下的国有企业股权减少了，但吸收了民营资本介入，资产负债表上控制的资源并未减少，并且由于民营企业管理人员市场经验的代入，企业总的经营效率和国有经济的控制力（对董事会的控制）反而有所加强，这实际上是对国有资本经营加杠杆、提高竞争力的过程。

在实务层面，目前处于垄断行业之外的国有企业自身出现步履维艰的局面，这些企业急需通过混合所有制的改造来提高市场竞争力。在2013年《财富》世界500强中，除金融、能源、电力等国有垄断行业，在真正充分竞争领域，中国的国有企业均无一上榜，这充分说明了部分国有企业大而不强，掌握了大量的资源，但却没有转化为高效率，通过混合所有制改革来提升国有资产的竞争力迫在眉睫。

（3）混合所有制是国有和民营资本优势互补的重要手段

那些较早开展混合所有制发展的企业，积极探索市场经济条件下最优的股权结构和扩展形式，通过大量并购民营企业不断壮大和发展自己。中国建材集团就是其中的佼佼者。周新城（2014）认为，中国建材集团不断探索如何有效发挥国有经济的主导作用，引导非公有制经济健康发展。2006年以来，中国建材收购了几百家民营水泥厂，在新组建的企业里为私营企业保留了30%的股份，并保留被收购标的的所有人为职业经理人。事实上，中国建材充分利用了PPP模式的理念，以包容性的外延式收购推动了整个水泥行业发展，形成了一个由央企控股、以股权为纽带吸收地方私营企业的多元化混合所有制经济体系。

6.2 PPP模式是实现混合所有制的重要路径

考虑到当前混合所有制经济空前发展的背景，PPP模式在社会经济发展中的战略地位十分突出，并且该模式蕴涵的国有、民营资本股权合作的架构或将为混合所有制经济深入发展带来显著的示范效应。

PPP模式能够拓宽资金来源、吸引社会各方面资本，同时减少政府财政支出和债务负担，加快发展基础设施和其他设施。其最直接的优势就是显著提升基础设施类项目的融资及营运能力。企业参与建设运营的全过程，有利于解决重复建设和施工质量问题。政府除了同企业共同做好前期规划设计、规定服务标准外，还需事先约定定价或补贴的配套政策，同时监督企业运营项目的质量，履行好维护设施能力的承诺。

PPP 模式的主要特征

广义 PPP 具有三大特征，第一是伙伴关系，这是 PPP 最为重要的特征。PPP 中民营部门与政府公共部门的伙伴关系与其他关系相比，独特之处就是项目目标一致，即在某个具体项目上，以最少的资源实现最多最好的产品或服务的供给。第二是利益共享。PPP 中公共部门与民营部门并不是简单分享利润，公共部门还需要控制民营部门可能的高额利润，即不允许民营部门在项目执行过程中形成超额利润。共享利益除了指共享 PPP 的社会成果，还包括使作为参与者的私人部门、民营企业或机构取得长期相对稳定的投资回报。第三是风险共担。风险分担是利益共享之外伙伴关系的另一个基础，这可以让双方合作产生一加一大于二的协同效应。

除了上述三个特征，笔者认为，PPP 模式还有两个显著的特征，一是国有资金的杠杆化，二是项目以透明化促进投资效率。

所谓国有资金杠杆化，是指项目实施过程中增加非国有资金的股权比例，从而提高国有资金效率。举例来说，在一个政府基础设施项目中，将项目分为建设和运营两个阶段，其中建设阶段政府和中标民营企业共同发起设立项目公司，其中 50% 资金由政府旗下企业和民营企业出资，50% 资金由金融机构设立的专项 PPP 产业基金提供，出资可为纯债务或纯股权或夹层融资（可转债）性质，根据项目运营实施进展，建设期结束后，由政府和参与运营的民营企业联合回购或以其他市场化方式退出，PPP 产业建设基金撤出实现收益，当政府资质及前景较好时，杠杆率可酌情提高。

另外一个特征就是以透明化促效率。现存的大量 BT 和 BOT 项目由于政府资金在项目中没有股权合作性质，多半为简单采购模式，因此在政府招投标过程中存在大量的内幕交易和抽屉协议，总包压低价格再分包给下游施工方，这种模式在实践中存在很多隐患，不仅易造成投资效率低下及国有资产浪费的问题，更易滋生腐败，为基础设施的建设及其后续安全带来巨大隐患。以股权合作的公司制为纽带的 PPP 模式，则能在一开始将项目的实施透明化，提高经营效率减少浪费，有效杜绝现有政府项目建设中的种种弊端。

广义 PPP 的主要模式

广义的 PPP 可以分为以下三种模式：一是外包（BT 项目）。该类项目一般由政府投资，私人部门承包整个项目中的一项或是几项职能，例如工程建设，或者受政府委托管理维护设施或提供部分公共服务，并通过政府支付实现收益，因此私人部门承担的风险相对较小。

二是特许经营（BOT 和狭义 PPP）。需要私人参与部分（狭义 PPP）或是全部投资（BOT），并通过一定的合作机制与政府分担项目风险，共享项目收益，且需要协调好私人部门的利润和项目公益性之间的平衡关系。通过建立有效的监管机制，特许经营项目能充分发挥双方各自优势，节约整个项目的建设和经营成本，同时还能提高公共服务质量。项目的资产最终归公共部门保留，因此在合同结束后要求私人部门将项目的使用权或所有权进行移交。

三是私有化（BOO 模式）。该类项目需要私人部门负责全部投资，在政府监管下通过向用户收费收回投资并实现利润。由于私有化项目的所有权永久归私人拥有，并且不具备有限追索的特性，因此私人部门承担的风险较多。

PPP 模式的划时代意义

就目前国内情况而言，未来本土 PPP 模式将具有以下作用：一是成为支持新型城镇化建设的重要手段。我国 2020 年城镇化率有望达到 60%，由此带来的投资需求达 40 万亿元以上。原有城镇化建设主要依赖财政、土地的投融资体制弊端已显现，难以持续，影子银行融资的问题近年来暴露无遗。PPP 模式抓住了有效解决城镇化融资需求这一关键环节，有利于吸引社会资本直接以股权或者夹层资本的模式进入项目，并参与后续管理运营。能够拓宽城镇化融资渠道，减少浪费，形成多元化、可持续的资金投入机制。

二是有助于化解目前地方政府的巨额负债。贾康（2014）认为，目前，中国各级政府负有偿还责任的债务为 108859 亿元，其中，省级为 17781 亿元，占 16.3%；市级为 48435 亿元，占 44.5%；县级为 39574 亿元，占 36.4%；乡级为 3070 亿元，占 2.8%。目前，市级政府举债最多，其次是县级政府，分别占 44.5% 和 36.4%。这种情况下，可以根据地方政府发展规划，选择不同的 PPP 模式将债务盘活，针对具体项目重新选择适合化解债务的 PPP 具体操作模式。

三是逐步改进政府公共服务的重要举措。PPP 模式能够将政府的战略规划、市场监管、公共服务与社会资本的管理效率、技术创新通盘有机结合在一起，有助于明确政府与市场边界，提升政府的契约意识和市场意识，更好地履行公共职能，专注于提升公共服务水平。

四是倒逼完善现代财政制度的重要工具。从资金的流动上看，PPP 模式十分强调市场机制的作用，强调政府与社会资本各尽所能，强调社会资本的深度参与，能够有效减轻政府债务压力，平滑年度间财政支出，优化资源配置，与现代财政制度的建设具有高度的一致性。

6.3　PPP 理念下的投资银行创新思路

根据前文所述，PPP 模式在混合所有制经济改革的具体实施中承担了“马前卒”的具体职责，其背后的理念也将为混合所有制改革提供指导，更重要的是其与我国当前投资银行创新的方向十分契合。为提高 PPP 模式实施的有效性，笔者提出以下几点建议。

基于新时期城镇化建设的 PPP 产业基金模式

如前文所述，PPP 模式的核心特征之一就是为地方政府资金在项目中提供杠杆作用。从金融意义上，杠杆分为两种，一种是以增加负债提高 ROE（权益收益率）为目的的财务杠杆，这一方法在 2008 年之后各级地方政府通过融资平台已有很多运用，甚至个别使用过度造成当前地方债务困难，利息的偿还已成为地方政府沉重负担，本文不予推荐。

另一种杠杆则是指代表国有资金方以股权及基金 GP（普通合伙人，基金的实际管理人）的形式，通过对项目收取附带权益来实现管理和经营杠杆，其核心在于提高国有资金运营效率（IRR，内部收益率）。

具体而言，金融机构可与省级地方政府共同合作，就未来五年内的基础建设项目，尤其是能够产生稳定现金流并且收益率较为合理的基建项目进行统筹规划，形成一揽子的框架协议，并有针对性地设立有限合伙制 PPP 产业发展基金。金融机构自有或理财资金以设立信托 SPV 的模式投入合伙人份额，成为 LP（有限合伙人，不参与管理）。通常，GP 在基金中出资 1%，享受 20% 的附带权益，LP 出资 99%，享受 80% 的收益。另建议在 PPP 模式中，GP 不收取基金管理费。

当纳入政府总体规划内的单个项目启动时，国有资金方、项目中标的民营企业（获得政府特许经营权）以及PPP产业基金分别以股权的形式投入到项目公司中，其中：国有资金和民营资金可作为项目建设的联席共同控制方，对项目的建设及运营进行日常管理，金融机构则作为投资监督和资金监控方。待项目建设阶段结束后转入运营阶段，由参与运营的国有和民营双方协商对产业基金的股权回购或以其他市场化的股权交易模式退出。当PPP产业基金所投的一系列项目逐步退出时，LP实现相应收益，同时国有资金方作为基金的GP获得相应附带权益。

基础设施项目中的新型投行融资业务

其实，以北京地铁4号线为代表的PPP模式已为投行提供了一个新型融资业务的样本。2006年4月，北京京港地铁有限公司（以下简称“京港地铁公司”）与北京市人民政府签订了《北京地铁4号线项目特许协议》。京投公司根据地铁4号线的初步设计，按照投资建设责任主体，将项目的建设内容划分为A、B两部分，总投资预算为153亿元人民币。A部分主要为土建工程即洞体、车站结构等的投资和建设，投资预算为107亿元，约合总投资的70%。该部分的投资和建设由政府出资的京投公司来负责实施。B部分主要为设备和信号系统及车辆、信号、自动售检票机等的采购和施工，投资额约合46亿元，占总投资的30%。该部分的投资和建设由京港地铁公司负责实施。

京港地铁公司注册资本13.8亿元人民币，由京投公司出资2%，北京首都创业集团有限公司（BCG）和香港铁路有限公司（MTR）各出资49%组建而成。京港地铁公司约2/3的资金通过无追索权的银行贷款方式融资。根据所签署的特许协议，京港地铁公司的特许经营期限为30年。在4号线项目竣工验收完毕后的特许经营期内，政府将A部分的使用权租给京港地铁公司使用。京港地铁公司将具体负责4号线的运营管理、全部设施的维护和除去洞体外的资产的更新及站内的商业经营。其间，政府负责制定票价，并行使监督权力。

从这个案例可以看出，虽然北京市政府并没有为京港地铁的债务进行直接担保，但京投公司和首创集团作为国资股东参与并且获得特许协议，因此，整个4号线项目投入中2/3的资金仍来自银行无追索权的贷款，虽然这不是一个严格意义的投行项目，但从投资银行债务融资角度来看至少有以下几点值得挖掘：

一是发展专门针对基础设施类PPP项目的直接债务融资工具。例如，近期热议的《预算法》修改中，地方政府将有可能被赋予发行市政债和项目收益债的权限。那么在 PPP 架构下，项目收益债无疑会为 SPV 提供一个融资的新思路，这种标准化的债务工具不仅能够帮助地方政府以透明、高效的方式解决 PPP 项目早期融资的问题，并能逐步缓解对平台融资和影子银行的依赖，逐步化解地方财政当下的困局。

此外，银监会 2013 年下半年已开始积极试点"银行理财管理计划"和"理财直接融资工具"（以下简称"工具"），工具是一种由商业银行作为发起管理人，直接以单一企业的债权融资为资金投向，在合格投资者之间交易的标准化投资载体。工具的本质是企业的债权融资。今后或可将"工具"的范围扩容到 PPP 项目公司的融资（或开发出其他专项 PPP 债券），推广到类似北京地铁 4 号线这样的项目上来，通过国资和民营资本建立混合所有制的 PPP 架构，资金就不需要进入银行的资产负债表，更能避免流入影子银行体系。

二是积极发展对 PPP 特许经营权的证券化业务。资产证券化是将融资方的资产或未来能产生现金流的特许权设立 SPV 发行债券，并以基础资产未来的现金流偿还 SPV 发行的债券。在北京 4 号线地铁案例中，京港地铁持有的未来 30 年的地铁特许经营权就是一个能够带来稳定现金流的标的，根据测算可对其未来若干年的地铁票价收入进行证券化（北京地铁其他线路的现金流量可以做参考），获得一部分融资，并用于补充当前建设和运营。

三是积极探索为 PPP 模式中的 SPV 做夹层融资（Mezzanine）。在欧美发达市场中，夹层融资是金融机构一种十分重要的产品，夹层融资是指在风险和回报方面介于债务和股本融资之间的一种融资形式。实质上，夹层融资是一种无担保的长期债务，这种债务附带有投资者对融资者的权益认购权，在企业或项目获得发展的时候可根据协议将债务变成权益的一种融资手段。就目前的 PPP 模式而言，除了对 SPV 进行直接债权融资和结构化融资之外，可以通过信托投资模式，投入 SPV 中作为夹层融资，其介于负债和权益之间的属性能够帮助投资人兼顾项目的安全性和收益性。

蕴涵 PPP 理念的国企改革"平台式"服务

除了以新型城镇化为导向的基础设施类 PPP 项目，在混合所有制经济未来的发展中，大量民间资本将进入国有企业，甚至在一些传统的、垄断的行业中，也会越来越多地涌现出民间资本的身影，在这过程中依然可以借助 PPP 理念的精髓，为国企更稳健地实现混合所有制提供支持。

前不久，中石化发布公告，将会对油品销售业务板块现有资产、负债进行审计、评估，在此基础上进行重组，同时引入社会和民营资本参股，实现混合所有制经营。中石化希望把资产变得更优质，创造更大的生产力，同时要解决整体经营管理体制不到位的问题。事实上，我国很多有炼油能力的企业，由于没有成品油批发、零售资质，只能将成品油产品销售给中石油、中石化，由后者进行销售。中石化开展混合所有制经营，将使这些企业有机会进入销售领域，打通产品的上下游渠道，中石化董事会裁定混合所有制中社会和民营资本持股比例不超过30%。

以中石化项目为例，在这个混合所有制过程中，投行可发挥客户资源丰富、资金规模强的优势，提供相应的PPP理念"平台式"投行服务：

一是为国有企业提供一揽子"平台式"顾问服务。根据中欧商学院陈威如（2013）的观点，平台战略能够为传统行业带来快速成长的同边网络效应和跨边网络效应。具体而言，可以利用商业银行丰富的对公客户，面向改制的国有集团，在两者之间搭建平台。然后针对每一个特定的项目定制PPP架构和融资安排，不仅可以为企业提供全面的撮合财务顾问和过桥融资服务，还能从一开始就参与到改制企业整体方案设计之中，事半功倍。

二是根据改制企业需求为单个项目设计类PPP架构，实现交易撮合式财务顾问服务。这是上一种模式的简化版，化"平台"为"点对点"，即对投行现有客户中与国资方匹配度高的企业进行并购撮合。针对特定的项目，与国有企业合资设立PPP模式下的项目公司，对其提供财务顾问和过桥融资服务。

三是为有实力的民营企业参与混合所有制提供服务。据了解，有一些大型民营企业想要在混合所有制的改革中涉足国有控股企业，投行可与其签订相关服务协议，根据企业业务版块具体的发展情况，提供有针对性的国资入股顾问服务和融资服务。

四是在监管机构的许可下，通过信托或其他载体设立投行自身的混合所有制产业升级基金，不断寻找并连接有需求的国资和民资交易双方，投行以一个资金方的身份直接参与到PPP模式中。

"顾问式"国有资产估值管理服务

十八届三中全会以来，一直有学者、业界人士不断提出忧虑，担心混合经济这种形式将逐步侵吞国有经济。习近平总书记明确指出，积极发展混合所有制经济是新形势下坚持公有制主体地位，增强国有经济活力、控制力、影响力的一个有效途径和必然选择。混合所有制经济不仅不应该削弱国有经济，反而应该成为国有经济的新发展的起点。

投资银行可尝试为已完成混合所有制改革的国有企业提供“顾问式”国资估值管理服务，定期对 PPP 模式中的国有资产（尤其是一些非上市企业）和国有股权提供估值服务和建议，避免国有资产流失。